Crimes na internet e inquérito policial eletrônico

O livro é a porta que se abre para a realização do homem.

Jair Lot Vieira

Mário Furlaneto Neto
José Eduardo Lourenço dos Santos
Eron Veríssimo Gimenes

Crimes na internet e inquérito policial eletrônico

2ª EDIÇÃO
revista, ampliada
e atualizada

Copyright desta edição © 2018 by Edipro Edições Profissionais Ltda.

Todos os direitos reservados. Nenhuma parte deste livro poderá ser reproduzida ou transmitida de qualquer forma ou por quaisquer meios, eletrônicos ou mecânicos, incluindo fotocópia, gravação ou qualquer sistema de armazenamento e recuperação de informações, sem permissão por escrito do editor.

Grafia conforme o novo Acordo Ortográfico da Língua Portuguesa.

2ª edição 2018, revista, ampliada e atualizada

Editores: Jair Lot Vieira e Maíra Lot Vieira Micales
Coordenação editorial: Fernanda Godoy Tarcinalli
Produção gráfica editorial: Alexandre Rudyard Benevides
Revisão: Ângela Moraes e Viviam Moreira
Arte: Karine Moreto de Almeida
Imagem da capa: 123RF: https://br.123rf.com/profile_Inok'>Inok/123RFImagens

Dados Internacionais de Catalogação na Publicação (CIP)
(Câmara Brasileira do Livro, SP, Brasil)

Furlaneto Neto, Mário

    Crimes na internet e inquérito policial eletrônico / Mário Furlaneto Neto, José Eduardo Lourenço dos Santos, Eron Veríssimo Gimenes – 2. ed. – São Paulo : Edipro, 2018.

    Bibliografia.
    ISBN 978-85-521-0021-8

    1. Crime por computador 2. Inquérito policial eletrônico 3. Internet (Rede de computadores) – Leis e legislação – Brasil I. Santos, José Eduardo Lourenço dos. II. Gimenes, Eron Veríssimo. III. Título.

12-02608   CDU-34:681.324(81)

Índice para catálogo sistemático:
1. Brasil : Internet : Aspectos jurídicos : Direito 34:681.324(81)

São Paulo: (11) 3107-4788 • Bauru: (14) 3234-4121
www.edipro.com.br • edipro@edipro.com.br
@editoraedipro   @editoraedipro

SUMÁRIO

1. **A INTERNET: ORIGEM, EVOLUÇÃO E CRIMINALIDADE** 11
   - 1.1. Origem e evolução da rede mundial de computadores 11
   - 1.2. Usos da internet 15
   - 1.3. O princípio da legalidade, a tipicidade e a seleção do fato punível 19
   - 1.4. Aplicabilidade da analogia 24
   - 1.5. Dos crimes informáticos 27

2. **CRIMES PRATICADOS POR MEIO DA INTERNET** 45
   - 2.1. Ameaça 45
     - 2.1.1. Ameaça praticada por meio da internet 46
   - 2.2. Calúnia 46
   - 2.3. Difamação 48
   - 2.4. Injúria 49
     - 2.4.1. Advogados e crime de injúria 51
   - 2.5. Disposições comuns aos crimes contra a honra 51
   - 2.6. A internet e os crimes contra a honra 53
   - 2.7. Invasão de dispositivo informático 54
   - 2.8. Furto 61
     - 2.8.1. Furto mediante fraude: art. 155, § 4º, II, do Código Penal 62
     - 2.8.2. Furto mediante fraude praticado por meio da internet 65

2.9. Extorsão 73
2.10. Dano 79
2.11. Estelionato 80
2.12. Crimes tutelados pelo Estatuto da Criança e do Adolescente (ECA) praticados por meio da internet 84
    2.12.1. Utilização de criança ou adolescente em cena pornográfica ou de sexo explícito 85
    2.12.2. Fotografia, vídeo ou registro de cena de sexo explícito ou pornográfica 88
    2.12.3. Transação de fotografia, vídeo ou outro registro de cena de sexo explícito ou pornográfica 91
    2.12.4. Aquisição, posse ou armazenamento de fotografia, vídeo ou registro de cena de sexo explícito ou pornográfica 93
    2.12.5. Simulação de participação de criança ou adolescente em cena de sexo explícito ou pornográfica 96
    2.12.6. Aliciamento, assédio, instigação ou constrangimento para a prática de ato libidinoso ... 98
    2.12.7. Corrupção de criança ou adolescente 100
2.13. Perturbação da tranquilidade 103

3. ALGUMAS QUESTÕES PENAIS CONTROVERTIDAS 109
3.1. Tempo do crime 109
3.2. Lugar do crime 110
3.3. Eficácia da lei penal no espaço 111
3.4. Do concurso de pessoas 114
3.5. Crime contra o Sistema Financeiro 117

4. ALGUMAS QUESTÕES PROCESSUAIS PENAIS CONTROVERTIDAS 121
4.1. A competência em face dos crimes plurilocais 123
4.2. Natureza jurídica do provedor de acesso à internet 127
4.3. Do sigilo dos dados cadastrais de clientes do provedor de acesso à internet 129

5. ALTERNATIVAS E SOLUÇÕES 145
5.1. O inquérito policial eletrônico 145
5.1.1. Inquérito policial: origem, conceito, finalidades e destinatários 154
5.1.2. Caracteres do inquérito policial e deveres da autoridade policial 160
5.1.3. Natureza jurídica das funções de Polícia Judiciária e apuração das infrações penais 173
5.1.4. *Softwares* de especialidade: a tecnologia da informação como suporte para o inquérito policial eletrônico 180
5.2. Aspectos formais do inquérito policial eletrônico 189
5.3. Preservação da prova em um contexto digital: do furto mediante fraude 201

CONCLUSÃO 217

REFERÊNCIAS 225

ÍNDICE DE FIGURAS

Figura 1. Total de incidentes reportados ao CERT.br por ano 18
Figura 2. Principais origens dos ataques dos incidentes reportados ao CERT.br no ano de 2015 18
Figura 3. Falso e-mail que faz alusão ao Banco do Brasil como remetente 71
Figura 4. Falso e-mail que faz alusão ao provedor bol.com.br como emitente 72
Figura 5. Mensagem de resgate do WannaCry 77
Figura 6. Mensagem de resgate do novo vírus e Petya Goldeneye 78
Figura 7. Composição do Sistema ICP-Brasil 149
Figura 8. Quadro de chaves criptográficas 151
Figura 9. Infraestrutura do sistema de Carimbo de Tempo da ICB-Brasil 153
Figura 10. Painel de Controle e Monitoramento do Detecta 185
Figura 11. Sistema de Classificação de Vucetich 186
Figura 12. Pontos característicos na identificação por meio da impressão digital 187
Figura 13. Destaque para a existência de 12 pontos característicos de confronto (mínimo legal exigido) 188
Figura 14. Biometria tipo palmar, muito comum em locais de crimes 188
Figura 15. Escâner para reconhecimento biométrico da posição das veias do dedo 194

Figura 16. Exemplos de *Tokens* 196
Figura 17. Sistema de IPe da Polícia Civil do Estado de São Paulo ... 199
Figura 18. Total de incidentes reportados ao CERT.br por dia da semana no ano de 2015 202
Figura 19. Cabeçalho completo de um e-mail 208
Figura 20. Número do IP do remetente da mensagem poderá ser identificado no campo "*From*" 209
Figura 21. Pesquisa referente à localização do nome do provedor, país, estado e cidade de sua sede, juntamente com um mapa de geolocalização 210
Figura 22. Composição da *Number Resource Organization* (NRO) 214

1
A INTERNET: ORIGEM, EVOLUÇÃO E CRIMINALIDADE

1.1. ORIGEM E EVOLUÇÃO DA REDE MUNDIAL DE COMPUTADORES

Visando a se resguardar contra um eventual "ataque nuclear russo" que pudesse cessar "a corrente de comando dos Estados Unidos", o Departamento de Defesa norte-americano, dentro do projeto *Arpanet*, no ano de 1969, por meio da agência de projetos avançados (Arpa) creditou "a *Rand Corporation* a elaboração de um sistema de telecomunicações" (PAESANI, 2014, p. 26).

Desse modo, ressalta a autora, a instituição de pequenas redes locais (LAN) em pontos estratégicos "coligadas por meio de redes de telecomunicação geográfica (WAN)", também denominadas de *Internet* ou *Inter Networking*, teve a missão de garantir a "comunicação entre as remanescentes cidades coligadas" (PAESANI, 2014, p. 26), na hipótese de uma delas vir a ser destruída por um ataque nuclear.

Em 1969, via *backbones*, houve a interligação de quatro *hosts*, os do *campus* da Universidade da Califórnia – em Los Angeles e Santa Bárbara –, o da Universidade de Utah, bem como o do SRI de Stanford, sendo a interligação ampliada, em 1971, para agências governamentais e militares norte-americanas, incluindo a NASA (ROSSINI, 2002, p. 135-6).

Em 1972, lançava-se o primeiro programa de correio eletrônico, e, posteriormente, no ano de 1973, *Vinton Cerf*, pesquisador da Universidade da Califórnia, registrou o Protocolo de Controle de Transmissão/Protocolo Internet (protocolo TCP/IP), "código que consentia aos diversos *networks* incompatíveis por programas e sistemas comunicarem-se entre si" (PAESANI, 2014, p. 26), permitindo inicialmente conexões internacionais com o Reino Unido e a Noruega.

Em um período em que os processos de comunicação tinham seus custos gradualmente reduzidos, ressalta Paesani (2014, p. 27), era de grande importância a internet como meio capaz de interligar "dezenas de milhões de computadores no mundo inteiro" e permitir o "acesso a uma quantidade de informações praticamente inesgotáveis, anulando toda distância de tempo e lugar".

Esse aspecto, para a autora (PAESANI, 2014, p. 27), remonta à criação da *World Wide Web* (ou WWW, ou ainda W3, ou simplesmente Web) em 1989, quando T. Berners-Lee e R. Cailliau conceberam, no Laboratório Europeu de Física de altas energias, em Genebra, um conjunto de documentos hipertextuais (texto + imagem + som), de modo que pudessem ser relacionados a outros documentos, sem a necessidade de o usuário conhecer previamente os distintos protocolos, revolucionando, portanto, o acesso à mais ampla gama de informações e serviços.

Já o escritor Manuel Castells (2003, p. 21) defende a ideia de que:

a Arpanet, a principal fonte do que viria a ser afinal a Internet, não foi uma consequência fortuita de um programa de pesquisa que corria em paralelo. Foi prefigurada, deliberadamente projetada e subsequentemente administrada por um grupo determinado de cientistas da computação que compartilhavam uma missão que pouco tinha a ver com estratégia militar. Enraizou-se em um sonho científico de transformar o mundo através da comunicação por computador, embora alguns dos participantes do grupo se satisfizessem em simplesmente promover boa ciência computacional.

E prossegue o citado autor, com uma visão diferente dos demais estudiosos do tema, afirmando que, "em conformidade com a tradição da pesquisa universitária, os criadores da Arpanet envolveram estudantes de pós-graduação nas funções nucleares do projeto, numa atmosfera totalmente relaxada do ponto de vista de segurança" (CASTELLS, 2003, p. 21).

Por fim, Castells (2003, p. 22) observa que:
dizer que a Arpanet não foi um projeto de orientação militar não significa negar que suas origens no Departamento de Defesa tenham sido consequências para o desenvolvimento da internet. A despeito de toda a visão e de toda a competência que manifestaram em seu projeto, esses cientistas jamais teriam podido dispor do nível de recursos necessários para construir uma rede de computadores e para projetar todas as tecnologias apropriadas. A Guerra Fria forneceu um contexto em que havia forte apoio popular e *governamental* para o investimento em ciência e tecnologia de ponta, particularmente depois que o desafio do programa espacial soviético tornou-se uma ameaça à segurança nacional dos EUA.

O surgimento da internet trouxe à tona uma reflexão sobre o ser social, que "reúne em si os homens *sapiens* (racional), *demens* (fruto da cultura de massas tradicional) e *virtual* (encontrado na cultura de massas *ciber*)" (MORIN, 1975 *apud* GITAHY, 2002, p. 55).

Segundo Gitahy (2002, p. 55-6), o *homo sapiens*, ser racional, "vivencia a angústia da morte, que o priva da imortalidade"; o *homo demens* relaciona "estreitamente o real e o imaginário" por meio do espetáculo, pela estética, visando, igualmente, à imortalidade, vivenciando "o mito da ideologia do progresso", do final feliz do século XX, e se o "mito do não envelhecimento, da beleza e juventude eterna, tão veiculado pela cultura de massas tradicional, falhar, há, ainda, a geração do homem virtual, da cibercultura, que se desenvolve em um espaço conhecido como ciberespaço, que o homem, brincando de Deus, criou".

O homem virtual, ser onipresente, atemporal (GITAHY, 2002, p. 56), caracterizado por usar novos espaços, novas velocidades e pela passagem do interior ao exterior e do exterior ao interior, problematizando e reinventando o mundo (LÉVY, 1996, p. 42 *apud* GITAHY, 2002, p. 56), anônimo ou não, tem o seu perfil caracterizado por Ana Maria Nicolai da Costa (2001, *apud* GITAHY, 2002, p. 58) como: curioso; prático e atento a novas oportunidades de trabalho; por ter sentimentos pelo seu computador humanizado; por ter novos modos de perceber o mundo ao seu redor e as suas próprias experiências em seu interior; por suas experiências no ciberespaço produzirem novas formas de pensar, diante da interação com culturas diferentes; por criar novos usos e linguagem, por descobrir novos meios de fazer amigos e se relacionar com outrem e consigo mesmo, de forma que abole diferenças socioculturais e econômicas; e por ter que lidar com novos conflitos internos, novas fontes de ansiedade e novos medos de enlouquecer frente a realidades diferentes: a real e a virtual.

No Brasil, a primeira conexão internacional operou-se quando, em 1989, a Fundação de Amparo à Pesquisa do Estado de São Paulo (Fapesp) interligou-se com o laboratório de física e altas energias situado na cidade de Batavia (Fermilab), em Illinois, nos Estados Unidos. A conexão era feita por meio da linha de telefonia fixa, ponto a ponto, sem necessidade de discagem, já que na época ainda não existia infraestrutura em fibra ótica. Nos Estados Unidos, a rede era operada pela *Because It's Time Network* (Bitnet), rede precursora da internet, enquanto, no Brasil, a conexão ficava a cargo da *Academic Network at São Paulo* (Ansp), mantida pela Fapesp (OLIVEIRA, 2011).

Segundo Oliveira (2011), a Bitnet utilizava linguagem própria para computadores da IBM, enquanto a Ansp utilizada a rede Decnet, apropriada para computadores da marca Digital, motivo pelo qual foi necessário o emprego de *softwares* para compatibilizar as linguagens. Assim, até 1994, quando se deu início ao emprego comercial da internet no Brasil, o Fermilab era quem provia as conexões via rede mundial de computadores entre Brasil, Estados Unidos e Europa.

O autor enfatiza que nesse período, sem desconectar a rede Bitnet e Ansp, o Fermilab investiu no protocolo TCP/IP, de forma que em 1990 procedeu-se a migração para essa linguagem, o que foi acompanhado pela Ansp, já que as redes Bitnet e Ansp estavam em falência. O protocolo TCP/IP permitia a comunicação entre computadores, independentemente da marca, em face da utilização dos roteadores (OLIVEIRA, 2011).

Para Oliveira (2011), a experiência obtida pela Ansp possibilitou que a Fapesp fosse acessora da Rede Nacional de Ensino e Pesquisa (RNP), criada em 1989 pelo Ministério da Ciência e Tecnologia. Em 1992, a RNP viabilizou a interligação de várias entidades de pesquisa brasileiras à internet.

Em uma sociedade cada vez mais globalizada e digitalizada, no ano de 2006, o Brasil foi apontado como o 7º no ranking de números de usuários domésticos, com 14,4 milhões de internautas (BALIEIRO, 2007).

Dados estatísticos do CETIC¹ estimam que, em 2015, o percentual de usuários de internet no Brasil, que utilizaram a rede mundial de computadores há menos de três meses saltou para 102 milhões.

1.2. USOS DA INTERNET

Os computadores, atualmente, estão presentes em diversos afazeres, a ponto de tornar determinadas atividades totalmente deles dependentes, como, por exemplo, a venda de passagens de ônibus e aéreas, ou a compra em um supermercado. Em outras atividades, são imprescindíveis, como o controle do tráfego aéreo ou a contabilização das atividades realizadas por um caixa de uma instituição bancária.

O benefício da internet é incomensurável, possibilitando desde uma simples pesquisa, científica ou não, até a hipótese de se evitar um suicídio, como noticiado pela Embaixada do Uruguai, em 12 de julho de 2001, em que um internauta espanhol teria salvado a vida de uma suicida, quando, ao entrar em seu *chat* favorito, lá encontrou a mensagem de uma mulher que dizia ter ingerido vários comprimidos para acabar com sua vida, despedindo-se de seus amigos *on-line*, tendo, então, tal espanhol enviado mensagem na rede pedindo informações sobre a vítima, não demorando a lhe chegar o número do telefone da pretensa suicida, vindo ele a avisar as autoridades responsáveis que a teriam localizado, encontrando-a ainda com vida.

Outra situação real culminou com a prisão de criminosos na cidade do Guarujá, quando o proprietário de uma casa de veraneio, em viagem pela Europa, foi alertado por meio da internet de que seu imóvel tinha sido invadido. Avisou a polícia no Brasil, que prendeu os infratores ainda dentro da residência. Nessa linha de pensamento, podem ser ainda citadas as facilidades em se ler jornal, movimentar contas bancárias, o comércio eletrônico e realizar pesquisas escolares, tudo sem sair de casa.

A rede mundial de computadores apresenta várias características, entre as quais: a instantaneidade, eliminando as barreiras do tempo e espaço; a isonomia entre os que a utilizam, ressalvando-se questões tecnológicas e

---

1. Dados estatísticos disponíveis em: <http://www.cetic.br/media/analises/domicilios 2015.pdf.>. Acesso em: 4 jan. 2017.

de conhecimento pessoal; o dinamismo, pontuado pelo armazenamento e acesso a uma infinidade de textos, imagens e sons, isoladamente, ou em um mesmo documento (hipertexto); a possibilidade da sensação de anonimato àqueles que não querem se identificar etc.

Com tais aspectos, traz consigo uma grande abertura que tem seu lado positivo com a liberdade que proporciona, e por outro lado, em face da falta de controle, tem aspectos negativos, entre eles a invasão da privacidade. Tais observações, nos dias atuais, já ganharam outras perspectivas, percebendo-se que o anonimato é uma sensação falsa, pois em muitos casos se pode identificar o usuário, sendo possível algum tipo de rastreamento.

No contexto tecnológico, segundo Balieiro (2005a, p. 90), destaque importante se deve dar à "banda larga via rádio", capaz de chegar onde "outras tecnologias não estão presentes".

Em um país como o Brasil, repleto de barreiras sociais e culturais, um grande exemplo é o telecentro idealizado pela RITS (Rede de Informações para o Terceiro Setor) que em parceria com a Organização Não Governamental Saúde e Alegria possibilitou a inclusão digital de moradores da cidade de Maguari, interior do Pará, situada às margens do rio Tapajós.

Por meio da rede sem fio (*wi-fi*), a população ribeirinha, desprovida de estradas, rede de energia elétrica e de telefonia, passou a ter acesso à internet banda larga e à telefonia por meio de IP (Internet Protocolo), de forma que possibilitou o acesso ao e-mail, *Facebook*, *Skype*, entre outras aplicações da internet. Isso trouxe um grande reflexo para a educação local, pois a rede mundial disponibilizou aos alunos ferramentas para a pesquisa acadêmica.

Galdino (2017) salienta que, em 2018, deverá ser inaugurada em Croatá (CE), a primeira cidade inteligente do Brasil, denominada de *Smart City Laguna*. Dentro do programa Minha Casa Minha Vida, o projeto promete associar tecnologia, como "infraestrutura digital com *wi-fi* grátis nas áreas institucionais da cidade, redes inteligentes de eletricidade e água, câmaras e sensores, totens interativos e iluminação pública inteligente", à demanda ecológica, com corredores verdes, tratamentos de águas residuais, aproveitamento de água pluviais, coleta seletiva do lixo doméstico, energia solar e monitoramento da qualidade de ar e água.

Na outra ponta desse *iceberg* tecnológico e cultural, podemos citar a cidade Taiwanesa de Taipei, a americana de Filadélfia, as metrópoles sem fio que, com projetos baseados em redes *mesh*, pretendem cobrir todos os seus respectivos territórios com tecnologia sem fio.

Segundo Fortes (2005, p. 49), "cada nó na rede pode rotear pacotes de informações, em um processo conhecido como *hopping*. De *hop* em *hop*, se constrói a rede. Se um nó cai, o tráfego é automaticamente desviado para os outros nós".

A tecnologia de transmissão de dados não para por aí. Seja com o emprego de um *smartphone*, encarregado de fazer a transmissão de dados via celular, seja com a adoção de *software* reconhecedor óptico de caracteres usado em conjunto com uma câmara digital para ser empregado em fiscalização de trânsito, seja com a alta velocidade das bandas de 120 *megabits*, os profissionais estão sempre em constante busca pela melhoria e segurança dos sistemas de transmissão.

Se, por um lado, incontestáveis são o avanço e os benefícios que o uso ético da internet trouxe para a propagação da informação, por outro, têm-se riscos inerentes da tecnologia da informatização, notadamente os crimes informáticos.

A título de exemplo de condutas antiéticas e criminosas, podemos citar *sites* de pornografia infantil e de racismo, ofensas a honra das pessoas, desenvolvimento e disseminação de vírus, crescimento dos *spammers*, isolamento social, tráfico de entorpecentes, comércio eletrônico como meio de golpes, ciberterrorismo, em que ações podem levar a atingir um grupo, organização ou governo, financeira ou politicamente.

Nesse diapasão, os fraudadores digitais acompanham o avanço tecnológico e por meio de engenharia social continuam a vitimar cada vez mais internautas.

A estatística apresentada pelo sítio CERT.br corrobora tal assertiva, pois, em que pese haver oscilações entre um ano e outro, a representação gráfica demonstra um acréscimo significativo no índice de incidentes reportados, em especial na última década (Figura 1).

A demonstração gráfica aponta que, no ano de 2014, foram reportados mais de um milhão de incidentes, mais que o dobro dos incidentes reportados no ano de 2012. Em 2015 houve decréscimo em relação a 2014, porém permaneceu 56% superior ao índice reportado em 2012.

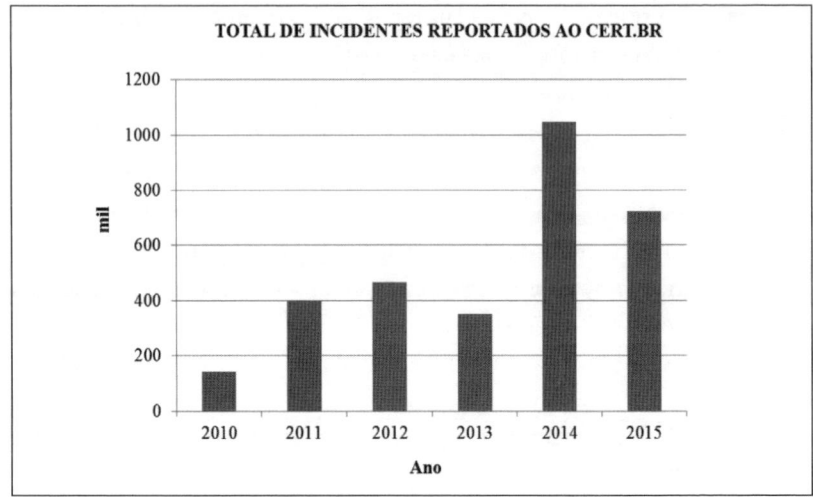

Figura 1. Total de incidentes reportados ao CERT.br por ano. Fonte: CERT, 2016.

Em 2016, 54% dos ataques originaram-se de IPs alocados a provedores brasileiros, 11% foram oriundos de provedores sediados nos Estados Unidos da América, enquanto 10% originaram-se de IPs alocados a provedores chineses (Figura 2).

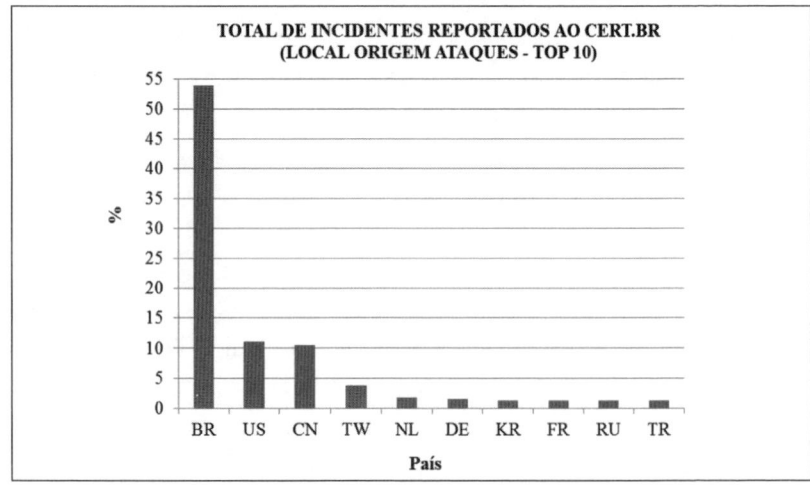

Figura 2. Principais origens dos ataques dos incidentes reportados ao CERT.br no ano de 2015. Fonte: CERT, 2016.

Os dados estatísticos, ainda, revelam outra realidade: a probabilidade de aumento no índice de crimes plurilocais, uma característica que pode estar presente nos crimes informáticos.

A presença da internet no dia a dia mundial se tornou uma constante, não existindo mais possibilidade de volta ao passado, de forma que deve ser aceita e compreendida da melhor maneira possível, exigindo-se, para tanto, o estudo e a pesquisa dos fenômenos que lhes são afetos, tais como os crimes virtuais.

1.3. O PRINCÍPIO DA LEGALIDADE, A TIPICIDADE E A SELEÇÃO DO FATO PUNÍVEL[2]

A figura do Estado, como ente interventor nas relações humanas, surge como substituto da autotutela primitiva e, para tanto, faz ele uso de normas que estabelecem consequências para os que as transgredirem, a fim de se manter a ordem legal estabelecida.

Tem-se aí o direito de punir, que está atrelado a alguns princípios e questões básicas, os quais merecem análise, antes de se discutir se determinada conduta constitui ou não um crime.

> O direito de punir constitui limitação jurídica ao poder punitivo do Estado, pois no Estado moderno o exercício da soberania está subordinado ao Direito. Assim, o poder político penal de punir, originariamente absoluto e ilimitado, sendo juridicamente disciplinado e limitado, converte-se em poder jurídico, ou seja, em faculdade ou possibilidade jurídica de punir conforme o Direito (FRAGOSO, 2006).

O primeiro princípio a ser estudado é o da legalidade ou da reserva legal, atualmente previsto constitucionalmente, além de estar inserido no art. 1º do Código Penal. Especifica o art. 5º, inciso XXXIX, da Constituição que: *não haverá crime sem lei anterior que o defina, nem pena sem prévia cominação legal.* Já o Código Penal, da mesma forma, em seu art. 1º, estabelece: *Não há crime sem lei anterior que o defina. Não há pena sem prévia cominação legal.*

Francisco de Assis Toledo (2002, p. 23) entende tal princípio como uma limitação ao poder do Estado de interferir nas liberdades individuais, "nenhum fato pode ser considerado crime e nenhuma pena criminal pode

---

2. Os itens 1.3 e 1.4 foram extraídos de Santos (2002).

ser aplicada, sem que antes desse mesmo fato tenham sido instituídos por lei o tipo delitivo e a pena respectiva". E prossegue o citado autor (p. 24), afirmando que "a elaboração das normas incriminadoras e das respectivas sanções constitui matéria reservada ou função exclusiva da lei". Sob tal enfoque, pode-se mesmo dizer que a previsão legal do art. 5º, inciso XL, da Constituição Federal, de que *a lei penal não retroagirá, salvo para beneficiar o réu*, que também se encontra reproduzida no art. 2º, do Código Penal, insere-se no contexto geral do princípio da legalidade. A anterioridade tratada aqui é com relação ao fato ocorrido.

Deve a lei penal, desta forma, exclusivamente, editar limitações casuísticas, fora das quais tudo é permitido, ou seja, é lícita qualquer conduta que não se enquadre nas normas penais incriminadoras.

A concepção atual do princípio da legalidade, ainda segundo Assis Toledo (2002), "é obtida no quadro da denominada função de garantia da lei penal que provoca o desdobramento do princípio em exame em quatro outros princípios", assim por ele enumerados: *lex praevia*, que se refere à irretroatividade de leis que prevejam novos crimes ou agravem a pena dos já existentes; *lex scripta*, que não permite o uso do direito consuetudinário para incriminar determinada ação ou para penalizar mais severamente os tipos já previstos; *lex stricta*, que proíbe o uso da analogia para esta mesma última finalidade; e, por fim, *lex certa*, de acordo com o qual não podem existir leis penais indeterminadas.

Com a utilização conjunta de tais princípios, na forma de uma modalidade maior que a todos englobe, perfaz-se o princípio da legalidade, de modo a que se dê a atuação da lei penal, individualmente, dentro de um sistema de garantias.

Damásio de Jesus (2015, p. 56), citando José Frederico Marques (2002), afirma que:

> além de seu significado político, possui o princípio um aspecto jurídico, uma vez que fixa o conteúdo das normas incriminadoras, não permitindo que o ilícito penal seja estabelecido genericamente sem definição prévia da conduta punível e determinações da *sanctio juris* aplicável.

A teoria da tipicidade veio, de acordo com o mesmo autor, a dar mais técnica ao princípio da legalidade, sendo esta outra questão a se tratar, quando se quer discutir o enquadramento legal de determinada ação.

"Tipicidade, em um conceito preliminar, é a correspondência entre o fato praticado pelo agente e a descrição de cada espécie da infração contida na lei penal incriminadora" (JESUS, 2015, p. 230). Constitui um dos elementos do fato típico, sendo os demais, a conduta, o resultado (com exceções) e o nexo causal. Seria ela a ação vedada legalmente, sem qualquer conteúdo valorativo. E ainda prossegue afirmando o mesmo penalista, ao citar Mayer, que "a tipicidade não é a *ratio essendi* da antijuridicidade, mas seu indício" (JESUS, 2015, p. 235); a partir do momento em que se tem cometido um fato típico, presume-se também que ele seja antijurídico.

Deve ser distinguido o crime como fato jurídico, que, em tal análise, leva em conta a infração de forma global, isto é, em sua totalidade, do fato típico, que é apenas um dos elementos do delito, no qual se insere a conduta segundo estrita previsão legal.

Frederico Marques (1997b, p. 59) chama a atenção neste aspecto, ao afirmar que:

> a verificação da existência de crime é feita com base, não na conduta humana, e sim no fato típico. Só depois que a ação ou omissão é enquadrada no preceito primário de norma penal incriminadora, caberá indagar-se da ilicitude do acontecimento assim tipificado. O juízo de desvalor tem como objeto o próprio fato jurídico.

A tipicidade dá o caráter punível e ressalta a importância criminal da conduta, amoldando-se ao modelo legalmente previsto, a fim de configurar-se o ilícito penal. Ocorre ela quando a ação apresenta as características objetivas e subjetivas do modelo legalmente formulado pelo legislador, de forma abstrata.

Como bem observou o já citado Assis Toledo (2002), trata-se da correspondência entre uma conduta da vida real e o tipo legalmente previsto na legislação penal.

De tal forma, percebe-se que o tipo "é o modelo legal do comportamento proibido, compreendendo o conjunto das características objetivas e subjetivas do fato punível. Tipo não é o fato delituoso em sua realidade fenomênica, mas, sim, a descrição legal de um fato que a lei proíbe ou ordena" (FRAGOSO, 2006, p. 153). Possui ele, assim, uma característica seletiva, atuando como garantia do princípio da reserva legal, e servindo de indício da antijuridicidade.

Os interesses jurídicos não recebem uma proteção geral do Direito Penal, mas sim limita-se este à definição legal do delito, fixada na conduta punível.

Cabe aqui estabelecer o conceito de dois princípios que apresentam especial importância à presente análise. Trata-se do princípio da adequação social, cujos contornos são sintetizados por Assis Toledo nas seguintes palavras: "se o tipo delitivo é um modelo de conduta proibida, não é possível interpretá-lo, em certas situações aparentes, como se estivesse também alcançando condutas lícitas, isto é, socialmente aceitas e adequadas" (TOLEDO, 2002, p. 132). Coloca-se a conduta, em tal caso, entre os comportamentos permitidos, afastando-a da incidência penal. Apenas esse princípio, no entanto, não consegue excluir do âmbito de aplicação da lei certas lesões insignificantes, surgindo daí outro, idealizado por Claus Roxin, chamado da insignificância, que acaba, assim, por complementar o da adequação social, "permitindo, na maioria dos tipos, excluir os danos de pouca importância" (TOLEDO, 2002, p. 133). Limita-se, com base em tal princípio, o Direito Penal ao necessário para a proteção do bem jurídico.

Importa ainda e por fim a consideração sobre o caráter subsidiário do Direito Penal, vale dizer, quando deve ele realmente agir, ou seja, ter-se em conta que se suas armas constituem, de fato, meios onerosos para direitos e liberdades das pessoas: "ele só pode intervir nos casos em que todos os outros meios de política social, em particular de política jurídica, se revelem insuficientes e inadequados" (DIAS, 1999, p. 78). Do contrário, os meios civis, administrativos, entre outros, devem-se mostrar suficientes para a tutela dos bens jurídicos.

Alice Bianchini (2002, p. 29) cita essa subsidiariedade, ao dizer:

> [...] o princípio da intervenção mínima pode significar tanto a abstenção do direito penal de intervir em certas situações (seja em função do bem jurídico atingido, seja pela maneira com que veio a ser atacado) – o que lhe dá o traço fragmentário – como também a sua utilização em termos de último argumento.

A atuação do Direito Penal sobre todos os bens jurídicos, de forma a tutelá-los, poderia significar grave risco aos interesses do Direito e à liberdade.

Figueiredo Dias (1999, p. 81) concebe o princípio da:
> não intervenção moderada, afirmando que para um eficaz domínio do fenômeno da criminalidade dentro de cotas socialmente suportáveis, o Estado e o seu aparelho formalizado de controle do crime devem intervir o menos possível; e devem intervir só na precisa medida requerida pelo asseguramento das condições essenciais de funcionamento da sociedade.

Essa sua proposta ajusta-se, perfeitamente, ao tema deste trabalho, constituindo-se o centro dos modernos modelos de programas de política criminal, na esteira da consideração ainda do mesmo jurista português, no sentido de que:

> [...] devem ser expurgados todos os comportamentos que não acarretem lesão para bens jurídicos claramente definidos; ou que, ainda quando acarretem, possam razoavelmente ser contidos ou controlados por meios não penais de política jurídica ou mesmo de política social não jurídica. Novos processos de criminalização só devem ser aceitos como legítimos onde novos fenômenos sociais, anteriormente inexistentes, muito raros ou socialmente pouco significativos, revelem agora a emergência de novos bens jurídicos para cuja proteção torna-se indispensável fazer intervir a tutela penal em detrimento de um paulatino desenvolvimento de estratégias não criminais de controle social (DIAS, 1999, p. 82).

Assim, as novas formas de violação de bens jurídicos através da internet, por se apresentarem como fato socialmente relevante e cada vez mais significativo, representam novo desafio a ser enfrentado pelo Direito Penal.

Na visão de Claus Roxin, cabe à política criminal do Estado Social e Democrático de Direito, por meio dos valores e finalidades fundamentais, eleger os bens que devam receber tutela penal e, desta forma, orientar a punibilidade, tendo por fim um ideal sistema social, almejando seu funcionamento justo e adequado, como um todo. "Todos os elementos do crime têm uma função político-criminal a cumprir; seu conteúdo há, portanto, de ser preenchido de maneira a melhor cumprirem a função que lhes assiste" (ROXIN, 2002, p. 62).

Poderia dizer-se, aqui, em conclusão tópica, pelo que se expôs, que a tipicidade e o fato típico, em conjunto com o princípio da reserva legal, têm a função político-criminal de evitar a prática de crimes previstos legalmente.

1.4. APLICABILIDADE DA ANALOGIA

Importante a discussão que se produz em volta da analogia sempre que se debate sobre o fato de um tipo penal positivo englobar ou não determinada ação ou omissão, não prevista de modo literal ou expressa na legislação existente, mas semelhante ao que foi legalmente previsto, ou seja, onde existe uma lacuna ou um meato.

Antes de mais nada, necessário se torna distinguir a analogia da interpretação analógica, sendo a última uma forma de interpretação prevista na própria lei, estando nesta contida a intenção de abranger os casos semelhantes ou, no dizer de Damásio de Jesus (2015, p. 40-2), "é ela permitida toda vez que a uma cláusula genérica se segue uma fórmula casuística, devendo entender-se que aquela só compreende os casos análogos aos mencionados por esta".

Já a analogia, como se sabe, não é forma de interpretação, mas sim de integração da lei, prevista inicialmente na Lei de Introdução às normas do Direito Brasileiro, em seu art. 4º: "quando a lei for omissa, o juiz decidirá o caso de acordo com a analogia, os costumes e os princípios gerais de direito". Tal norma é de aplicação ao Direito em geral.

Percebe-se da leitura deste art. 4º que a analogia é o primeiro recurso de que se vale o juiz diante da lacuna da lei, daí sua grande importância.

Maria Helena Diniz (1994, p. 108), socorrendo-se em Tercio Sampaio Ferraz, afirma ser "a analogia um procedimento quase lógico, que envolve duas fases: a constatação (empírica), por comprovação, de que há uma semelhança entre fatos-tipos diferentes e um juízo de valor que mostra a relevância das semelhantes sobre as diferenças, tendo em vista uma decisão jurídica procurada". Para tal autora, a analogia encontra seu fundamento na igualdade jurídica, exigindo uma semelhança entre o previsto em lei e o não regulado por ela, para que ocorra uma decisão igual.

Ainda sob a ótica da jurista, a aplicação analógica requer:

> 1 – que o caso *sub judice* não esteja previsto em norma jurídica; 2 – que o caso não contemplado tenha com o previsto, pelo menos, uma relação de semelhança; 3 – que o elemento de identidade entre os casos não seja qualquer um, mas sim fundamental, ou de fato que levou o legislador a elaborar o dispositivo que estabelece a situação a qual se quer comparar a norma não contemplada (DINIZ, 1994, p. 110).

Diversas outras definições podem ser apresentadas para essa figura de integração da norma, como, por exemplo, a de Frederico Marques (2002, p. 224), para quem: "a analogia não é propriamente fonte secundária do Direito, mas forma de autointegração da lei para cobrir lacunas existentes", e segue ele, "o processo analógico não cria direito novo, mas descobre o já existente e integra a norma estabelecida, o princípio fundamental, comum ao caso previsto pelo legislador e ao outro, patenteado pela vida social".

Alguns autores explicam a divisão entre *analogia legis*, como o fato da aplicação de uma norma já existente para solucionar um caso semelhante ao que ela previu, e *analogia juris*, no dizer de Maria Helena Diniz (2002, p. 111), a que se "estriba em um conjunto de normas, para extrair elementos que possibilitem sua aplicabilidade ao caso concreto não contemplado, mas similar", identificando este conjunto aos princípios gerais de direito ou aos princípios gerais da ordem jurídica positiva, segundo, também, Heleno Cláudio Fragoso (2006). No entanto, essa mesma autora acaba por concluir que, na realidade, toda analogia é:

> [...] *juris*, pois tal como toda aplicação o é, não de uma norma, mas do ordenamento jurídico inteiro, por mais aparentemente que se detenha na apuração da analogia das disposições normativas ou de fatos, jamais se poderá prescindir do conjunto da sistemática jurídica que tudo envolve (DINIZ, 2001, p. 112).

Outra divisão existente é entre analogia *in malam partem*, como sendo aquela que prejudica de algum modo o réu, e analogia *in bonam partem*, com sentido contrário, ou seja, como sendo aquela que de algum modo o favoreça.

Paulo José da Costa Júnior (2011, p. 25) sustenta que, em Direito Penal, a analogia *in bonam partem* é amplamente admitida, ao esclarecer que "o processo de integração analógica, que se socorre dos princípios gerais do direito, é plenamente aceito para excluir a ilicitude ou a culpabilidade do agente, desde que não se tratem de normas excepcionais, em sentido estrito". Entende da mesma forma Frederico Marques (2002), noticiando partilharem de igual entendimento Carrara, Rocco, Delitala, Basileu Garcia, entre outros.

Nesse mesmo sentido, podem ser citadas as lições de Fragoso, ao observar que, em face do princípio da reserva legal, não se pode criar novas figuras penais, agravar a posição do réu ou ainda se aplicar penas ou medidas de segurança que não estejam legalmente previstas, pois, segundo ele, "a analogia é somente admissível, em princípio, nos casos em que beneficia o réu (analogia in *bonam partem*), mas não pode ser acolhida em relação às normas excepcionais" (FRAGOSO, 2006, p. 86). Para ele, não pertencem à categoria de excepcionais as normas de caráter geral, constituindo aquela, ao citar Bettiol, "uma verdadeira e própria interrupção na projeção lógica de uma norma penal" (FRAGOSO, 2006, p. 86).

Este posicionamento mostra-se como o mais acertado, posto que com ele se alcança segurança jurídica, a qual, no Direito Penal, é por demais necessária, pois de outra forma correr-se-ia o risco de punir condutas não previstas legalmente como delituosas, pelo mero entendimento jurídico, ao aplicar-se a analogia, desfigurando o Estado Democrático de Direito.

Cabem aqui as palavras de Zaffaroni e Pierangeli (2001, p. 173):

> [...] se por analogia, em direito penal, entende-se completar o texto legal de maneira a estendê-lo para proibir o que a lei não proíbe, considerando antijurídico o que a lei justifica, ou reprovável o que ela não reprova ou, em geral, punível o que não é por ela penalizado, baseando a conclusão em que proíbe, não justifica ou reprova condutas similares, este procedimento de interpretação é absolutamente vedado no campo da elaboração científico-jurídica do direito penal.

Assim, existe consenso quanto à impossibilidade de se aplicar a analogia para criar figura delitiva ou sanção penal não previstas legalmente de modo expresso, mesmo porque, em face das garantias constitucionais previstas no art. 5°, do Texto Maior, não é permitido tal tipo de integração da norma.

E é justamente sob esse aspecto que o estudo da analogia traz importantes subsídios ao tema objeto deste trabalho, pois caso venha a se considerar que os delitos praticados via internet não precisam de uma legislação específica, estando compreendidos nas normas já existentes, deve-se ter muito cuidado para não estar aplicando-se indevidamente aquele instituto, vedado que é seu emprego, como se viu, para criar novas figuras penais.

Interessante citar, neste ponto, decisão a respeito de eventual uso da analogia, proferida pelo ilustre Ministro do Supremo Tribunal Federal, Sepúlveda Pertence, ainda no ano de 1998, que pronunciou seu voto em *habeas corpus* cujo objeto em discussão era justamente crime praticado por computador (HC n° 76.689/PB), com a seguinte síntese:

[...] não se trata no caso, pois, de se colmatar lacuna da lei incriminadora por analogia: uma vez que se compreenda na decisão típica da conduta criminada que o meio técnico empregado para realizá-la pode ser de invenção posterior à edição da lei penal: a invenção da pólvora não reclamou redefinição do homicídio para tornar explícito que nela se compreendia a morte dada a outrem mediante arma de fogo.

Tal manifestação foi dada em caso de inserção de fotografias obscenas de crianças na internet, no sentido de que ocorreu apenas prática de conduta diferente das conhecidas, no que se refere ao tipo penal *publicar cena de sexo explícito ou pornográfica envolvendo criança ou adolescente,* previsto legalmente, e não preenchimento de lacuna da norma, tratando-se de tipo legal aberto.

Ainda é importante lembrar que o processo penal brasileiro admite plenamente o emprego da presente figura de integração da norma, sem quaisquer restrições, de acordo com o art. 3º do Código, nestes termos: *a lei processual penal admitirá interpretação extensiva e aplicação analógica, bem como o suplemento dos princípios gerais de direito.*

1.5. DOS CRIMES INFORMÁTICOS[3]

Segundo Ferreira (2000, p. 209), fazendo alusão a Ulrich Sieber, professor da Universidade de Würzburg e grande especialista no assunto, o surgimento dos crimes informáticos remonta à década de 1960, quando houve os primeiros registros do "uso do computador para a prática de delitos, constituídos, sobretudo, por manipulações, sabotagens, espionagem e uso abusivo de computadores e sistemas, denunciados em matérias jornalísticas". Como ressalta a autora, apenas nos anos de 1970 verificaram-se "estudos sistemáticos e científicos sobre essa matéria, com emprego de métodos criminológicos", relativos a delitos informáticos verificados na Europa em instituições de renome internacional.

Tal aspecto culminou para que nos anos de 1980 se potencializassem as ações criminosas "que passaram a incidir em manipulações de caixas bancários, pirataria de programas de computador, abusos nas telecomunicações etc., revelando vulnerabilidade que os criadores do processo não

---

3. Extraído e adaptado de Furlaneto Neto (2003).

haviam previsto" (FERREIRA, 2000, p. 209-10). A esse cenário, acrescentamos o delito de pornografia infantil perpetrado por meio da internet, igualmente difundido na época, mas com maior potencialidade na década de 1990.

A criminalidade informática, no entender de Gomes (2000), conta com as mesmas características da informatização global:

> a) **transnacionalidade**: todos os países fazem uso da informatização (qualquer que seja o seu desenvolvimento econômico, social ou cultural); logo, a delinquência correspondente, ainda que em graus distintos, também está presente em todos os continentes; b) **universalidade**: integrantes de vários níveis sociais e econômicos já têm acesso aos produtos informatizados (que estão se popularizando cada vez mais); c) **ubiquidade**: a informatização está presente em todos os setores (públicos e privados) e em todos os lugares. (Grifos do autor.)

Importa ressaltar, no entanto, que a doutrina não chegou a um consenso quanto ao nome jurídico do crime, tampouco quanto ao conceito dos crimes em espécie.

Como ressaltam Lima (2011) e Davara Rodríguez (2007), a doutrina aborda a temática sobre o título de crimes virtuais, crimes digitais, crimes informáticos, crimes de informática, crimes de computador, delitos computacionais, crimes eletrônicos etc. Hodiernamente, tem-se empregado a expressão crimes de alta tecnologia.

Em análise sobre o delito informático, Davara Rodríguez (2007) aduz que a doutrina espanhola dominante adotou a denominação *delito informático* por uma questão de comodidade, pois tanto o Código Penal espanhol quanto as legislações extravagantes não tipificam tais crimes.

No Brasil, os autores que enfrentaram o tema não chegaram a um consenso quanto ao nome jurídico dessa criminalidade, no entanto, Gomes (2000) observa que, como fator criminógeno, há delitos cometidos por meio do computador (*the computer as a tool of a crime*) e outros contra o computador (*the computer as the object of a crime*), isto é, os cometidos contra "as informações e programas nele contidos". Assim, a informática seria meio para a prática de novas condutas delituosas, como potencializaria crimes tradicionais, já previstos na legislação em vigor, citando, como exemplo, o estelionato e o furto mediante fraude.

De acordo com Santos (2014, p. 237):
> Como se pode perceber, não existe um único conceito definitivo para o que seja um crime praticado pela Internet, ou um cibercrime. Alguns apresentam um conceito amplo, abrangendo qualquer conduta que implica o uso da tecnologia informática, enquanto outros de forma mais específica entendem ser a criminalidade desse tipo apenas aquela que envolve um computador.

Uma primeira abordagem da questão é desenvolvida por Corrêa (2000b, p. 43), no contexto dos denominados "crimes digitais", conceituados como "todos aqueles relacionados às informações arquivadas ou em trânsito por computadores, sendo esses dados, acessados ilicitamente, usados para ameaçar ou fraudar".

Pode-se observar que, em tal conceituação, o autor enfatiza os crimes cometidos contra o computador, ou seja, contra as informações e programas nele contidos, bem como contra as informações ou dados em trânsito por computadores, com o dolo específico de ameaça e de fraude, não abordando aqueles crimes praticados com o computador, mas cujo bem protegido pelo ordenamento jurídico é diverso, como, por exemplo, a pornografia infantil.

Em outra corrente, Pinheiro (2001, p. 18-9), inclusive com base em Costa (1997), classifica crimes informáticos ou cybernéticos em crimes virtuais puros, mistos e comuns.

Segundo o referido autor, crime virtual puro é aquele em que o computador, em seu aspecto físico, ou os dados e programas nele contidos são objetos de uma ação ou omissão antijurídica. O crime virtual misto, por sua vez, caracteriza-se pelo emprego obrigatório da internet no *iter criminis*, embora o bem jurídico a ser lesado seja diverso, citando como exemplo "as transferências ilícitas de valores em uma *homebanking* ou no chamado *salami-slacing*, onde o *cracker* retira de milhares de contas-correntes diariamente, pequenas quantias que correspondem a centavos e transfere para uma única conta", caracterizando, assim, a internet como instrumento do crime. Nesse golpe, comenta que, embora o valor desviado seja insignificante para o correntista, representa um volume bastante significativo para o criminoso virtual, e o delito somente poderia ser passível de consumação por meio da internet. Por derradeiro, crime virtual comum é aquele em que a internet é utilizada como um instrumento para a consumação de um delito já previsto pelo ordenamento jurídico penal. Cita, como exemplo, o crime de pornografia infantil que, antes do advento da rede mundial, era praticado por meio de revistas e vídeos, enquanto agora se dá por meio de e-mails, sala de bate-papos etc. Arremata seu raciocínio ao afirmar que, neste caso, "mudou a forma, mas a essência do crime permaneceu a mesma" (PINHEIRO, 2001, p. 18-9).

De forma abrangente e adotando a teoria tradicional[4], Ferreira (2000, p. 210) define crime de informática como "toda ação típica, antijurídica e culpável, cometida contra ou pela utilização de processamento automático de dados ou sua transmissão".

De forma abrangente e com base no conceito analítico de crimel, Ferreira (2000, p. 210) define crime de informática como "toda ação típica, antijurídica e culpável, cometida contra ou pela utilização de processamento automático de dados ou sua transmissão".[5]

A autora segue justificando o conceito de ação como "comportamento humano comissivo ou omissivo que corresponda ao modelo previsto em lei como crime (típico), com a respectiva penalidade", atendendo ao princípio da legalidade que norteia o Direito Penal. Assim, o conceito de crime se completa na medida em que a conduta ilícita e a responsabilidade penal podem ser atribuídas ao seu autor.

---

4. Para a teoria tradicional, o crime é um fato típico, antijurídico e culpável. Para a moderna teoria, denominada finalista da ação, o crime é um fato típico e antijurídico, passando a culpabilidade a ser pressuposto da pena.

5. Ferreira (2000) baseia-se no conceito analítico de crime, entendendo-o como o fato típico, antijurídico e culpável, apesar de boa parte da doutrina nacional retirar a culpabilidade de tal conceito, entendendo-a como pressuposto da pena, porém, Fragoso (1989), Bitencourt (2008), entre outros autores mantêm a culpabilidade como elemento da estrutura do ilícito penal, alegando que a ação típica e antijurídica para constituir o crime tem que ser culpável. A definição leva em conta a teoria finalista, adotada pelo CPB, podendo expor, de forma sintética, os elementos em questão da seguinte forma: fato típico é o comportamento humano que provoca um resultado (em regra) e é previsto em lei como infração, tratando-se de um fato concreto que encontra correlação em uma norma penal incriminadora, sendo formado pela conduta, resultado, nexo de causalidade entre a conduta e o resultado, e tipicidade; antijuridicidade constitui a relação de contrariedade entre o fato típico e o ordenamento jurídico, o Direito, sendo antijurídico o que não é declarado lícito por causas de exclusão da antijuridicidade; culpabilidade é a reprovação da ordem jurídica em face de ligar-se o homem a um fato típico e antijurídico, ou seja, juízo de reprovação.

Indo ao encontro dos fatores criminógenos expostos por Gomes (2000), por julgar mais compatível com a casuística, Ferreira (2000, p. 214-5) adota a classificação proposta por Hervé Croze e Yves Bismuth (1986), para quem os crimes de informática se distinguem em ser dirigidos contra um sistema de informática e atentatórios contra outros valores sociais ou bens jurídicos.

No primeiro caso, tem-se o "verdadeiro núcleo da criminalidade informática", visto atentarem "contra o próprio material informático (suportes lógicos ou dados dos computadores)", ao passo que os outros têm no sistema de informática seu instrumento, abrangendo distintas espécies de infrações penais.

Embora a expressão "conduta não ética" inserida no contexto da definição seja incompatível com a cultura jurídica brasileira, por partir do pressuposto de que toda ação ou omissão prevista em norma penal incriminadora é indesejável, Rossini (2002, p. 140) entende que "o melhor conceito para 'delito informático' é o cunhado pela Organização para Cooperação Econômica e Desenvolvimento da ONU: 'o crime de informática é qualquer conduta ilegal não ética, ou não autorizada, que envolva processamento automático de dados e/ou transmissão de dados'".

Para o autor (ROSSINI, 2002, p. 140-1), há delitos informáticos puros, "em que o sujeito visa especificamente ao sistema de informática em todas as suas formas", incluindo *software*, *hardware*, dados e sistemas, bem como meios de armazenamento; e delitos informáticos mistos, "em que o computador é mera ferramenta para a ofensa a outros bens jurídicos que não exclusivamente os do sistema informático", como, por exemplo, a prática de homicídio por meio da internet, com a mudança, a distância, de rota de um avião.

Davara Rodríguez (2007, p. 364) conceitua o delito informático como:

> la realización de una acción que, reuniendo las características que delimitan el concepto de delito, sea llevada a cabo utilizando un elemento informático y/o telemático, o vulnerando los derechos del titular de un elemento informático, ya sea hardware o software.

O autor ressalta que o conceito não se aplica àqueles crimes em que a informática foi eventualmente utilizada para a perpetração de um delito já tipificado pelo Direito Penal, mas tão somente àqueles crimes em que a informática é indispensável para a perpetração e consumação do delito.

Em que pese as diferentes abordagens doutrinárias quanto ao conceito da criminalidade informática, nota-se o seguinte consenso: ora o computador é visto como instrumento do crime, ora como seu objeto.

Mesmo na visão tripartida de Costa (2002) e Pinheiro (2001), verifica-se que ora o computador é abordado como objeto (crime virtual puro), ora como instrumento (crime virtual misto e crime virtual comum).

Não se pode deixar de descartar, no entanto, que, eventualmente, o dispositivo informático pode ser mero depósito de provas, não se caracterizando como instrumento e nem objeto material do crime. Isso se verifica quando provas ou evidências estão armazenadas em dispositivos informáticos, de forma que devem ser analisadas sob a ótica da dimensão probatória.

Em uma abordagem sobre ilícitos informáticos que violam a privacidade na web, Zanellato (2002, p. 180-210) traz sua contribuição ao apresentar a tipologia de algumas condutas:

a) o *spamming*, "como forma de envio não consentido de mensagens publicitárias por correio eletrônico" a uma massa finita de usuários da rede, conduta esta não oficialmente criminal, mas antiética;

b) os famosos *cookies*, a quem chama "biscoitinhos da web", "pequenos arquivos de textos que são gravados no computador do usuário pelo *browser* quando ele visita determinados *sites* de comércio eletrônico", de forma que identifica o computador com um número único, de maneira que possa obter informações que o levem a reconhecer quem está acessando o site, de onde vem e com que periodicidade costuma voltar e outros dados de interesse do portal;

c) os *spywares*, como "programas espiões que enviam informações do computador do usuário da rede para desconhecidos", de maneira que até o que é teclado é monitorado como informação, e alguns *spywares* têm mecanismos que acessam o servidor assim que o usuário fica *on-line* e outros enviam informações por e-mail;

d) os *hoaxes*, ou seja, "e-mails que possuem conteúdos alarmantes e falsos, geralmente apontando como remetentes empresas importantes ou órgãos governamentais", como, por exemplo, as correntes ou pirâmides, *hoaxes* típicos que caracterizam crime contra a economia popular,[6] podendo, ainda, estar acompanhados de vírus;

---

6. Art. 2º, inciso IX, da Lei nº 1.521/1951.

e) os *sniffers*, programas espiões, assemelhados aos *spywares*, que, introduzidos no disco rígido, visam a rastrear e a reconhecer e-mails que circundam na rede, de forma que permite o seu controle e leitura; e

f) os *Trojan horses*, ou os cavalos de Troia, que, uma vez instalados nos computadores, abrem suas portas, tornando possível a subtração de informações, como senhas, arquivos etc.

Sobre o cavalo de Troia, o autor complementa (2002, p. 206):

> embora o usuário possa recebê-lo de várias maneiras, na maioria das vezes ele vem anexado a algum e-mail. Este vem acompanhado de mensagens bonitas que prometem mil maravilhas se o arquivo anexado for aberto. Uma vez aberto o arquivo, o *Trojan horses* se instala no computador do usuário. Na maioria das vezes, tal programa ilícito vai possibilitar aos *hackers* o controle total da sua máquina. Poderá ver e copiar todos os arquivos do usuário, descobrir todas as senhas que ele digitar, formatar seu disco rígido, ver a sua tela e até mesmo ouvir sua voz se o computador tiver um microfone instalado.

Considerando-se que boa parte dos computadores é dotada de microfones ou câmaras de áudio e vídeo, observa-se que o cavalo de troia permite a possibilidade de se fazer escuta ambiente clandestina, arma poderosa nas mãos de criminosos que visam à captura de segredos industriais.

A doutrina juscibernética comparada, mormente a ibero-americana, enriquece ainda mais o debate.

Segundo Levene e Chiaravalloti (1998, p. 125, tradução nossa), não há uma definição de caráter universal próprio de delito informático, apesar dos esforços dos *experts* que se têm ocupado do tema, e enquanto não existe o consenso universal, foram formulados conceitos funcionais atendendo às realidades nacionais concretas.

Desse modo os autores resgatam a concepção de María de la Luz Lima (*apud* LEVENE; CHIARAVALLOTI, 1998, p. 125, tradução nossa), segundo a qual:

> delito eletrônico, em sentido amplo, é qualquer conduta criminógena ou criminal em cuja realização haja o emprego da tecnologia eletrônica como método, meio ou fim e, em um sentido estrito, qualquer ato ilícito penal em que os computadores, suas técnicas e funções desempenham um papel como método, meio ou fim.

Complementando sua definição, classifica os delitos eletrônicos em três categorias:

a) Os que utilizam a tecnologia eletrônica como método, ou seja, condutas criminais nos quais os indivíduos utilizam métodos eletrônicos para obter um resultado ilícito;

b) Os que utilizam a tecnologia eletrônica como meio, ou seja, condutas criminais em que para a realização de um delito utilizam o computador como meio; e

c) Os que utilizam a tecnologia eletrônica como fim, ou seja, condutas dirigidas contra a entidade física do objeto ou máquina eletrônica ou seu material com o objetivo de danificá-lo.

No VIII Congresso sobre Prevenção de Delito e Justiça Penal, celebrado em Havana, Cuba, em 1990, a Organização das Nações Unidas (*apud* LEVENE; CHIARAVALLOTI, 1998, p. 129-30, tradução nossa) publicou uma relação de tipos de delitos informáticos. A relação reconheceu os seguintes delitos:

1. Fraudes cometidas mediante manipulação de computadores, caracterizadas por:

    a) *manipulação de dados de entrada*, também conhecida como subtração de dados;

    b) *manipulação de programas*, modificando programas existentes em sistemas de computadores ou enxertando novos programas ou novas rotinas;

    c) *manipulação de dados de saída*, forjando um objetivo ao funcionamento do sistema informático, como, por exemplo, a utilização de equipamentos e programas de computadores especializados em decodificar informações de tarjas magnéticas de cartões bancários ou de crédito;

    d) *manipulação informática*, técnica especializada que aproveita as repetições automáticas dos processos do computador, apenas perceptível em transações financeiras, em que se saca numerário rapidamente de uma conta e transfere a outra.

2. Falsificações informáticas:

    a) *como objeto*, quando se alteram dados de documentos armazenados em formato computadorizado;

b) *como instrumento*, quando o computador é utilizado para efetuar falsificações de documentos de uso comercial, criando ou modificando-os, com o auxílio de impressoras coloridas a base de raio *laser*, cuja reprodução de alta qualidade, em regra, somente pode ser diferenciada da autêntica por meio de perito.

3. Danos ou modificações de programas ou dados computadorizados, também conhecidos como sabotagem informática, ato de copiar, suprimir ou modificar, sem autorização, funções ou dados informáticos, com a intenção de obstaculizar o funcionamento normal do sistema, cujas técnicas são:

a) *vírus*, série de chaves programadas que podem aderir a programas legítimos e propagar-se a outros programas informáticos;

b) *gusano*, análogo ao vírus, mas com objetivo de infiltrar em programas legítimos de programas de dados para modificar ou destruí-lo, sem regenerar-se;

c) *bomba lógica ou cronológica*, requisitando conhecimentos especializados já que requer a programação para destruição ou modificação de dados em certo momento do futuro;

d) *acesso não autorizado a sistemas de serviços*, desde uma simples curiosidade, como nos casos de *hackers*, piratas informáticos, até a sabotagem ou espionagem informática;

e) *piratas informáticos ou hackers*, que aproveitam as falhas nos sistemas de seguranças para obter acesso a programas e órgãos de informações; e

f) *reprodução não autorizada de programas informáticos de proteção legal*, causando uma perda econômica substancial aos legítimos proprietários intelectuais.

Posteriormente, no X Congresso sobre Prevenção de Delito e Tratamento do Delinquente, celebrado em Viena, entre os dias 10 e 17 de abril de 2000, a ONU[7] publicou um comunicado à imprensa relacionando outros tipos de delitos informáticos praticados por meio do computador, quais sejam:

a) *Espionagem industrial*: espionagem avançada realizada por piratas para as empresas ou para o seu próprio proveito copiando segredos

---

7. Disponível em: <http://www.un.org/conferences/index.html>. Acesso em: 2 out. 2016.

comerciais que abordam desde informação sobre técnicas ou produtos até informação sobre estratégias de comercialização.

b) *Sabotagem de sistemas*: ataques, como o bombardeiro eletrônico, que consistem no envio de mensagens repetidas a um site, impedindo que os usuários legítimos tenham acesso a eles. O fluxo de correspondências pode transbordar a quota da conta pessoal do titular do e-mail que as recebem e paralisar sistemas inteiros. Todavia, apesar de ser uma prática extremamente destruidora, não é necessariamente ilegal.

c) *Sabotagem e vandalismo de dados*: intrusos acessam *sites* eletrônicos ou base de dados apagando-os ou alterando-os, de forma que corrompe os dados. Podem causar prejuízos ainda maiores se os dados incorretos forem usados posteriormente para outros fins.

d) *Pesca ou averiguação de senhas secretas*: delinquentes enganam novos e incautos usuários da internet para que revelem suas senhas pessoais, fazendo-se passar por agentes da lei ou empregados de provedores de serviço. Utilizam programas para identificar senhas de usuários, para que, mais tarde, possam usar para esconder verdadeiras identidades e cometer outras maldades, como o uso não autorizado de sistemas de computadores, delitos financeiros, vandalismo e até atos de terrorismo.

e) *Estratagemas*: astuciosos utilizam diversas técnicas para ocultar computadores que se parecem eletronicamente a outros para lograr acessar algum sistema geralmente restringido e cometer delitos. O famoso pirata Kevin Mitnick se valeu de estratagemas em 1996 para invadir o computador da casa de Tsotomo Shimamura, *expert* em segurança, e destruir pela internet valiosos segredos de segurança.

f) *Pornografia infantil*: a distribuição de pornografia infantil por todo o mundo por meio da internet está aumentando. O problema se agrava ao aparecer novas tecnologias como a criptografia, que serve para esconder pornografia e demais materiais ofensivos em arquivos ou durante a transmissão.

g) *Jogos de azar*: o jogo eletrônico de azar foi incrementado na medida em que o comércio brindou com facilidades de crédito e transferência de fundos pela rede. Os problemas ocorrem em países onde esse jogo é um delito e as autoridades nacionais exigem licenças. Ademais, não se pode garantir um jogo limpo, dadas as inconveniências técnicas e jurisdicionais para sua supervisão.

h) *Fraude*: já foram feitas ofertas fraudulentas ao consumidor, tais como a cotização de ações, bônus e valores, ou a venda de equipamentos de computadores em regiões onde existe o comércio eletrônico.

i) *Lavagem de dinheiro*: espera-se que o comércio eletrônico seja um novo lugar de transferência eletrônica de mercadorias e dinheiro para lavar as ganâncias do crime, sobretudo, mediante a ocultação de transações.

A rede mundial, uma sociedade virtual que modificou hábitos e costumes, combinando comportamentos tradicionais com o acesso à informação e cultura, também se tornou motivo de inquietude, um rico campo para as mais variadas atividades ilícitas, criminalidade esta caracterizada pela dificuldade de investigação, prova e aplicação da lei penal, pelo caráter transnacional e ilimitado dessas condutas, o que pode gerar conflitos de direito internacional, em decorrência da competência da jurisdição sancionadora.

Em artigo sobre a regulamentação jurídica do fenômeno informático, Carrascosa López (1998, p. 47-8, tradução nossa) diz que o novo Código Penal espanhol, aprovado pela Lei Orgânica nº 10, de 23 de novembro de 1995, conferiu um capítulo aos crimes informáticos, contemplando, entre outras, as seguintes infrações penais: fraude informática (art. 248.2), utilização ilícita de cartões eletromagnéticos nos delitos de roubo (arts. 239 *in fine* c.c. o art. 238), violação informática (art. 256), dano e sabotagem informática (art. 264 e ss.), espionagem informática (arts. 278 e ss.), violação da intimidade (art. 197 e ss.), propriedade intelectual (art. 270 e ss.), bem como pirataria de programas (art. 283).

Em recente revisão, o Código Penal espanhol foi atualizado pela Lei Orgânica nº 11, de 30 de abril de 1999, que contemplou como crimes a pornografia infantil praticada via internet e a posse de material relacionada à pornografia infantil.

Como vimos, o computador ainda pode ser meio para a prática de delitos previstos na legislação ordinária, como, por exemplo, a ameaça (promessa de malefícios futuros) e crimes contra a honra praticados via e-mail (ofensas à honra objetiva – difamação –, subjetiva – injúria – e a imputação falsa de fato considerado como crime – calúnia), violação de correspondência, considerando-se a confidencialidade da correspondência eletrônica – e-mail –, tráfico de drogas e apologia ao crime, e até mesmo o homicídio doloso, na hipótese de uma pessoa, intencionalmente, interferir na programação de um aparelho em funcionamento em um paciente internado na Unidade de Terapia Intensiva (UTI), cujo desligamento venha a lhe causar a morte, o furto mediante fraude, bem como para outras condutas potencialmente danosas, ainda não disciplinadas pelo Direito Penal.

Importante dizer que a caracterização do delito praticado por meio do computador dependerá da análise do caso concreto, devendo a conduta do delinquente informático se subsumir em norma prevista na legislação em vigor do país onde o delito for cometido, e a exemplificação dos crimes apresentada não tem o condão de ser taxativa.

Télles Valdés (1992, p. 180-1, tradução nossa) classifica o delito de terrorismo praticado com o auxílio da informática em:

a) *Terrorismo de Estado*: levando-se em consideração o adágio de que "a informação é poder", governantes fazem uso de sistemas informatizados de informação como um poder opressor com o intuito de controlar politicamente os cidadãos, conduta esta praticada por chefes de Estados totalitários, como também por aqueles "que estão sob o manto de um Estado democrático". Para o autor, alguns tratadistas individualizam essa conduta como "excesso de poder", de forma que requere "um contrapeso adequado para que não haja abusos contra os cidadãos, ou seja, um adequado controle sobre o controle", citando, como exemplo, "os desenvolvidos pelo Escritório de Inspeção de Dados da Suécia, a Comissão Federal de Dados da República Federativa da Alemanha e a Comissão Nacional de Liberdades e Informática da França".

b) *Terrorismo entre Estados*: o emprego da teleinformática de forma que propicia atentados contra a soberania de outro Estado, mediante o emprego indevido de "dados informacionais de caráter confidencial e estratégico" para fluxo de dados entre Estados. O autor cita como exemplos "eventuais ocupações físicas e destruição parcial ou total de centros de informação, como um quartel militar, uma central nuclear ou química".

c) *Terrorismo entre particulares*: na posição do autor constituem "atos de criminalidade em sentido lato, motivados por questões de ordem pessoal, histórica, econômica e religiosa". Como exemplo, cita os vírus informáticos, responsáveis por verdadeiros atentados terroristas quando presente a intenção dolosa do agente em causar um dano ao suporte material do computador ou dos dados ou informações nele arquivados, podendo, sobretudo, provocar um prejuízo superior ao inicialmente pretendido, "inclusive financeiro e com perdas de vidas humanas, o que a doutrina tem considerado verdadeiros delitos preterintencionais".[8]

d) *Terrorismo de particulares contra o Estado*: o emprego da informática por particulares, geralmente por grupos anárquicos de esquerda, de direita, fanáticos religiosos, ecologistas etc., provocando, em regra, danos que resultem em perdas humanas e materiais. O autor cita como exemplos a "invasão física e automatizada a algum centro informático ou a inserção de vírus informáticos, o planejamento e simulação de atentados através de um computador a fim de aperfeiçoar o verdadeiro ataque", bem como a subtração de informações confidenciais armazenadas em "fitas, discos magnéticos ou qualquer outro suporte material de informação", ou, ainda, "a ação de roubos e fraudes informáticas para a obtenção de fundos para suas atividades" etc.

O autor questiona se grupos como o ERI, ETA, Sendero Luminoso e outros não cometeriam tais condutas, se tivessem a oportunidade. Assim, acerca de nosso provável destino, responde com uma incerteza: "enfim, somente o tempo nos dirá".

E no Brasil, como reagiríamos se grupos extremistas como o Primeiro Comando da Capital (PCC), Comando Vermelho (CV), entre outros, formassem especialistas em crimes informáticos?

---

8. Delitos preterdolosos ou preterintencionais são aqueles que são praticados com dolo no antecedente e culpa na consequente, de maneira que o resultado final do crime tenha resultado culposo, como, por exemplo, na hipótese de o agente apenas querer ferir a vítima com um soco, porém emprega uma força tal que esta vem a cair ao solo, bater a cabeça e morrer em decorrência das lesões experimentadas.

Vale lembrar que já foram registrados casos de invasões a contas-correntes via internet em que o agente efetuou a compra de crédito para o abastecimento de celulares pré-pagos com tecnologia GSM, utilizados no interior de penitenciárias, o que nos dá uma conotação de que as organizações criminosas já começaram a agir dentro do contexto dos crimes virtuais.

Em 2001, a Convenção sobre Cibercrime de Budapeste estabeleceu como condutas passíveis de criminalização:

a) *Acesso ilegítimo*: acesso intencional e ilegítimo à totalidade ou parte de um sistema informático, com a intenção de obter dados informáticos ou outra intenção ilegítima, ou que seja relacionada com um sistema informático conectado a outro sistema informático, o que se aproxima, no Brasil, do crime de invasão de dispositivo informático, previso no art. 154-A, do Código Penal.

b) *Intercepção ilegítima*: intercepção intencional e ilegítima de dados informáticos, efetuada por meios técnicos, em transmissões não públicas, para, a partir de ou dentro de um sistema informático, incluir emissões eletromagnéticas provenientes de um sistema informático que veicule esses dados. Busca-se criminalizar a conduta denominada *men in the meadle*, em que os dados são interceptados durante o tráfego.

c) *Interferência em dados*: tem-se o ato intencional e ilegítimo de danificar, apagar, deteriorar, alterar ou eliminar dados informáticos. Com a ressalva da especificidade, no Brasil, o crime de violação de dispositivo informático prevê as elementares de obter, adulterar (alterar) ou destruir (eliminar) dados ou informações.

d) *Interferência em sistemas*: obstrução grave, intencional e ilegítima, do funcionamento de um sistema informático, através da introdução, transmissão, danificação, eliminação, deterioração, modificação ou supressão de dados informáticos.

e) *Uso abusivo de dispositivos*: ações intencionais e ilegítimas que tenham por finalidade a produção, a venda, a obtenção para utilização, a importação, a distribuição, ou outras formas de disponibilização de dispositivo, incluindo programa informático, concebido ou adaptado essencialmente para permitir a prática de acesso ou interceptação ilegítimos, bem como interferência em dados ou sistemas; ou uso de palavra-chave, código de acesso ou dados informáticos semelhantes que permitam acessar o todo ou a parte de um sistema informático, com a intenção de serem utilizados para a prática de acesso ou interceptação ilegítimos, bem como interferência em dados ou sistemas.

f) *posse de um elemento relacionado a dispositivos, palavra-chave ou código de acesso, referido no item "e":* desde que o agente tenha a intenção de utilizá-lo para a prática de acesso ou interceptação ilegítimos, bem como interferência em dados ou sistemas.

g) *Falsidade informática:* caracteriza-se pela introdução, alteração, eliminação ou supressão intencional e ilegítima de dados informáticos, produzindo dados não autênticos, com a intenção de que estes sejam considerados ou utilizados para fins legais como se fossem autênticos, quer sejam ou não diretamente legíveis e inteligíveis.

h) *Burla informática:* trata-se do ato intencional e ilegítimo que origine a perda de bens a terceiros através: da introdução, da alteração, da eliminação ou da supressão de dados informáticos; ou de qualquer intervenção no funcionamento de um sistema informático, com a intenção de obter um benefício econômico ilegítimo para si ou para terceiros.

i) *Infrações relacionadas com pornografia infantil:* condutas cometidas de forma intencional e ilegítima que visem: produzir pornografia infantil com o objetivo da sua difusão através de um sistema informático; oferecer ou disponibilizar pornografia infantil através de um sistema informático; difundir ou transmitir pornografia infantil através de um sistema informático; obter pornografia infantil através de um sistema informático para si próprio ou para terceiros; possuir pornografia infantil em um sistema informático ou em um meio de armazenamento de dados informáticos. A expressão "pornografia infantil" inclui qualquer material pornográfico que represente visualmente: um menor de 18 anos envolvido em um comportamento sexualmente explícito; uma pessoa que aparente ser menor de 18 anos envolvida em um comportamento sexualmente explícito; imagens realísticas que representem um menor de 18 anos envolvido em um comportamento sexualmente explícito. No Brasil, o Estatuto da Criança e do Adolescente (ECA) criminaliza toda a cadeia produtiva e a posse de material pornográfico infantojuvenil nos arts. 241 e 241-A a E.

j) *Violação do direito de autor e dos direitos conexos*: devem estar em conformidade com as obrigações assumidas em face da Convenção Universal sobre o Direito de Autor, revista em Paris, em 24 de julho de 1971, da Convenção de Berna para a Proteção das Obras Literárias e Artísticas, do Acordo sobre os Aspectos dos Direitos de Propriedade Intelectual relacionados com o Comércio, e do Tratado da OMPI sobre o Direito de Autor, com exceção de quaisquer direitos morais conferidos por essas Convenções, quando esses atos forem praticados intencionalmente, em escala comercial e por meio de um sistema informático. No que tange aos direitos conexos, ter-se-á que observar as obrigações assumidas por força da Convenção Internacional para a Proteção dos Artistas Intérpretes ou Executantes, dos Produtores de Fonogramas e dos Organismos de Radiodifusão (Convenção de Roma) do Acordo sobre Aspectos dos Direitos de Propriedade Intelectual relacionados com o Comércio, e do Tratado da OMPI sobre Interpretações, Execuções e Fonogramas, com exceção de qualquer direito moral conferido por essas Convenções, quando os atos forem praticados intencionalmente, em escala comercial e por meio de um sistema informático.

Para Capez (2015), o delito de terrorismo está disciplinado no art. 20 da Lei nº 7.170/1983 – Lei de Segurança Nacional, o qual disciplina a conduta de "devastar, saquear, extorquir, roubar, sequestrar, manter em cárcere privado, incendiar, depredar, provocar explosão, praticar atentado pessoal ou atos de terrorismo, por inconformismo político ou para obtenção de fundos destinados à manutenção de organizações políticas clandestinas ou subversivas".

Tem-se um crime de ação múltipla ou de conteúdo variado apenado com reclusão de três a dez anos. Qualquer pessoa pode ser sujeito ativo do crime, não se exigindo concurso obrigatório de agentes. Para caracterizá-lo, faz-se necessário que o agente realize qualquer um dos núcleos do tipo motivado por inconformismo político ou para obtenção de fundos destinados à manutenção de organizações políticas clandestinas ou subversivas.

Segundo Capez (2015), o delito de terrorismo tutela a segurança nacional, de forma que os objetos da proteção penal são: a integridade territorial e a soberania nacional; o regime representativo e democrático, a Federação e o Estado de Direito; a pessoa dos chefes dos Poderes da União.

Assim, facilmente podemos enxergar o agente utilizando *MSN* ou e-mail para extorquir outrem, condutas que poderão caracterizar o delito de terrorismo desde que esteja o agente agindo com o fim especial exigido pelo tipo penal e que lese ou exponha a perigo de lesão um dos bens tutelados pela Lei de Segurança Nacional, mormente quando visa à obtenção de fundos destinados à manutenção de organizações políticas clandestinas ou subversivas.

O que foi dito sobre o crime de terrorismo sofreu mudanças diante da aprovação da Lei nº 13.260/2016, que disciplinou a matéria, apresentando uma definição do que se considera terrorismo no Brasil, com a respectiva pena, bem como com os aspectos investigatórios e processuais relacionados a esse crime.

Cabe ressaltar que, com exceção do conceito, que antes era dado pela Lei de Segurança Nacional, as demais observações já feitas permanecem. Para a nova legislação em vigor, em seu art. 2º:

> **Art. 2º.** O terrorismo consiste na prática por um ou mais indivíduos dos atos previstos neste artigo, por razões de xenofobia, discriminação ou preconceito de raça, cor, etnia e religião, quando cometidos com a finalidade de provocar terror social ou generalizado, expondo a perigo pessoa, patrimônio, a paz pública ou a incolumidade pública.

Em seguida, a legislação apresenta uma relação do que considera atos terroristas, bem como incrimina a conduta de:

> **Art. 3º.** Promover, constituir, integrar ou prestar auxílio, pessoalmente ou por interposta pessoa, à organização terrorista: Pena – reclusão, de cinco a oito anos, e multa.
>
> **Art. 5º.** Realizar atos preparatórios de terrorismo com o propósito inequívoco de consumar tal delito: Pena – a correspondente ao delito consumado, diminuída de um quarto até a metade. (...)
>
> **Art. 6º.** Receber, prover, oferecer, obter, guardar, manter em depósito, solicitar, investir, de qualquer modo, direta ou indiretamente, recursos,

ativos, bens, direitos, valores ou serviços de qualquer natureza, para o planejamento, a preparação ou a execução dos crimes previstos nesta Lei: Pena – reclusão, de quinze a trinta anos.

Parágrafo único. Incorre na mesma pena quem oferecer ou receber, obtiver, guardar, mantiver em depósito, solicitar, investir ou de qualquer modo contribuir para a obtenção de ativo, bem ou recurso financeiro, com a finalidade de financiar, total ou parcialmente, pessoa, grupo de pessoas, associação, entidade, organização criminosa que tenha como atividade principal ou secundária, mesmo em caráter eventual, a prática dos crimes previstos nesta Lei.

Não é objetivo deste texto o estudo da lei de terrorismo atual, devendo apenas trazer ao conhecimento, por fim, que o inciso IV do art. 2º do dispositivo legal prevê que se considera ato de terrorismo

sabotar o funcionamento ou apoderar-se, com violência, grave ameaça à pessoa ou servindo-se de **mecanismos cibernéticos**, do controle total ou parcial, ainda que de modo temporário, **de meio de comunicação** ou de transporte, de portos, aeroportos, estações ferroviárias ou rodoviárias, hospitais, casas de saúde, escolas, estádios esportivos, instalações públicas ou locais onde funcionem serviços públicos essenciais, instalações de geração ou transmissão de energia, instalações militares, instalações de exploração, refino e processamento de petróleo e gás e instituições bancárias e sua rede de atendimento (Grifos nossos.).

Percebe-se, assim, a previsão legal dos meios de comunicação e mecanismos cibernéticos como meios para a prática dos atos descritos no referido inciso.

2
CRIMES PRATICADOS POR MEIO DA INTERNET

Levando em conta que o computador e a internet podem ser utilizados enquanto instrumentos para a prática de crimes, passar-se-á a discorrer sobre alguns dos principais crimes que permitem ser perpetrados por esses meios, consoante seguem:

2.1. AMEAÇA

Ameaçar é o mesmo que intimidar, prometer castigo, futuro, sobre um mal injusto e grave. Tal delito encontra previsão em nossa legislação, no art. 147 do Código Penal.

Tal forma criminal pode ser praticada por qualquer pessoa e contra qualquer um que tenha compreensão e entendimento da ameaça feita, devendo ser um indivíduo determinado. Se funcionário público o ativo, tem-se crime de abuso de autoridade.

O elemento subjetivo do crime de ameaça é o dolo, não existindo a forma culposa. Existe certa discussão doutrinária no caso de ameaças proferidas no calor de uma discussão, ou por pessoa embriagada. Deve ser analisado o caso concreto, dependendo da seriedade empregadanas ameaças. Mirabete (2004), por exemplo, entende que nesses casos o delito está afastado diante da falta de consciência, de ânimo calmo e refletido.

O tipo penal objetivo refere-se a mal injusto e grave, ou seja, a ameaça deve envolver algo nocivo à vítima, possível, grave e sério. Deve o destinatário da ameaça sentir-se realmente temeroso. Necessário que seja injusto, mesmo que não criminoso, consumando-se o delito com o conhecimento da ameaça idônea a atemorizar.

Apresentam-se como objetos jurídico e material a paz de espírito, a segurança, a liberdade e a pessoa.

Constitui a ameaça um delito comum, formal, forma livre, comissivo (excepcionalmente omissivo impróprio); instantâneo; unissubjetivo; unissubsistente ou plurissubsistente (admite tentativa, embora difícil). Pode ainda se afirmar que é um tipo subsidiário, não se aplicando quando a ameaça fizer parte de outro delito mais grave, a exemplo do roubo, estupro etc.

A ação penal é pública condicionada à representação, constituindo delito de menor potencial ofensivo nos termos da Lei nº 9.099/1995.

2.1.1. Ameaça praticada por meio da internet

A internet veio a se apresentar, assim como ocorreu com os crimes contra a honra, como sendo mais um meio, um mecanismo, um instrumento (*modus operandi*) para ameaçar alguém. Desnecessária, portanto, alteração legislativa para tipificação da ameaça por meio da rede mundial de computadores.

Pode ser argumentado que a internet dificulte a identificação do autor desse tipo de crimes, no entanto, como se discutirá mais adiante, existe uma falsa ideia de anonimato, podendo, inclusive ser provado com mais consistência a autoria do delito, fato este que pode ser mais difícil no caso de uma ameaça feita por meio de um bilhete anônimo.

2.2. CALÚNIA

Caluniar, de acordo com o art. 138 do Código Penal pátrio, significa acusar falsamente alguém da prática de fato definido como crime, colocando em dúvida a sua credibilidade no meio social, atingindo, de tal forma, sua honra objetiva, isto é, o conceito externo que os outros têm da pessoa caluniada.

Como sujeito desse delito, tanto ativo como passivo, pode ser qualquer ser humano, sendo que por se referir a vítima a "alguém", deve ser pessoa física determinada. Algumas dúvidas quanto ao polo passivo do crime podem ocorrer: pessoas inimputáveis podem ser vítimas do crime, pois em tese cometem fato típico e antijurídico, estando excluída apenas a culpabilidade; é possível calúnia contra os mortos, sendo que nesse caso leva-se em conta a memória e o respeito, preservando-se também o sentimento da família, conforme prevê o art. 138, § 2º, ressaltando que alguns doutrinadores, a exemplo de Prado (2011), consideram que vítimas em tais casos seriam os parentes; pessoas desonradas, pois trata-se a honra de direito fundamental, de tal forma que, tais pessoas podem ser vítimas pois sempre lhes resta alguma honra.

Não se deve esquecer de que a honra é bem disponível, logo o consentimento prévio ou contemporâneo de seu titular afasta o crime.

O elemento normativo do tipo penal em análise exige como imprescindível que existe falsidade da imputação sobre o fato ou sua autoria, devendo o fato ser determinado, identificado (autor, situação, objeto etc.), não bastando mera referência ou atribuição de qualidade ao seu suposto autor, sob pena de se ter o delito de injúria, examinado logo adiante. Com isso fica constatado que o elemento subjetivo do tipo é o dolo, a intenção de ofender, de desacreditar, de magoar a pessoa atingida, com conhecimento da mentira sobre o que se fala, não admitindo a forma culposa.

Tendo em vista que o texto legal refere-se a crime, se o que se atribui a alguém é a prática de uma contravenção, tem-se difamação.

Conforme já observado, o que se tutela no presente tipo penal é a honra objetiva à imagem da pessoa, constituindo estes os objetos material e jurídico do ilícito, não se exigindo a presença da vítima para a consumação do mesmo uma vez que este ocorre quando o conhecimento da imputação falsa atinge terceiras pessoas (atingindo apenas a vítima, poderia se pensar em injúria).

Diante de tais constatações poderíamos classificar a calúnia como sendo um crime comum, formal, de forma livre, comissivo (excepcionalmente omissivo impróprio), unissubjetivo, unissubsistente ou plurisubsistente, caso em que se admite tentativa.

Nos termos do § 1º do dispositivo legal em estudo, pune-se o fato de se propalar (espalhar) ou divulgar (tornar conhecido) a notícia. Por se tratar de crime doloso, deve ocorrer plena consciência da falsidade do fato lesivo à reputação de outrem por parte de quem propala ou divulga (ocorrendo dúvida, neste caso, afasta-se o delito).

A lei trouxe a previsão da exceção da verdade para aquele que foi colocado como autor da calúnia no § 3º do artigo, que consiste em se provar a veracidade do fato atribuído a vítima, podendo ocorrer até a decisão da causa ser proferida, exigindo o contraditório. Tal exceção é vedada nos seguintes casos: se o fato atribuído for de crime de ação privada e não ocorreu condenação definitiva sobre o mesmo; quando a calúnia envolver Presidente da Republica ou Chefe de Governo estrangeiro; ocorrência de absolvição do caluniado, tendo em vista que o fato já foi discutido e julgado pelo Judiciário.

2.3. DIFAMAÇÃO

Difamar significa atacar a reputação de alguém, desacreditando-o perante a sociedade, isso através de fato ofensivo a reputação, e não apenas negativo ou inconveniente, de acordo com o art. 139 do Código Penal, mais uma vez tratando esse dispositivo legal da honra objetiva, da imagem social da vítima, que se constituem em seus objetos jurídico e material.

Sujeitos da difamação, assim como na calúnia, tanto o ativo como o passivo pode ser qualquer pessoa, neste último caso incluindo-se os inimputáveis. Por se referir o tipo penal a alguém, fica a pessoa jurídica excluída do polo passivo, podendo seus sócios ser vítimas do crime. O consentimento da vítima, também aqui, é admitido.

De forma diversa do delito de calúnia, o fato imputado não pode ser previsto em lei como crime, podendo ser tipificado como contravenção penal, no entanto deve ser descrito ao máximo possível (pessoas envolvidas, lugar, horário etc.), a fim de não ocorrer mero insulto, o que pode consistir injúria, devendo individualizar seu autor.

Trata-se de crime doloso, elemento subjetivo com a intenção de manchar a honra de alguém, não admitindo a forma culposa.

O ato de propalação do fato difamatório não é previsto na lei, podendo ser entendido como nova difamação desde que exista o dolo.

Podemos classificar a difamação como sendo um delito comum, formal, de forma livre, comissivo (excepcionalmente omissivo impróprio), instantâneo, unissubjetivo, unissubsistente ou plurissubsistente (neste caso admite tentativa).

Tendo em vista que se trata de ofensa a honra objetiva, a consumação ocorre com o conhecimento do fato imputado por terceiro (atingindo apenas a vítima, tem-se injúria).

A exceção da verdade é admitida pelo parágrafo único do artigo como exceção, quando for caso de atribuição de fato a funcionário publico, referente ao exercício de suas funções, considerando-se o interesse maior da administração pública.

2.4. INJÚRIA

Nos termos do art. 140 do Código Penal, injuriar é ofender, insultar, atingindo a dignidade (amor próprio) ou o decoro (moral) de alguém, sua honra subjetiva, o conceito que cada um tem de si próprio, sendo este o objeto jurídico e material do ilícito em comento.

No mesmo sentido dos outros dois delitos contra a honra, podem ser sujeitos ativo e passivo qualquer pessoa, ficando de lado, neste último caso, a pessoa jurídica por não possuir honra subjetiva. Com relação aos inimputáveis, estes podem ser vítimas desde que, no caso concreto, se prove que tinha condições de noção (consciência) de dignidade e decoro. Não prevê o tipo penal a injúria contra os mortos.

Diferentemente da calúnia e da difamação, o tipo objetivo não exige imputação de fatos precisos e determinados.

Mais uma vez trata-se de crime doloso, com a intenção de ofender, de causar indignação, de magoar, não se admitindo a forma culposa.

Tem-se a injúria como sendo um crime comum, formal, de forma livre, comissivo, instantâneo, unissubjetivo, unissubsistente ou plurissubisitente (neste caso admite tentativa), o qual se consuma com o conhecimento, pela vítima, da ofensa, não sendo necessário o conhecimento de terceiro, tendo em vista a tutela da honra subjetiva. Exceção da verdade não cabe em tal delito, pois não se tem como provar tal tipo de ofensa.

O § 1º do art. 140 prevê formas de Perdão Judicial, onde a punibilidade é extinta: provocação reprovável da vítima (na presença do autor da injúria), ocorrida antes do insulto; retorsão imediata, isto é, quem foi ofendido devolve a ofensa, de forma contemporânea.

A denominada injúria real consiste na ofensa a honra subjetiva com uso de violência ou vias de fato, sendo indispensável que tal agressão seja considerada aviltante, humilhante, desprezível, quer com respeito ao meio utilizado quer pela sua própria natureza, segundo entende Nucci (2003). Pode ocorrer concurso formal entre a injúria e as lesões corporais (as vias de fato restam absorvidas).

Em seu § 3º, o art. 140 aborda a injúria qualificada ou racial, praticada por aquele que se dirige a pessoa de determinada raça (cor, etnia, religião, idade, condição de deficiência física ou moral ou origem), insultando-a com argumentos ou palavras de conteúdo pejorativo. Difere do crime de racismo pela intenção de exclusão deste.

Importante destacar que, na injúria qualificada ou racial, a intenção do agente é ofender, enquanto no crime de racismo, o infrator pratica uma espécie de segregação, de forma a marginalizar determinada pessoa em razão de alguma condição pessoal (Crimes da Lei nº 7.716/1989). Se Tício xinga Filisbina de favelada fedorenta (origem da pessoa), pratica crime de injúria qualificada. Agora, caso Tício proíba Filisbina de ingressar em sua loja, aberta ao público, apenas pelo fato de esta pessoa ser negra, haverá racismo, pois a ofensa se dá de forma indireta, mediante a prática de algum ato discriminatório.

Insta acentuar que a doutrina não admite o perdão judicial na injúria qualificada nem na injúria real.

O crime de injúria cometido pela internet é, em regra, de competência da Justiça Estadual, mesmo se for perpetrado por intermédio de redes sociais sediadas no exterior. Nesse sentido, jurisprudência do Superior Tribunal de Justiça:

> A Seção entendeu que compete à Justiça estadual processar e julgar os crimes de injúria praticados por meio da rede mundial de computadores, ainda que em páginas eletrônicas internacionais, tais como as redes sociais Orkut e Twitter. Asseverou-se que o simples fato de o suposto delito ter sido cometido pela internet não atrai, por si só, a competência da Justiça Federal.

Destacou-se que a conduta delituosa[9] – mensagens de caráter ofensivo publicadas pela ex-namorada da vítima nas mencionadas redes sociais – não se subsume cm nenhuma das hipóteses elencadas no art. 109, IV e V, da CF. O delito de injúria não está previsto em tratado ou convenção internacional em que o Brasil se comprometeu a combater, por exemplo, os crimes ele racismo, xenofobia, publicação de pornografia infantil entre outros. Ademais, as mensagens veiculadas na internet não ofenderam bens ou interesses ou serviços da União ou de suas entidades autárquicas ou empresas públicas. Dessa forma, declarou-se competente para conhecer e julgar o feito o juízo ele Direito do Juizado Especial Civil e Criminal.

2.4.1. Advogados e crime de injúria

Conforme disposição do art. 7º, § 2º, da Lei nº 8.906/1994 (Estatuto da Ordem dos Advogados do Brasil): "O advogado tem imunidade profissional, não constituindo injúria, difamação [ou desacato] puníveis qualquer manifestação de sua parte, no exercício de sua atividade, em juízo ou fora dele, sem prejuízo das sanções disciplinares perante a OAB, pelos excessos que cometer.". Não obstante, a imunidade profissional do advogado não se estende ao crime de calúnia.

Nesse contexto, Masson (2016, p. 225) enfatiza que agiu acertadamente o legislador. "No exercício da sua relevante função, o causídico pode, se necessário, injuriar ou difamar outra pessoa, mas não há razão nenhuma para permitir a calúnia. Nenhuma linha de atuação profissional depende da imputação falsa de crime a outrem para desenrolar-se com qualidade e competência".

2.5. DISPOSIÇÕES COMUNS AOS CRIMES CONTRA A HONRA

O Código Penal, em seus arts. 141 a 145 apresenta disposições aplicadas aos três delitos contra a honra, assim especificadas:

---

9. CC 121.431/SE. Rel. Min. Marco Aurélio Bellizze, 3ª Seção, j. em 11.4.2012, noticiado no *Informativo* 495. No mesmo sentido: AgRg nos EDcl no CC 120.559/DF, Rel. Min. Jorge Mussi, 3ª Seção, j. em 11.12.2013.

a) Aumento de pena, art. 141: aumenta-se em 1/3 a pena para os delitos contra a honra, se praticados contra:
   – Presidente da República ou chefe de governo estrangeiro: o alto cargo leva a uma maior repercussão do delito;
   – Honra de funcionário público: leva-se em conta o interesse maior da administração em proteger seus funcionários;
   – Facilitação da divulgação: por atingir a reputação, considera-se normal que se for utilizado meio que facilite a propagação, a pena deve ser maior;
   – Praticado mediante paga ou promessa de recompensa (parágrafo único): trata-se de motivos torpes.
b) Exclusão do crime (causas de exclusão da antijuridicidade), art. 142, não se incluindo no rol a calúnia, apenas a injúria e a difamação, em face do interesse da administração na apuração de crimes:
   – Imunidade judiciária: atinge aqueles que litigam em juízo e que possam se descontrolar, ofendendo a parte contrária. Exige-se relação processual e que as ofensas ocorram em local próprio para debate processual. Não abrange o juiz, pois este não é parte, referindo-se às partes e seus procuradores;
   – Imunidade literária, artística e científica: diz respeito à liberdade de expressão, permitindo as críticas com relação a obras de arte, livros ou produções científicas, salvo quando comprovada a intenção de difamar ou injuriar;
   – Imunidade funcional: no exercício de sua função, funcionário público pode emitir parecer desfavorável, expondo opinião negativa sobre alguém.
c) Retratação do agente, art. 143: trata-se de causa de extinção da punibilidade, trtando do ato de desdizer, voltar atrás, desmentir-se, retificar o alegado antes da sentença de primeiro grau. O artigo fala em querelado, evidenciando que só pode ocorrer nos casos de ação penal privada. A retratação não é aceita na calúnia, tendo em vista que em tal delito a honra subjetiva é que é atingida.
d) Ofensa implícita e pedido de explicações, art. 144: quem se sentir ultrajado, mas não tem certeza da intenção do autor, pode pedir

explicações em juízo, onde não se julga qualquer mérito, apenas esclarece uma dúvida. Se o autor das palavras não der as explicações, ou não as fornecer de maneira convincente, corre o risco de ser processado pelos delitos estudados.
e) Não há crime culposo contra a honra.
f) Ação penal, art. 145: em regra tem-se ação penal privada, com as seguintes exceções:
- Ocorrendo lesões corporais, a ação penal é pública (por ser delito complexo, não se aplica a Lei nº 9.099, de 26 de setembro de 1995);
- Vítima o Presidente da República ou chefe de governo estrangeiro, além de funcionário público no exercício de suas funções: ação penal pública condicionada – depende de requisição do Ministro da Justiça, no primeiro caso, e de representação da vítima no segundo (neste último, se já tiver deixado o cargo, ou não tiver relação com a função, a ação é privada).

2.6. A INTERNET E OS CRIMES CONTRA A HONRA

Os delitos que acabamos de estudar são todos compatíveis com suas práticas por meio da internet, a qual, nos casos citados, funciona apenas como um novo *modus operandi* para que se possa ter a ofensa da honra, quer na sua forma objetiva, quer na forma subjetiva.

Com isso percebe-se que nenhuma alteração legislativa é necessária ocorrer para tipificação da calúnia, difamação ou injúria praticadas por meio da rede mundial de computadores.

Pode ser argumentado que pela abrangência da internet, ou seja, pela possibilidade de propagação de uma ofensa à honra, o Código Penal reclamaria uma alteração dos tipos penais em questão, no entanto, observando-se o art. 141, em seu inciso III, já existe previsão legal para o caso de ser utilizado um meio que facilite a divulgação dos crimes contra a honra, em que a pena sofrerá um aumento de 1/3, vindo a internet a se enquadrar entre esses meios de comunicação de massa.

2.7. INVASÃO DE DISPOSITIVO INFORMÁTICO

Conforme se destacou ao final do primeiro capítulo, existem algumas condutas "novas", decorrentes dos avanços tecnológicos, e que o legislador de 1940 jamais teria imaginado quando da elaboração do Código Penal Brasileiro, condutas estas onde o computador é indispensável para a sua realização, e que podem ser entendidas como aqueles crimes virtuais puros (ou próprios), ou crimes virtuais mistos, conforme a classificação que se adote.

O importante, mais uma vez, é destacar o caráter subsidiário do Direito Penal, verificando-se a necessidade da utilização desse ramo do Direito, bem como se são atingidos bens jurídicos indispensáveis para a convivência humana, liberdade e segurança, de valoração reconhecida, cuja violação se demonstre intolerável. Como escreveu Roxin, "Em poucas palavras, pode-se dizer que a tarefa do Direito Penal é a proteção subsidiária de bens jurídicos" (2017, p. 52).

Para Busato (2014, p. 385):

> A importância crescente do armazenamento de dados ou informações, a dependência da organização pública e privada em relação ao bom funcionamento dos sistemas de computadores, o volume de informações armazenadas por provedores, compelem a reconhecer a existência de algo mais em termos de valores, sobre o que deve debruçar-se o legislador.

Pensando nisso, não se sabe ao certo se, com esses mesmos valores, o legislador brasileiro promoveu uma alteração no Código Penal por meio da Lei nº 12.737/2012 , criando o art. 154-A no Capítulo "Dos Crimes Contra a Liberdade Individual", na Seção "Dos Crimes Contra a Inviolabilidade de Segredos", juntamente com o artigo que trata do crime de "Violação de Segredo Profissional", onde definiu o crime de "Invasão de Dispositivo Informático".

Inicialmente, uma primeira consideração se refere ao posicionamento textual do novo crime, em um capítulo que trata da liberdade individual e em artigo sobre segredo profissional, quando se pretendeu tutelar, de alguma forma, a intimidade e privacidade das pessoas, guardando uma relação com a segurança daqueles que fazem uso do computador para armazenar informações pessoais ou sigilosas, o que parece um tanto ilógico. Talvez um melhor lugar para o crime ora inserido em nossa legislação fosse entre os crimes "Contra a Pessoa", em artigo próprio, e não em apêndice de outro artigo, não se discutindo o problema de se criar novo artigo no Código Penal.

A respeito do bem jurídico atingido, já se observou que "mediante a criminalização da invasão de dispositivo informático, buscou-se tutelar a liberdade individual, no que tange ao direito das pessoas manterem alguns aspectos de sua vida em sigilo" (FURLANETO NETO et al., 2014, p. 233). Os citados autores ainda observaram que:

> Na Espanha, os direitos compreendidos no entorno da liberdade informática compreendem um núcleo de faculdades em que o indivíduo tem o direito de decidir a quem, como e em quais circunstâncias seus dados e suas informações privadas e íntimas podem ser acessados. Trata-se, portanto, de priorizar a autotutela, deixando ao Direito a missão de disciplinar situações mais extremas (FURLANETO NETO et al., 2014, p. 236).

Portanto, na Espanha, o que se pretende tutelar com a invasão de sistemas informáticos é a intimidade:

> O crime de intrusão informática também tutela a intimidade, sancionando o simples acesso não autorizado a um sistema informático. Compreende-se por sistema informático os computadores de uso pessoal, as agendas eletrônicas pessoais, os celulares, a rede intranet, extranet e as redes, servidores e outras infraestruturas de Internet. Por outro lado, pune-se, inclusive, o excesso em relação à permissão do titular para acessar o sistema informático por um tempo determinado ou para a realização de uma tarefa, porém o agente acessa dados pessoais sem permissão (FURLANETO NETO; SANTOS; SCARMANHÃ, 2014, p. 247).

Ressalta-se que apenas no § 3º no novo art. 154-A, é que se cita questão de obtenção de conteúdo de segredos comerciais ou industriais, aqui sim se podendo pensar na questão da violação de segredo profissional, porém isso poderia ter sido resolvido com a inserção de novo parágrafo no art. 154, onde se constasse exatamente a nova previsão, no que diz respeito a tais tipos de segredos, deixando o art. 154-A, exclusivamente para informações e dados pessoais.

Nesse mesmo sentido entende Busato (2014, p. 393) que a nova previsão legal, onde foi inserida no código, "desnaturou completamente a seção", prosseguindo o autor, entendendo que o *caput* do artigo "é uma espécie de violação que não necessariamente tem a ver com a intimidade".

Passando à análise do crime de invasão de dispositivo informático, verifica-se que se trata de um crime comum, podendo ser cometido por qualquer pessoa, salvo aquele que possui autorização do proprietário do dispositivo informático, uma vez que o tipo penal exige que a conduta tenha sido praticada sem a autorização expressa ou tácita do proprietário do dispositivo, quando então o fato será atípico. No entanto, a questão que pode gerar discussão ocorre quando alguém, portador dessa autorização para fins de reparos, por exemplo, vasculhar todo o conteúdo do dispositivo, fazendo uma cópia, e posteriormente de alguma forma, e com alguma finalidade, divulgar esse conteúdo, podendo tal conduta ser tipificada no § 4º do artigo, o qual, no entanto, faz referência ao § 3º do tipo, de forma a se causar certa confusão sobre se ter, ou não, um crime, uma vez que não houve invasão, em razão do que se entende que essa conduta pode ser vista como não criminosa.

O autor da conduta em estudo, inicialmente, foi chamado de *hacker*. No entanto, tal denominação passou a ser dirigida àqueles que invadem um sistema informático apenas para demonstrar suas habilidades, sendo que os que assim agem com fins ilícitos, então, passaram a serem conhecidos como *crakers*.

Sujeito passivo é qualquer pessoa, sendo proprietário do dispositivo informático, ou que dele faça uso para guardar informações ou dados em dispositivo que não lhe pertence, podendo ser de uma empresa em que trabalha ou de uso familiar comum, conforme destacam Jalil e Grecco Filho (2016, p. 453), os quais ainda entendem ser possível que pessoa jurídica venha a ser vítima desse crime, "posto que, como visto anteriormente, o objeto precípuo desta norma jurídica é a tutela da segurança dos sistemas informáticos".

Pela redação do crime em discussão, este somente pode ser praticado na forma dolosa, uma vez que o legislador não previu a forma culposa, e, segundo a Parte Geral do Código Penal, somente existirá crime culposo quando expressamente previsto em lei. Pela redação do texto legal, este apresentou redação de que a invasão deve ocorrer "com o fim de obter, adulterar ou destruir dados ou informações", de forma que se exigiu um especial fim de agir do sujeito ativo, de forma a que o dolo exigido é o específico. Com isso, ocorrendo uma invasão de dispositivo sem o fim especial previsto, ou seja, sem o fim de obter, adulterar ou destruir dados ou informações, não se tem crime, como no exemplo de alguém invadir um computador apenas para demonstrar seus conhecimentos e capacidade de violar dispositivos de segurança.

O verbo escolhido para descrever a conduta que se proíbe é "invadir", que significa entrar em algum lugar sem permissão, ou, nas palavras de Jalil e Grecco Filho (2016, p. 453), "o acesso ao dispositivo informático deve necessariamente ocorrer mediante transposição de uma barreira, um mecanismo de segurança (como um *firewall* ou senhas de acesso) sem os quais não haveria falar em 'invasão', mas de acesso". Como o tipo penal fala em invasão de dispositivo mediante violação de dispositivo de segurança, aqui se tem uma falha legislativa, pois exige que o computador objeto da invasão seja protegido por qualquer tipo de dispositivo, de forma que se alguém invadir um computador alheio desprotegido pratica uma conduta não vedada legalmente. Tendo em vista que a conduta se dá com a simples invasão, tem-se um crime formal e de perigo concreto, pois o que é castigado "é uma exposição a perigo de destruição ou adulteração ou apropriação não autorizada desses dados e informações, a despeito de que sejam eles secretos ou públicos" (BUSATO, 2014, p. 387), sendo ele ainda de forma vinculada, pois somente pode ser praticado na forma descrita em lei, ou seja, com a transposição de um mecanismo de segurança, com o que concorda Busato (2014, p. 389). Ainda sobre o *caput* do artigo, esse mesmo autor levanta uma questão bem interessante:

> É preciso que a *invasão* seja de dispositivo informático *alheio*, o que significa que a instalação de programas que capturam informações *alheias* em computador próprio não caracteriza o crime em apreço.
>
> Note-se, por exemplo, que no caso das *lan houses* ou *cybercafés* as máquinas são ofertadas para o público e podem conter elas próprias mecanismos previamente instalados de captura de informações ou dados alheios. O usuário, enfim, poderá estar expondo seus próprios dados ou segredos ao utilizar essas máquinas. Nesse caso, o crime do *caput* não se configura. Eventualmente, porém, poderá configurar a hipótese da conduta equiparada (§ 1º), de difundir programa de computador que permite a prática da modalidade do *caput*, caso o programa permaneça acessível ao usuário, já que se trata de uma forma de disseminá-lo (BUSATO, 2014, p. 389).

Fala-se em invasão de dispositivos informáticos ligados ou não à rede mundial de computadores, a internet, de forma a se ter a invasão não apenas ligados à referida rede, embora a maioria das condutas deve ocorrer por esse meio, mas é possível que, por meio de um *pen drive*, por exemplo, ocorra a invasão, ou até que ela se dê entre computadores interligados em uma rede local. Por sua vez, sobre dispositivo informático se deve entender todo aquele com capacidade de armazenamento e modificação de informações e dados, abrangendo desde *computadores, HDs externos, pens drives, smartphones, tablets, notebooks*, entre outros, e ainda aqueles que possam vir a serem criados pela tecnologia.

Dispõe ainda que a violação do dispositivo deve se dar sem a autorização expressa ou tácita de quem de direito, de forma que, presente o consentimento, não configura o ilícito penal.

Em seguida, o tipo penal apresenta cinco parágrafos.

O § 1º se tem uma conduta que o legislador assemelhou ao *caput* do artigo, uma vez que previu a aplicação da mesma pena. Trata-se do fato de produzir, oferecer, distribuir, vender ou difundir dispositivo ou programa de computador com o intuito de permitir a prática da conduta de invasão de dispositivo informático. Como se descrevem várias formas (verbos) para a prática do crime, o tipo é de ação múltipla ou conteúdo variado (misto alternativo), onde, praticando uma ou mais de uma das condutas descritas, responde por apenas um delito. O que se percebe é que o legislador quis coibir condutas que possam de alguma forma favorecer a invasão de dispositivos, ou seja, está punindo o que se assemelha a "atos preparatórios" do crime descrito no *caput* do artigo, tendo-se, então, um crime de perigo abstrato, pois existe uma presunção legal de perigo na conduta descrita. Aqui o especial fim de agir, ou seja, o dolo específico, também se encontra presente, de forma que se exige que o agente atue com a finalidade descrita em lei. Sobre tal parágrafo escreveu Busato (2014, p. 387):

> Se na incriminação descrita pela modalidade fundamental o legislador cuidou de adiantar as barreiras de imputação para cuidar da exposição a perigo das informações e do funcionamento operacional de um dispositivo informático, foi mais além na incriminação do § 1º, reconhecendo que alguém pode ser produtor do dispositivo ou programa de computador utilizado na invasão.

O § 2º apresenta uma causa de aumento de pena, a qual ocorre quando a invasão resultar em prejuízo econômico, não descrevendo o que seria tal prejuízo, de forma a poder ele decorrer de um dano moral ou material causado pela invasão, passando o crime, neste caso, a ser material, e não mais formal, pois exige a modificação do mundo exterior para sua configuração, a qual se dá com o prejuízo causado, que deve ser dirigido ao proprietário do dispositivo invadido, uma vez que o bem jurídico protegido é o patrimônio, no entanto, conforme defende Busato (2014, p. 386), não dizendo a lei de quem é o prejuízo econômico, este pode vir a ser de um terceiro. Concorda-se com Jalil e Grecco Filho (2016) que, se o prejuízo estiver previsto em outro tipo penal, de forma a se configurar este, deve prevalecer o crime mais grave, no exemplo citado pelos autores do fato de o invasor, com as informações obtidas, acessar um banco pela internet e promover saques da conta da vítima da invasão, onde se tem furto qualificado, para o qual a invasão em questão apenas foi um meio para a prática do crime fim. O que se tem neste parágrafo, então, é um crime subsidiário, ou como Nelson Hungria denominou "soldado de reserva", sendo aplicado apenas quando o fato não configura um crime mais grave.

No § 3º se tem uma forma qualificada do crime, onde a pena é maior do que a prevista para o *caput*, abrangendo o fato de se obter, com a invasão, conteúdo de comunicações eletrônicas privadas, segredos comerciais ou industriais, informações sigilosas, assim definidas em lei, ou o controle remoto não permitido do dispositivo. No caso em questão, tem-se acesso a comunicações por e-mail ou qualquer outro programa/aplicativo de conversas e trocas e mensagens de aspecto privado, o que foi considerado mais grave por parte do legislador, assim como a obtenção de segredos comerciais, industriais ou informações sigilosas conforme previsão legal. Um fato que pode ser questionado diz respeito à Lei de Interceptação Telefônica (Lei nº 9.296/1996), a qual já apresentava previsão legal a respeito da previsão deste parágrafo em seu art. 10, defendendo Busato (2014, p. 388) que neste caso deve prevalecer a nova legislação; no entanto, o próprio autor entende que esse parágrafo indica ser o rime subsidiário, "sendo eventualmente absorvido se a conduta constitui crime mais grave, como pode ser o caso de uma fraude em licitações derivada da invasão de um computador que logre obtenção de informações do concorrente comercial (arts. 94 ou 95 da Lei nº 8.666, de 21 de junho de 1993)" (BUSATO, 2014, p. 392). Sobre o controle remoto, este abrange o fato de que com a invasão do dispositivo, se conseguir passar a controlar a distância o mesmo, por meio de outro dispositivo informático. Importante indicar que a Lei nº 12.527 define o que se considera informação sigilosa e completa o presente parágrafo, indicando ser "aquela submetida temporariamente à restrição de acesso público em razão de sua imprescindibilidade para a segurança da sociedade e do Estado", sendo, neste caso, o parágrafo, uma lei penal em branco, cujo complemento é dado pela citada lei.

No § 4º se tem uma causa de aumento de pena àquele que praticar a conduta descrita no parágrafo anterior, e acaba por divulgar, comercializar ou transmitir os dados ou informações de comunicações privadas, sigilosas, segredos comerciais, industriais. Constata-se, então, que o agente deve invadir o dispositivo, obter os referidos tipos de informações, bem como divulgá-las, comercializá-las ou transmiti-las a terceiros. Com o aumento da pena, de acordo com a previsão legal, o crime deixa de ser de menor potencial ofensivo;

Por fim, o § 5º apresenta outra causa de aumento de pena quando o crime for praticado em detrimento do Presidente da República, governadores, prefeitos, Presidente do Supremo Tribunal Federal, Presidentes da Câmara dos Deputados, do Senado, de Assembleias Legislativas, de Câmara Legislativa ou Municipal, e contra dirigente máximo da administração direta e indireta federal, estadual, municipal ou do Distrito Federal. Não diz o texto legal se esse parágrafo se aplica ao *caput* ou aos demais parágrafos do artigo, sendo que, neste último caso, algumas questões podem surgir: em relação ao § 2º; em relação ao § 3º, e se considerando a aplicação também do § 4º. Ter-se-ia duas ou mais causas de aumento de pena, podendo o juiz se limitar a aplicação de apenas uma, pois se encontram na Parte Especial do Código, de acordo com o art. 68, parágrafo único, do Código, de forma que pode se ter, ou não, crime de menor potencial ofensivo.

Diante da análise do tipo penal realizada, pode-se concluir que o *caput* e §§ 3º e 4º, admitem tentativa, enquanto a conduta descrita no § 1º não admite a forma tentada.

De acordo com o art. 154-B, também inserido pela Lei nº 12.737/2012, a ação penal do crime de Invasão de Dispositivo Informático é pública condicionada à representação, salvo quando o delito for praticado contra a administração pública direta ou indireta de qualquer dos Poderes da União, Estados, Distrito Federal e Municípios, quando se terá ação penal pública incondicionada.

Sobre o tipo de ação penal, Busato (2014, p. 398) apresentou uma constatação com a qual se concorda. Refere-se ele à ação penal do crime previsto no § 1º, o qual é de perigo abstrato, onde o risco é presumido pela lei, de maneira que a questão da representação fica prejudicada: "A pergunta é óbvia: quem irá representar?", e segue o autor afirmando que: "Sem dúvida, aqui, o legislador chegou ao máximo de criar um tipo penal cuja persecução em juízo é inviabilizada completamente por força da impossibilidade de propositura da ação penal".

Cabe destacar por fim que se tem um crime instantâneo, uma vez que a conduta não se prolonga no tempo, sendo ele comissivo, pois a sua prática se dá apenas com conduta positiva, um fazer, ou seja, mediante ação, e de menor potencial ofensivo diante da pena cominada, ainda que nas modalidades consideradas pelo legislador, mais graves.

2.8. FURTO

O delito contra o patrimônio, atualmente previsto no Código Penal brasileiro, em seu art. 155, tem como conduta central a de subtrair:

> **Art. 155.** Subtrair, para si ou para outrem, coisa alheia móvel.

Da análise do artigo citado se percebe que a conduta criminosa nele prevista é a de tirar, assenhorear-se, tomar, apoderar-se de coisa que não lhe pertence, sendo ela móvel, mas para tanto não pode existir o uso da violência ou grave ameaça, ou então se teria o tipo penal do roubo. Importante se observar que na prática do furto não existe colaboração da vítima realizando entrega da coisa, à exceção do furto qualificado pela fraude, mas, mesmo neste, não existe a intenção da vítima em lucrar com a entrega da coisa, ou seja, em receber algo em troca (característica esta do Estelionato).

Em se tratando de delito contra o patrimônio, este constitui o objeto jurídico (bem jurídico protegido pelo Direito) de tal delito, que tem como objeto material (o que é atingido diretamente pela conduta do autor) a coisa alheia móvel, sujeita à subtração. Tem prevalecido o entendimento doutrinário, defendido por Prado (2002) e Fragoso (1989), entre outros, de que protege tanto a propriedade como a posse, estando, nesta última, incluída a simples detenção.

A coisa móvel, de que trata o presente delito, deve ser no sentido real e não jurídico (ex.: tijolos separados temporariamente de um prédio, para obra) e ter algum valor econômico para a vítima, uma vez que o delito atinge seu patrimônio. Um parêntese deve ser aberto nesse momento, tendo em vista o princípio da insignificância, o qual limita o Direito Penal ao necessário para a proteção do bem jurídico, excluindo os danos de pouca importância e, consequentemente, subtrações insignificantes. Incluem-se na coisa móvel os bens semoventes.

A coisa alheia é apresentada por Nucci (2003, p. 519) como elemento normativo do crime em análise, e "é toda coisa que pertence a outrem, seja a posse ou a propriedade".

Trata-se de delito comum, ou seja, pode ser praticado por qualquer pessoa, desde que não tenha ela a posse da coisa móvel, pois, em tal situação, o delito seria de apropriação indébita, como também pode ter por vítima qualquer um. Ademais, trata-se de delito instantâneo, motivo pelo qual se consuma de plano, com a posse de fato da *res furtiva*, ainda que por breve espaço de tempo e seguida de perseguição ao agente, sendo prescindível a posse mansa e pacífica ou desvigiada (STJ, 3ª Seção, REsp 1.524.450-RJ, Rel. Min. Nefi Cordeiro, j. em 14.10.2015 – recurso repetitivo. *Info* 572). Trata-se de crime unissubjetivo, que pode ser praticado por apenas uma pessoa, material, exigindo resultado naturalístico, e doloso, não existindo sob a forma de culpa, de forma livre, na sua prática, sendo que somente pode ser cometido por meio de ação, considerado delito comissivo.

Com relação ao dolo, entende-se que, além da vontade do agente em subtrair a coisa móvel, deve ele atuar com o ânimo de se apropriar daquilo que não é seu, não lhe pertence, de forma permanente, uma vez que não existe o tipo penal de furto de uso (tratando-se de um atípico penal). Tal forma de dolo é denominada de dolo específico, isto é, atuar com uma vontade especial, própria, específica, na conduta delituosa.

Tal subtração deve ocorrer sem a concordância do proprietário, possuidor ou detentor da coisa, pois, se ocorrer o seu consentimento, o fato se torna atípico.

2.8.1. Furto mediante fraude: art. 155, § 4º, II, do Código Penal

O Código Penal em vigor prevê várias formas de furto qualificado e, entre elas, o emprego de fraude.

Fraude significa engano, trapaça, embuste, definida por Nucci (2003, p. 525) como sendo *manobra enganosa destinada a iludir alguém, configurando também uma forma de enganar a confiança instantânea estabelecida. O agente cria uma situação especial, voltada a gerar na vítima um engano, objetivando o furto.* E segue o citado autor dando como exemplos de furto mediante fraude o do *funcionário de empresa aérea carregando as malas, prostituta cujo objetivo é o furto*, podendo ser citado ainda o exemplo da pessoa que, dizendo-se interessada em adquirir um veículo, vai até uma agência, onde pede para experimentar o automóvel, acabando por subtraí-lo no *test drive*.

Discorrendo sobre a fraude, no furto, observa Fragoso (2006, p. 327-8) que:

> a fraude é elemento característico do crime de estelionato. Consiste no artifício ou ardil para induzir o lesado em erro sobre qualquer circunstância. Qualifica a fraude o crime de furto, quando o agente se serve de artifício ou embuste para fazer a subtração. Difere esta hipótese do estelionato, porque neste não há subtração: o lesado entrega livremente a coisa ao estelionatário, iludido pela fraude. Aqui, não. A fraude é apenas meio para a tirada da coisa.

Por sua vez, Bitencourt (2003, p. 32) descreve a fraude como *a utilização de artifício, de estratagema ou ardil para vencer a vigilância da vítima*, e segue o citado autor escrevendo que *a qualificadora aperfeiçoa-se quer a fraude seja utilizada para apreensão da coisa, quer para seu assenhoramento. Não há nenhuma restrição quanto à forma, meio ou espécie de fraude, basta que seja idônea para desviar a atenção do dono, proprietário ou simples vigilante.*

A fraude seria a manobra enganosa destinada a iludir alguém, configurando também uma forma de enganar a confiança instantânea estabelecida entre a vítima e o autor do delito. O agente cria uma situação especial, voltada a gerar na vítima um engodo, objetivando o furto. Trata-se, portanto, de um plano ardiloso que supere a vigilância da vítima.

Para Ferracini (1996, p. 31), o emprego da *fraude, engano, embuste* visa a *tirar ou obter proveito ou vantagem, que se considere ilícita*. O autor segue o seu raciocínio para esclarecer que há fraude penal quando, *relativamente idôneo o meio iludente, se descobre, na investigação retrospectiva do fato, a ideia preconcebida, o propósito* ab initio *da frustração do equivalentemente econômico.*

O legislador estabeleceu a fraude como qualificadora do delito de furto. Trata-se de uma circunstância acrescentada ao tipo penal básico que tem o condão de tornar o ilícito mais gravoso, implicando no aumento da pena mínima e máxima abstratamente cominada.

Como regra, a aplicação do princípio da insignificância tem sido rechaçada nas hipóteses de furto qualificado, tendo em vista que tal circunstância denota, em tese, maior ofensividade e reprovabilidade da conduta. Deve-se, todavia, considerar as circunstâncias peculiares de cada caso concreto, de maneira a verificar se, diante do quadro completo do delito, a conduta do agente representa maior reprovabilidade a desautorizar a aplicação do princípio da insignificância (STJ, 5ª Turma, AgRg no AREsp 785.755/MT, Rel. Min. Reynaldo Soares da Fonseca, j. em 22.11.2016).

Tem-se admitido o furto híbrido se a qualificadora for objetiva, ou seja, a possibilidade de reconhecimento do privilégio previsto no § 2º do art. 155 do CP nos casos de crime de furto qualificado, se estiverem presentes a primariedade do agente, o pequeno valor da coisa e a qualificadora for de ordem objetiva (STJ, 3ª Seção, Aprovada em 11.6.2014. Súmula STJ nº 511).

Como se percebe, a fraude caracteriza um plano ardiloso que supere a vigilância da vítima, de forma que a iluda, a ponto de, com isso, o agente conseguir a subtração da coisa. É justamente nesse ponto que o furto mediante fraude de distingue do estelionato, pois *no furto o engodo possibilita a subtração; no estelionato, a vítima, induzida em erro, transfere livremente a posse da coisa ao agente* (PIERANGELI, 2005, p. 355). Com relação ao dolo, este preexiste à entrega da coisa pela vítima, enquanto que, em tal modalidade de furto, o mesmo ocorre no momento da conduta delituosa.

Guarda também semelhança o furto mediante fraude, segundo alguns autores, como José Henrique Pierangeli (2005, p. 355), com a apropriação indébita:

> mas desta diferencia-se não só quanto à posse, mas também quanto ao momento do dolo. Destarte, na apropriação indébita, o agente exerce uma posse desvigiada sobre a coisa, posse que lhe foi concedida voluntária e licitamente, enquanto no furto mediante fraude o sujeito passivo mantém um contato com a res, mas não tem a posse desta, e, no máximo, exerce transitória e momentânea vigilância, real ou simbólica, sobre aquela. Na apropriação indébita o dolo é superveniente, enquanto no furto o dolo aflora justamente pela motivação subjetiva verificada quando o agente delibera assenhorar-se da coisa.

Como a fraude, qualificadora do furto, é elementar do estelionato, faz-se necessário uma análise deste crime para que possamos traçar as diferenças entre ambos.

2.8.2. Furto mediante fraude praticado por meio da internet

Um usuário de *net banking*[10] acessa sua conta-corrente por meio da internet e descobre pela análise do extrato que houve um saque indevido de valor considerável. Assim, verifica com o gerente da instituição bancária da qual é cliente e constata que o valor foi transferido de sua conta-corrente para a conta de um terceiro, de onde foi sacado, antes que se possibilitasse o bloqueio do numerário.

Toda a operação de transferência se deu com o emprego de sua senha pessoal junto ao *net banking*, subtraída com o emprego de um *keylog*. Isso permitiu que o agente se passasse pelo correntista e, sem provocar suspeita, transferisse eletronicamente um valor considerável de dinheiro para certa conta-corrente junto a uma instituição bancária situada em um município distante, alugada de um terceiro, o qual, em algumas situações, desconhece a conduta ilícita que está sendo perpetrada e apenas está buscando uma maneira de obter ganho financeiro, de onde sacou o numerário.

O evento, ficticiamente criado para demonstrar o *modus operandi* do furto mediante fraude em um contexto eletrônico, vem crescendo exponencialmente no cenário nacional e internacional (COELHO, 2012), a ponto de estimar-se um prejuízo, somente no primeiro semestre de 2004, em cerca de 170 milhões de reais (SANTOS; FURLANETO NETO, 2004), de forma que ultrapassa o dano estipulado em face dos crimes de roubo em casas bancárias.

Em que pese posicionamento doutrinário divergente,[11] quando tratamos do crime de furto praticado por meio do computador, abordamos o

---

10. O *net banking* é um serviço disponibilizado pelas instituições financeiras que permite ao cliente acessar a sua conta-corrente para saber saldo, obter extratos e realizar operações financeiras.
11. A respeito, Costa (2001 *apud* PINHEIRO, 2003) classifica os crimes informáticos ou cibernéticos em crimes virtuais puros, mistos e comuns, enquanto Castro (2003) os classificam em próprios ou impróprios.

equipamento informático dentro de uma concepção defendida por Gomes (2000), para quem há delitos cometidos por meio do computador (*the computer as a tool of a crime*), em que este é o instrumento do delito, e outros contra o computador (*the computer as the object of a crime*), ou seja, os praticados contra "as informações e programas nele contidos", em que o computador é o objeto do crime. Assim, a informática seria meio para a prática de novas condutas delituosas, como potencializaria crimes tradicionais, já previstos na legislação em vigor, como, por exemplo, o furto mediante fraude ora abordado.

Saavedra (1998, p. 343) define o crime informático como sendo a realização de uma ação que, reunindo as características que delimitam o conceito de crime, seja levada a cabo utilizando um meio informático ou violando os direitos do titular de um meio informático, seja *hardware*, seja *software*. Para o autor, na utilização de meios informáticos estará, evidentemente, a utilização da internet.

Assim, neste novo cenário, em que o autor do crime não mostra o seu rosto, oculta sua identidade e deixa apenas vestígios eletrônicos para serem rastreados é que se deve desenvolver a investigação criminal.

Em virtude de o tipo penal não exigir condição especial do agente, qualquer pessoa poderá ser autora do crime de furto praticado por meio do computador, tratando-se de crime comum, no que se refere ao sujeito ativo.

Evidentemente que, em regra, trata-se de indivíduo com conhecimento em informática, criativo e obcecado por novos desafios, tendo como fim vencer a máquina na qual pretende penetrar, em uma espécie de autoafirmação.

Em sua atividade, o agente normalmente utiliza uma conta hospedada em um provedor estrangeiro, aberta com dados falsos, a fim de dificultar sua possível localização e identificação. Tal conduta deve provocar maior preocupação dos órgãos públicos responsáveis pela segurança da sociedade. Em contrapartida, impõe-se aos particulares a adoção de medidas mais exigentes para a proteção contra invasões dos sistemas informáticos.

Aproveitando-se de portas vulneráveis, o invasor envia e-mails que contêm programas executáveis, de forma a permitir, após a sua instalação, o monitoramento do computador escolhido, viabilizando o seu controle.

Assim, com a execuçao do programa espião, dados como número da conta-corrente e senha do *net banking* são capturados e enviados diretamente ao invasor que, de posse de tais informações, poderá perpetrar a subtração do dinheiro existente na conta-corrente da vítima. Importa ressaltar que outras formas de ataques são possíveis, como, por exemplo, a captura dos dados informáticos utilizando páginas falsas, e, com certeza, várias outras ainda serão criadas.

Pesquisa realizada pela *Terra Informática*, no ano de 2000, constatou por meio do site *attrition.org* que o Brasil ficou em primeiro lugar no aumento do número de ataques pela internet, chegando a se constituírem grupos de *hackers*, sendo os mais conhecidos: *Prime Suspectz, Crime Boys, DataCha0s, Insanity Zine Corporation e Hfury Corp*. Tais indivíduos muitas vezes atribuíam suas ações, curiosamente, à liberdade de expressão.

No entanto, torna-se necessária cautela na análise da prova da autoria, pois o cavalo de troia permite ao *cracker* monitorar completamente o computador de outrem. Assim, nada impede que, visando a camuflar a conduta, o *cracker* invada o computador de uma pessoa e a partir deste faça o ataque a outros equipamentos ou o utilize para acessar o *net banking* e fazer a subtração do dinheiro ou a operação fraudulenta. Alguns programas permitem que o *cracker* passe a ter total controle da máquina infectada com o programa espião.

Nesse contexto, após rastrear o IP da máquina que acessou fraudulentamente o dinheiro da conta-corrente da vítima, deve-se verificar se o equipamento do suspeito não foi utilizado remotamente pelo agente, hipótese possível por meio de prova pericial.

A situação pode se complicar se porventura o agente apagou os vestígios eletrônicos. Assim, somente eventual perícia para recuperação de dados do HD do computador do suspeito pode demonstrar materialmente tal hipótese.

Caso haja prova de que o computador do suspeito foi utilizado remotamente para a prática do crime, sem que ele tenha conhecimento disso, não poderá ser responsabilizado pelo crime em tela.

O crime de furto visa proteger a coisa, devendo ser corpórea e objeto de ação física. A coisa deve ser alheia, pertencente a alguém que não o sujeito ativo (de forma que o proprietário ou possuidor não pode praticá-lo), bem como móvel, nos termos de ser passível de remoção, deslocação de um lugar para outro, não acompanhando os conceitos do Direito Civil a tal respeito, com suas equiparações entre determinadas coisas móveis ou imóveis.

Analisando os sujeitos do crime, de uma forma geral, Frederico Marques (2002, p. 43) cita como a mais precisa definição de sujeito passivo a que foi dada por Antolise: *é o titular ou portador do interesse cuja ofensa constitui a essência do crime.*

De qualquer forma, sempre existem dois sujeitos passivos, um chamado constante ou formal, que é o Estado, pois sempre que um delito é cometido, uma lei elaborada pelo Estado é violada, tornando-o, desta forma, sujeito passivo do delito. O outro sujeito passivo é o denominado de material, constituindo-se no titular do bem jurídico atingindo pela ação delituosa.

Dúvida poderá surgir ao se estabelecer o sujeito passivo material do delito de furto mediante fraude praticado por meio da internet. Seria o titular da conta-corrente ou a instituição bancária, em cuja posse estava o dinheiro no ato da subtração? Segundo Bitencourt (2015), primariamente se protege a posse, secundariamente, a propriedade.

O próprio Bitencourt (2015, p. 14) acentua que, *se a posse e detenção são equiparadas a um bem para o possuidor ou detentor, é natural que os titulares desse bem se sintam lesados quando forem vítimas da subtração.* De tal afirmação se conclui que ambos, possuidor ou detentor, podem ser vítimas de furto.

Ressalte-se que a não identificação da vítima não afasta o delito. Ainda com Bitencourt (2015, p. 14), *o fato de não ser descoberto ou identificado o proprietário ou possuidor da coisa furtada, por si só, não afasta a tipicidade da subtração de coisa alheia.*

De outro lado, existem aqueles, como Frederico Marques (2002), que distinguem o sujeito passivo do prejudicado pelo crime, observando que:

> essa distinção tem grande relevância no tocante às indenizações provenientes do delito. Enquanto que a titularidade de certos direitos de caráter formal, como a queixa e a representação, estão ligados, salvo as exceções abertas em lei, à pessoa do sujeito passivo do crime, as pretensões do direito civil sobre a indenização "ex delicto" também têm, no prejudicado, a pessoa ativamente legitimada para reclamar, em juízo, o ressarcimento desses danos. Às vezes há dificuldades em distinguir o sujeito passivo daquele que foi apenas prejudicado, na esfera civil, pela prática do delito.

Se um preposto, quando levava o dinheiro do preponente, é assaltado por um batedor de carteiras, sujeito passivo do crime é somente aquele, porquanto o patrão não passa de prejudicado. As duas situações, porém, se distinguem nitidamente, como diz Petrocelli, porque uma consiste na titularidade do interesse atingido pelo fato, enquanto ilícito penal, e a outra na titularidade do interesse atingido pelo fato tão-só como ilícito civil.

Verifica-se, portanto, uma dupla subjetiva passiva material no furto mediante fraude praticado por meio da internet, já que tanto o correntista como a instituição bancária devem figurar como vítimas, tendo em vista que a fraude atingiu inicialmente o correntista e possibilitou a obtenção de seus dados sigilosos, viabilizando, posteriormente, ao sujeito ativo do crime, o acesso ao *net banking*, de forma que passar por titular da conta-corrente e consuma a subtração.[12]

Nesse sentido a ementa da 5ª Turma do STJ, Relator Ministro Gilson Dipp, proferida nos autos do HC nº 48255/GO:

CRIMINAL – HC – FRAUDES POR MEIO DA INTERNET – PRISÃO PREVENTIVA – INDÍCIOS SUFICIENTES DE MATERIALIDADE E AUTORIA – POSSIBILIDADE CONCRETA DE REITERAÇÃO CRIMINOSA – NECESSIDADE DA CUSTÓDIA DEMONSTRADA – PRESENÇA DOS REQUISITOS AUTORIZADORES – CONDIÇÕES PESSOAIS FAVORÁVEIS – IRRELEVÂNCIA – ORDEM DENEGADA. Hipótese na qual o paciente foi denunciado pela suposta prática dos crimes de furto qualificado, violação de sigilo bancário e formação de quadrilha, pois seria integrante de grupo hierarquicamente organizado com o fim de praticar fraudes por meio da internet, consistentes na subtração de valores de contas bancárias, **em detrimento de diversas vítimas e instituições financeiras**. Os autos não revelam especificamente qual a posição ocupada pelo réu no suposto grupo, ressaltando, entretanto, que restam demonstrados indícios suficientes da materialidade e da autoria dos fatos, mediante o monitoramento de diversos terminais telefônicos, além do interrogatório do paciente, no qual restou evidenciado ser este "useiro e vezeiro na prática do crime de furto bancário, via internet". Não há ilegalidade na decretação da custódia cautelar do paciente, tampouco no acórdão confirmatório da segregação, pois

---

12. Em Furlaneto Neto e Santos (2005), os autores defenderam a tese de que o titular da conta-corrente seria o sujeito passivo do crime, porém, pelos argumentos aqui esposados, passam a defender a possibilidade de dupla subjetividade passiva material no crime de furto qualificado pela fraude, perpetrado por meio da internet.

a fundamentação encontra amparo nos termos do art. 312 do Código de Processo Penal e na jurisprudência dominante. A situação em que foram perpetrados os delitos imputados ao réu enseja a possibilidade concreta de reiteração criminosa, tendo em vista que o crime é praticado via computador, podendo ser cometido no interior do próprio lar, bem como em diversos locais, sem alarde e de forma ardilosa, indicando necessidade de manutenção da custódia cautelar. Precedentes. Condições pessoais favoráveis do agente não são garantidoras de eventual direito subjetivo à liberdade provisória, se a manutenção da custódia encontra respaldo em outros elementos dos autos. Ordem denegada. (Grifos nossos.)

Trata-se de crime material, em que se exige efetivo desfalque do patrimônio da vítima, isto é, efetiva diminuição do patrimônio do ofendido, em forma monetária ou de alguma utilidade.

Como elemento subjetivo, tem-se o crime doloso, em que há a intenção do agente em se apossar do que não lhe pertence. Não foi prevista a forma culposa.

A consumação vai se verificar quando o dinheiro for retirado da esfera de disponibilidade da vítima e estiver na detenção tranquila do agente, ainda que de forma passageira, caracterizada pelo curto espaço de tempo. Em outras palavras, quando a coisa sair da posse da vítima e entrar na esfera de disponibilidade do sujeito ativo.

Em se tratando de crime material, admite-se a tentativa. Assim, haverá crime tentado se o agente, após ter capturado a senha com o emprego de um *keylog*, transferir dinheiro da conta-corrente da vítima para uma outra de aluguel e não conseguir sacar o dinheiro em face de sua conduta ter sido descoberta a tempo e o dinheiro ter sido bloqueado. Assim, apesar dos atos de execução terem sido realizados, o delito não se consumou por circunstâncias alheias à vontade do agente. Porém, se conseguiu efetuar o saque, ainda que parcial, o delito se consumou, mesmo que preso em flagrante logo em seguida, pois teve a posse tranquila da coisa, ainda que por um breve período de tempo (BITENCOURT, 2015).

No caso em tela, comprovando-se que o titular da conta para onde o numerário subtraído foi transferido tinha conhecimento de que se tratava de *iter criminis* para o furto do dinheiro e, portanto, agiu dolosamente, responderá por coautoria, pois de qualquer modo concorreu para a prática do ilícito penal.

Quando restar provado que o agente, mediante mais de uma ação, perpetrou dois ou mais crimes da mesma espécie e pelas condições de tempo, lugar, maneira de execução e outras semelhantes, tem-se que as condutas subsequentes devem ser havidas como continuação da primeira.

A título de exemplo, se em uma mesma data o agente invade o computador de vários usuários de uma mesma cidade, todos correntistas de uma mesma instituição bancária, e por meio de um *keylog* captura dados como números das contas-correntes e respectivas senhas pessoais e posteriormente acessa o *net banking* e em questão de minutos transfere o dinheiro das contas-correntes das vítimas para uma conta respectiva, de onde acaba sacando em seguida, consumando o delito, restará caracterizada a continuidade delitiva.

Normalmente, o programa espião é enviado por meio de e-mail que contenha alguma informação falsa, mas ao mesmo tempo chamativa, de forma que aguça a vítima a abrir a correspondência eletrônica. Acreditando na veracidade da informação veiculada por meio do e-mail, a vítima o acessa (Figuras 3 e 4).

Mensagem importante do Banco do Brasil, leia com atenção:

1. Por determinação do grupo voltado à segurança de transações *on-line* do Banco do Brasil, é expresso que todos os clientes deverão repassar seus dados bancários imediatamente para que sua conta entre no mais novo sistema antifraude *de internet banking*.
2. Com o novo sistema o BB poderá verificar a autenticidade dos dados fornecidos, a fim de confirmar a veracidade dos mesmos. É importante ressaltar que só entrarão para esse novo sistema antifraude as contas de clientes que forem acessadas a partir de 1º.2.2012. No entanto, sua conta só entrará no novo sistema após você repassar seus dados. Acesse agora, clicando no endereço:

Para isso acesse agora: http://www.bb.com.br

O Banco do Brasil, sempre preocupado com você.

Figura 3. Falso e-mail que faz alusão ao Banco do Brasil como remetente.

> ---------------------- Mensagem anterior ------------------------
> **From:** Cartoes_Especiais<Cartoes_Especiais@bol.com.br>
> **Subject:** Você recebeu um cartão BOL
>
> Alguém lhe enviou um cartão do BOL
> Para vê-lo, clique no endereço abaixo:
>
> http://cts.bol.com.br/recebeu.html?id=0C0137CE01C4CECE32F12F00C610CA
>
> Este cartão ficará disponível por 15 dias.
> Esta é uma mensagem automática. Por favor, não responda a este e-mail.
> Para enviar um cartão do BOL para alguém, clique no endereço abaixo:
>
> http://cartoes.bol.com.br

Figura 4. Falso e-mail que faz alusão ao provedor bol.com.br como emitente.

Neste momento, o agente criou uma situação especial, voltada a gerar um engano por parte da vítima, tudo com o objetivo de realizar, em um primeiro momento, a captura de dados eletrônicos, para posteriormente consumar a subtração do dinheiro de sua conta-corrente.

Assim que ela clica no arquivo, representando por um *link*, o programa automaticamente se instala em seu computador, capturando informações e enviando-as periodicamente para o agente que, de posse de tais dados eletrônicos, poderá acessar o *net banking*, de maneira que, passando-se pela vítima, possa transferir o dinheiro para uma conta previamente determinada.

Vale lembrar que, nesse processo, a instituição bancária, que até então tinha a posse da *res*, também é ludibriada, pois o agente acessa o *net banking* passando-se pelo titular da conta-corrente, no momento em que utiliza a senha pessoal que anteriormente capturou com o emprego do *keylog*.

Pelas próprias características na internet, estamos diante de um crime de furto mais complexo que os demais, o qual, normalmente, não é perpetrado por um único agente, mas sim por um grupo organizado, em que cada um tem sua função específica, o que torna a ação criminal mais perfeita, possibilitando maior lucro com diminuição de riscos. Quando isso ocorre, poder-se-á admitir, inclusive, eventual concurso de crimes com o delito de quadrilha ou bando previsto no art. 288 do CP.

O art. 288 do CP prescreve a conduta de *associarem-se mais de três pessoas, em quadrilha ou bando, para o fim de cometer crimes,* punível autonomamente. Como se percebe, trata-se de crime plurissubjetivo, em que se exigem no mínimo quatro pessoas para a sua configuração, entre as quais não precisam todas serem imputáveis, valendo assim a participação de menores de idade a fim de se ter o número mínimo exigido em lei. Importa salientar que o legislador usou os termos quadrilha e bando como sinônimos, não cabendo, aqui, maior discussão sobre tais conceitos. Para a configuração de tal delito, tem-se por necessário se provar o vínculo entre os participantes, ou seja, a finalidade específica de realizar reiteradamente determinados crimes, demonstrando estabilidade e permanência, ainda que não tenham praticado qualquer delito. Assim, não configura o crime a simples reunião de pessoas que, em conjunto, acabaram cometendo um delito.

Vale ressaltar que todos os crimes estudados neste capítulo são de ação penal pública incondicionada, não se exigindo a satisfação de condição de procedibilidade para que o Ministério Público possa propô-la. Admite-se ação penal privada subsidiária da pública caso o Ministério Público permaneça inerte e não tome as providências legais que lhes são pertinentes: requerer a realização de diligências imprescindíveis ao oferecimento da denúncia; requerer o arquivamento do inquérito policial ou peças de informação; e oferecer a denúncia. Diante da inércia ministerial, o ofendido ou quem tenha qualidade para representá-lo disporá do prazo de seis meses, a contar da data em que expirar o prazo para o Ministério Público se manifestar, para o oferecimento de queixa substituta. Não oferecendo dentro desse prazo, decairá do direito.

2.9. EXTORSÃO

O delito de extorsão encontra amparo legal no art. 158 do Código Penal brasileiro, o qual se encontra na parte relacionada aos crimes contra o patrimônio. Apesar da previsão legal, entende-se que outros bens jurídicos também são atingidos, como a liberdade individual e a integridade física, a exemplo de Busato (2014, p. 457). Tal conclusão se deve a descrição do tipo penal, o qual fala em "constranger alguém, mediante violência ou grave ameaça".

Tem-se com esse crime uma "multiplicidade de resultados: de um lado, a violência sofrida pela vítima, que se materializa com o constrangimento físico ou psíquico causado pela conduta do sujeito ativo; de outro lado, a causação de prejuízo alheio, em razão da eventual obtenção da indevida vantagem econômica" (BITENCOURT, 2009, p. 587).

A grande diferença da extorsão para o crime de roubo consiste no fato de que neste ocorre subtração, enquanto na extorsão a vítima vai fazer ou deixar de fazer algo, podendo essa conduta constituir na entrega de alguma coisa, mas sem a citada subtração por parte do agente. A finalidade é obter vantagem econômica indevida, daí sua colocação como crime contra o patrimônio. Referida vantagem pode estar relacionada à coisa móvel ou imóvel, como por exemplo "obrigando-se a vítima a transferir a propriedade de um imóvel ao agente ou terceiro" (MIRABETE, 2006, p. 234).

Como todo crime, a conduta é descrita por um verbo, no caso o de constranger, o qual dá a ideia de obrigar, coagir, forçar alguém a fazer algo, tolerar que se faça ou deixar de fazer alguma coisa (tal como no crime de Constrangimento Ilegal), sendo que as formas para tanto são o uso da violência e da grave ameaça, esta deve ser séria, grave de possível realização, de conteúdo com capacidade de fazer com que o ameaçado pratique a conduta desejada, enquanto a violência pode ser de todas as formas de agressão, resultando ou não lesão corporal (a exemplo de vias de fato).

Para Busato (2014, p. 458), a ameaça não precisa se constituir de algo injusto, pois não prevê isso o tipo penal, conforme observa o referido autor fazendo referência a Nelson Hungria:

> Os objetos da ameaça, inclusive, não se restringem à promessa do mal físico, podendo constituir em "promessa de revelar fatos escandalosos ou difamatórios, segredos, para coagir o agente para comprar o silêncio do ameaçador". É a *chantage* dos franceses, ou *blackmail* dos ingleses.

Ainda sobre o uso de violência e da grave ameaça, esta pode ser dirigida contra a pessoa que irá praticar o ato, ou contra um terceiro, a fim de que o agente pratique a conduta pretendida pelo autor, destacando-se que o crime se consuma com o emprego das formas de coação citadas, sendo que a obtenção da vantagem econômica deve ser vista como exaurimento do crime, que pode vir a influenciar na fixação da pena pelo juiz. A tal conclusão se chega com elementos existentes no tipo penal, como a palavra "intuito", a qual não tem significado de obtenção, mas de pretensão.

A respeito da vantagem econômica, como consta do tipo penal, esta deve ser indevida, do contrário poder-se-á ter outro delito como, por exemplo, o Exercício Arbitrário das Próprias Razões (art. 345). Pode ainda se pensar em crimes subsidiários caso a ameaça ou violência não tenha por fim essa vantagem, como o delito de Ameaça, Lesão Corporal (arts. 147 e 129), ou mesmo o crime de Constrangimento Ilegal (art. 146), este mais próximo da figura em questão.

Destaca-se que o elemento subjetivo do crime de Extorsão é o dolo, não se admitindo a forma culposa, diante dos elementos do tipo penal, não se exigindo um especial fim de agir, e nem se falando em possível forma de dolo eventual, o qual abrangeria o assumir o risco, uma vez que a descrição da conduta remete ao dolo direto. Conforme observa Bitencourt (2009, p. 589):

> O dolo, no crime de extorsão, é constituído pela vontade consciente de usar da violência ou grave ameaça para constranger alguém a fazer, tolerar que se faça ou deixar de fazer alguma coisa. No entanto, a obtenção de vantagem econômica constitui somente a finalidade ou intenção adicional de obter um resultado ulterior ou uma atividade, distinta portanto da realização ou consumação do tipo penal.

Mirabete (2006, p. 235), por sua vez, entende que se trata de crime de dolo específico, onde o elemento subjetivo "é a vontade de obter uma vantagem econômica ilícita, constituindo corolário da ameaça ou violência". Observa o autor que, "na ausência de um fim econômico, o delito será outro", como, por exemplo, o constrangimento ilegal ou os crimes contra a dignidade sexual.

Trata-se de crime instantâneo, cuja consumação não se prolonga no tempo. Sendo instantâneo, admite tentativa, como no caso destacado por Bitencourt (2009, p. 593): "se a vítima, em razão do constrangimento sofrido, não se submeter à vontade do autor, fazendo, tolerando ou deixando de fazer alguma coisa".

Sobre os sujeitos, a extorsão é crime comum, ou seja, pode ser praticado por qualquer pessoa, não se exigindo qualquer qualidade especial do seu autor, e nem da vítima, que também pode ser qualquer pessoa.

Pode-se, então, por fim, verificar que o artigo apresenta a definição da Extorsão na sua forma simples e em formas mais graves:

Art. 158. Constranger alguém, mediante violência ou grave ameaça, e com o intuito de obter para si ou para outrem indevida vantagem econômica, a fazer, tolerar que se faça ou deixar de fazer alguma coisa:

Pena – reclusão, de 4 (quatro) a 10 (dez) anos, e multa.

§ 1º. Se o crime é cometido por duas ou mais pessoas, ou com emprego de arma, aumenta-se a pena de um terço até metade.

§ 2º. Aplica-se à extorsão praticada mediante violência o disposto no § 3º do artigo anterior.

§ 3º. Se o crime é cometido mediante a restrição da liberdade da vítima, e essa condição é necessária para a obtenção da vantagem econômica, a pena é de reclusão, de 6 (seis) a 12 (doze) anos, além da multa; se resulta lesão corporal grave ou morte, aplicam-se as penas previstas no art. 159, §§ 2º e 3º, respectivamente.

O § 1º contempla causa de aumento de pena, enquanto os §§ 2º e 3º apresentam a forma qualificada do crime, porém, nas hipóteses de extorsão perpetradas por meio da internet, verifica-se possível a aplicação apenas da majorante do concurso de agentes, motivo pelo qual a majorante do emprego de arma de fogo e as formas qualificadas do delito não serão alvo de enfrentamento neste texto.

Tem-se verificado, recentemente, o avanço do emprego de *ransomwares* por parte de *crackers*. Trata-se de um ataque que pode ser enviado, inclusive, por e-mail, e que compacta e criptografa todos os dados e as informações armazenados no computador. Para tanto, o agente emprega algorítimo de criptografia, de forma a exigir o pagamento de resgate (*ransom*) para a liberação dos dados e informações criptografadas. Em regra, o agente exige o pagamento em dólares ou *bitcoins*, moeda virtual difundida na rede mundial de computadores, para liberação de acesso ao conteúdo de dados e informações armazenados no computador atacado.

Segundo Munhoz (2017), em 12 de maio de 2017, utilizando brecha existente no Windows Server 2003, criminosos virtuais disseminaram o *WannaCry*, um tipo de *ransomware* com extensão .WCRY que possibilitou criptografar dados e informações contidas em milhares de computadores, em especial em dispositivos informáticos de instituições públicas situadas em torno de 150 países, inclusive no Brasil. Vale lembrar que os criminosos virtuais contaram com a utilização de *software* desatualizado por parte das vítimas, enquanto meio facilitador para a ação (MUNHOZ, 2017).

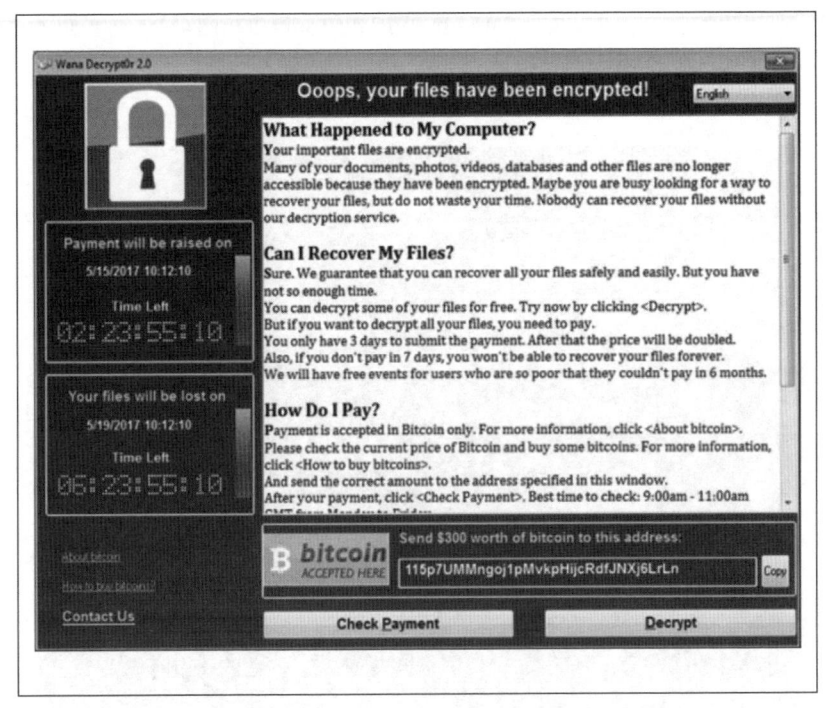

Figura 5. Mensagem de resgate do WannaCry. Fonte: Rohs, 2017.

Em junho de 2017, utilizando-se a versão atualizada do vírus Petya, novo ataque virtual foi registrado, porém com características diferentes. Enquanto o WannaCry criptografa arquivos, o Petya codifica alguns setores chaves do disco rígido e impede a inicialização do sistema e o acesso a dados e informações por meio de qualquer *software*, valendo-se de brechas no sistema operacional Windows 7, XP e Server 2008.

Outra diferença entre os ataques é que no WannaCry a mensagem de resgate surge quando o sistema operacional Windows está em funcionamento, enquanto no Petya, a mensagem surge no momento em que se liga o dispositivo informático e antes da inicialização do sistema.

Com a finalidade de aprimorar o nível de cooperação entre as polícias e o setor privado na repressão aos *ransomwares*, a European Cybercrime Center (EC3) da Europol e a Polícia Nacional Holandesa, assim como as empresas Kaspersky Lab e Intel Security, desenvolveram o projeto No More Ransom, em que a vítima do ataque pode acessar o site e procurar por auxílio especializado, com conteúdo disponível em várias línguas, inclusive a portuguesa.[13]

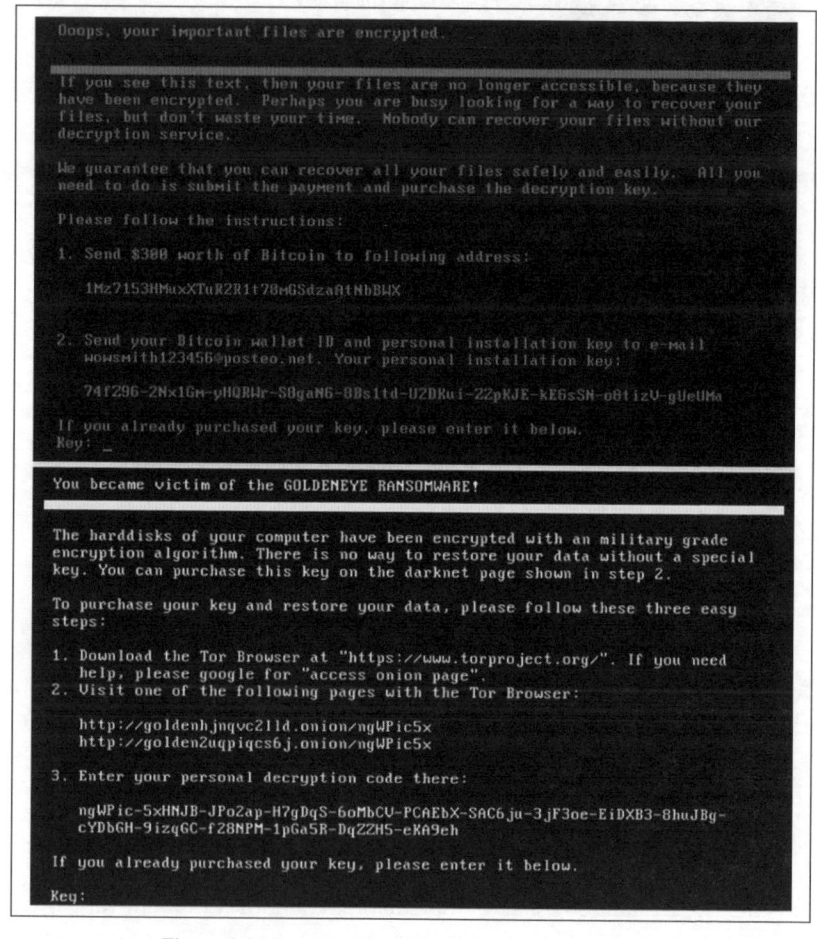

```
Ooops, your important files are encrypted.

If you see this text, then your files are no longer accessible, because they
have been encrypted. Perhaps you are busy looking for a way to recover your
files, but don't waste your time. Nobody can recover your files without our
decryption service.

We guarantee that you can recover all your files safely and easily. All you
need to do is submit the payment and purchase the decryption key.

Please follow the instructions:

1. Send $300 worth of Bitcoin to following address:

   1Mz7153HMuxXTuR2R1t78mGSdzaAtNbBWX

2. Send your Bitcoin wallet ID and personal installation key to e-mail
   wowsmith123456@posteo.net. Your personal installation key:

   74f296-2Nx1Gm-yHQRWr-S0gaN6-8Bs1td-UZDRui-2ZpKJE-kE6sSN-o0tizV-gUeUMa

If you already purchased your key, please enter it below.
Key: _
```

```
You became victim of the GOLDENEYE RANSOMWARE!

The harddisks of your computer have been encrypted with an military grade
encryption algorithm. There is no way to restore your data without a special
key. You can purchase this key on the darknet page shown in step 2.

To purchase your key and restore your data, please follow these three easy
steps:

1. Download the Tor Browser at "https://www.torproject.org/". If you need
   help, please google for "access onion page".
2. Visit one of the following pages with the Tor Browser:

   http://goldenhjnqvc211d.onion/ngWPic5x
   http://golden2uqpiqcs6j.onion/ngWPic5x

3. Enter your personal decryption code there:

   ngWPic-5xHNJB-JPoZap-H7gDqS-6oMbCV-PCAEbX-SAC6ju-3jF3oe-EiDXB3-8huJBg-
   cYDbGH-9izqGC-fZ8NPM-1pGa5R-DqZZH5-eKA9eh

If you already purchased your key, please enter it below.

Key:
```

Figura 6. Mensagem de resgate do novo vírus (superior)
e Petya Goldeneye (inferior). Fonte: Rohs, 2017.

O Brasil possui assento em tal projeto, por meio do Delegado da Polícia Federal José Navas Júnior, indicado como representante brasileiro

---

13. O projeto "No More Ransom" pode ser acessado na URL: <https://www.nomoreransom.org/crypto-sheriff.php?lang=pt>.

junto à Polícia Iberoamericana para repressão a crimes cibernéticos, com atuação junto à Escola de Polícia da Espanha e ao Centro Nacional de Crimes de Alta Tecnologia junto à Polícia da Holanda e Europol.

2.10. DANO

Segundo Costa Júnior (2011, p. 416), o crime de dano se diferencia dos outros crimes contra o patrimônio por não se exigir que o agente haja impelido por "finalidade lucrativa".

Conceituado como o ato de destruir, inutilizar ou deteriorar coisa alheia, o tipo penal encontra-se prescrito no art. 163 do CP. Com este, busca-se tutelar o patrimônio, no que tange tanto à propriedade quanto à posse, de bens móveis ou imóveis, de agressões perpetradas por outrem e que visem a "anular ou diminuir sua utilidade ou valor" (COSTA JÚNIOR, 2011, p. 418).

Sob o ponto de vista do tipo objetivo, o crime é composto por três núcleos: destruir (desfazer, demolir, exterminar, eliminar, extinguir o objeto material); inutilizar (tornar a coisa inútil, imprestável, total ou parcialmente inidônea, tornar o objeto inapto à função a que se destina); deteriorar (estragar ou corromper o bem, arruinar, provocar uma alteração na coisa que diminua o seu valor patrimonial). Os núcleos do tipo devem estar voltados para os objetos materias do crime, ou seja, bens móveis ou imóveis alheios (COSTA JÚNIOR, 2011; ESTEFAM, 2010).

Estefam (2010) alerta para a tipificação do dano em legislações especiais, quando, por exemplo, o bem protegido for biblioteca, arquivo, registros e museus, ocasião em que o crime está tipificado no art. 62 da Lei Federal nº 9.605/1998, ou o ato de grafitar ou pichar edificação ou monumento público, conduta que se amolda no art. 65 da lei supramencionada.

O crime de dano somente será punível a título de dolo, exigindo-se, portanto, que o agente haja impelido da consciência de destruir, inutilizar ou deteriorar coisa alheia. Nesse sentido, o erro quanto a propriedade do bem, ocorrido quando o agente danifica o bem alheio acreditando tratar-se de bem próprio, caracterizará erro de tipo (ESTEFAM, 2010). Pouco importa a motivação do agente, se por vingança, raiva ou a finalidade específica de causar prejuízo econômico à vítima, pois o tipo penal não exige o elemento subjetivo especial do tipo.

Por se tratar de crime comum, pode ser praticado por qualquer pessoa. Costa Júnior (2011) e Bitencourt (2015) salientam, inclusive, que o possuidor também pode ser sujeito ativo do crime, bastando, para tanto, agir com a intenção de destruir, inutilizar ou deteriorar a coisa alheia. Vale ressaltar, no entanto, que o proprietário não pode ser sujeito ativo do crime. Por sua vez, sujeito passivo é o proprietário ou possuir do bem móvel ou imóvel danificado.

Trata-se de crime material, exigindo-se, portanto, a produção de resultado naturalístico. Nesse sentido, a consumação se opera com a efetiva destruição, inutilização ou deterioração do bem móvel ou imóvel. Por se tratar de crime plurissubsistente, em que se admite o fracionamento da conduta, a forma tentada é admissível.

Sob o ponto de vista da classificação doutrinária, tem-se o crime: **de forma livre** (pode ser perpetrado por qualquer meio eleito pelo sujeito ativo); **comum** (pode ser praticado por qualquer pessoa); **material** (exige-se a produção do resultado naturalístico para a consumação); **de dano** (exige-se violação ao bem jurídico tutelado para a consumação); **instantâneo** (cuja consumação se opera de forma imediata, não se prolongando no tempo); **unissubjetivo** (pode ser praticado por uma única pessoa); e **plurissubsistente** (admite-se o fracionamento do *iter criminis*) (ESTEFAM, 2010; BINTECOURT, 2008).

Nos termos do art. 167 do CP, o dano simples é crime de ação penal privada, exigindo-se o oferecimento de queixa crime pela vítima ou quem tenha qualidade para representá-la no prazo de seis meses, a contar do conhecimento da autoria, sob pena de caducidade.

Por prever pena de detenção de 1 (um) a 6 (seis) meses, ou multa, tem-se um crime de menor potencial ofensivo, sujeito ao procedimento comum sumaríssimo previsto na Lei Federal nº 9.099/1995. Assim, a transação penal entre a vítima e o autor do fato gera a renúncia ao direito de queixa.

O parágrafo único do art. 163 prevê a figura do dano qualificado.

2.11. ESTELIONATO

O crime de estelionato, previsto no art. 171 do Código Penal, é conceituado pela conduta de o agente obter, para si ou para outrem, vantagem ilícita, em prejuízo alheio, mediante artifício, ardil ou qualquer meio fraudulento.

Na visão de Pierangeli (2005, p. 486), o crime em tela é uma "forma evoluída de criminalidade, que apresenta uma característica típica dos tempos modernos, modernidade que concedeu aos agentes avançadas maneiras de execução".

O tipo penal visa a tutelar o patrimônio, enquanto objeto jurídico, nomeadamente em face dos atentados que podem ser praticados mediante fraude, engodo. Segundo Bitencourt (2015a, p. 235), busca-se proteger o interesse social no que tange à "confiança recíproca que deve presidir os relacionamentos patrimoniais e comerciais", assim como o interesse público "de reprimir a fraude causadora de dano alheio".

Sob o ponto de vista dos elementos objetivos, o núcleo do tipo é composto pelo verbo obter (conseguir), o qual visa alcançar a vantagem ilícita, enquanto objeto material do delito. Para alguns autores, a pessoa enganada também deve ser considerada objeto material, consistindo, de acordo com Nucci (2015a, p. 578), em "conseguir um benefício ou um lucro ilícito em razão do engano provocado na vítima. Esta colabora com o agente sem perceber que está despojando de seus pertences".

A vantagem ilícita é obtida com o emprego da fraude "visando a cooperação da própria vítima" (COSTA JÚNIOR, 2011, p. 439). Para tanto, o agente emprega artifício, ardil ou qualquer meio fraudulento. Segundo Damásio de Jesus (2007, p. 440), o artifício se caracteriza pelo emprego de "aparato material, encenação", como, por exemplo, no conto do bilhete premiado. Ardil é o "engodo praticado por intermédio de insídia" como a falsa identidade ou profissão. Por derradeiro, o tipo penal emprega a interpretação analógica ao fazer referência "a qualquer outro meio fraudulento". Tem-se, portanto, a possibilidade da prática de qualquer espécie de engodo que tenha a mesma natureza do artifício e do ardil.

Observa-se que, diversamente do furto, o que se visa não é especificamente a coisa alheia móvel, mas sim a vantagem ilícita, a qual deve ter caráter econômico, pois se encontra inserido entre os delitos contra tal bem jurídico, tratando-se de qualquer tipo de lucro, vantagem, ganho, devendo ser ilícito.

Conforme previsão legal, o delito em questão pode ser praticado:
— por erro, que é uma percepção distorcida da realidade, na qual a vítima é induzida;

— por artifício, que pode ser entendido como um argumento esperto, astúcia, engenho, ou seja, alteração da verdade;
— por ardil, que pode se equiparar ao artifício, mas revestido da forma de emboscada, armadilha;
— por outro meio fraudulento, o qual se refere à forma de interpretação analógica, onde a própria lei prevê o aumento do alcance da lei, sendo que, de acordo com Nucci (2015a, p. 577-8), "o tipo penal faz referência a qualquer outro semelhante ao artifício e ao ardil, que possa, igualmente, ludibriar a vítima".

Segundo Pierangeli (2005, p. 490), para se ter o delito em análise exige-se: "a) emprego de fraude (artifício, ardil ou outro meio fraudulento); b) induzimento ou manutenção da vítima em situação enganosa; c) locupletamento ilícito; d) obtenção de vantagem patrimonial, em prejuízo de outrem".

Insta frisar que, no caso do delito em apreço, a fraude é empregada para levar a vítima a entregar de forma espontânea a vantagem indevida, enquanto no delito de furto, a *res* saiu de esfera de proteção da vítima sem que esta tenha conhecimento, ocorrendo, portanto, a subtração.

Vale lembrar que o meio empregado deve ser idôneo, ou seja, apto a enganar a vítima, sob pena de caracterizar crime impossível, por absoluta impropriedade do meio empregado.

Qualquer pessoa pode ser tanto sujeito ativo quanto sujeito passivo do crime de estelionato, de forma que o tipo penal não elege condição alguma para os sujeitos. Segundo Damásio de Jesus (2015, p. 444), sujeito ativo é quem "induz ou mantém a vítima em erro, empregando artifício, ardil ou qualquer meio fraudulento", enquanto a pessoa enganada e que experimenta o prejuízo é o sujeito passivo. O autor salienta que em caso de concurso de agentes, pode ser que um empregue a fraude e outro obtenha a vantagem ilícia, questão que se resolve pelo art. 29 do CP.

O crime em tela somente é punível a título de dolo, exigindo-se, portanto, a presença dos elementos intelectivos e volitivos. Assim, é necessário que o agente tenha conhecimento da ilicitude da vantagem obtida para si ou para outrem, em prejuízo da vítima, não se admitindo, portanto, a fraude culposa.

Sob o ponto de vista da classificação doutrinária, tem-se um delito **comum** (pode ser praticado por qualquer pessoa), **instantâneo** (cuja consumação não se prolonga no tempo), **unissubjetivo** (pode ser praticado por um só agente), **material** (consuma-se com a produção do resultado naturalístico), **doloso**, **de forma livre** (pode ser praticado por qualquer meio eleito pelo sujeito ativo) e **comissivo** (excepcionalmente comissivo por omissão). Pierangeli (2005) o entende como delito **plurissubsistente**, por atingir a boa-fé ou a liberdade nos negócios, além do patrimônio.

A consumação do estelionato se opera com a obtenção da vantagem indevida por parte do sujeito ativo, em face da fraude empregada, causando prejuízo a outrem.

Ressalte-se, por fim, que a chamada fraude bilateral, onde a vítima do estelionato, sem perceber o que realmente está acontecendo, pois atua em erro, também busca um lucro que podemos classificar como *ilícito*, e que ocorre em grande parte dos casos práticos de estelionato, não afasta a punição do sujeito ativo do delito, uma vez que, apesar de assim agir, não conseguirá a vítima alcançar tal lucro, além do que a conduta do agente se subsume completamente no tipo penal do art. 171 do Código Penal brasileiro, existindo a má-fé do início ao fim de sua conduta, bem como o conhecimento de sua ilicitude.

Por se tratar de um tipo penal aberto, o crime de estelionato pode ser praticado por qualquer meio eleito pelo sujeito ativo, inclusive pela internet, como, por exemplo, na hipótese da denominada arara virtual, em que o sujeito ativo cria um site de comércio eletrônico para a venda de produtos informáticos, ofertando os produtos a preços convidativos e prometendo a entrega em 15 dias úteis, mediante o pagamento em depósito do valor em conta-corrente. Nesse período, contabiliza o lucro com as vendas fraudulentas, sem fazer nenhuma entrega, de forma que, após um tempo, retira o site do ar, deixando inúmeras vítimas em prejuízo. Outra hipótese que pode vir a caracterizar o estelionato é a venda de bens em *sites* hospedeiros, como, por exemplo, um par de tênis, onde o suposto vendedor oferece o produto que pode ser adquirido por outrem mediante lance, de forma que, após a vítima ser declarada vencedora, o agente exige o pagamento em conta-corrente para fazer a entrega do bem, porém, ao invés do produto oferecido, o agente envia à vítima, via Sedex, uma pedra.

Em face da Lei nº 13.228/2015, o art. 171 do CP recebeu o acréscimo do § 4º, o qual prevê pena em dobro caso o estelionato seja praticado contra idoso. O legislador brasileiro buscou, com a nova tipificação, a tutela de uma parcela da população considerada mais vulnerável a este tipo de crime. Na visão de Cabette (2017), para que a conduta do agente possa se amoldar à novel lei, necessário que tenha conhecimento da qualidade de idoso da vítima, sob pena de estar "navegando nos perigosos mares da responsabilidade objetiva, em boa hora alijada do Direito Penal Moderno".

Não se aplica o princípio da insignificância ao estelionato previdenciário, assim como envolvendo FGTS e seguro-desemprego.

2.12. CRIMES TUTELADOS PELO ESTATUTO DA CRIANÇA E DO ADOLESCENTE (ECA) PRATICADOS POR MEIO DA INTERNET[14]

O ECA (Lei Federal n° 8.069/1990) traz em seu bojo, em especial no preceptivo contido no art. 241-E, uma norma penal explicativa, incluindo os conceitos de cena de sexo explícito ou pornográfica.

Assim, para a caracterização de cena de sexo explícito há a necessidade de reprodução de conjunção carnal ou ato libidinoso diverso da conjunção carnal, especificada pelo legislador como "atividades sexuais explícitas, reais ou simuladas". Isso implica que se insere no contexto da definição legal a reprodução de cenas de sexo explícito por meio de desenhos ou caricaturas. Por sua vez, a cena pornográfica reporta-se ao nu infantojuvenil, com a "exibição de órgãos genitais para fins primordialmente sexuais" (ANDREUCCI, 2016, p. 96). Evidencia-se, portanto, que os crimes previstos nos arts. 240, 241 e 241-A a C tutelam a formação moral da criança e do adolescente (NUCCI, 2015a). Silva (2009) ressalva que, quanto ao crime previsto no art. 241, tutela-se ainda a honra da criança e do adolescente, já que o tipo penal busca evitar que o agente venda ou exponha à venda o objeto material do crime, obtido com violação à norma prevista no art. 240[15] do ECA.

---

14. Em que pese a Lei n° 12.594, de 18 de janeiro de 2012, ter promovido alterações substanciais no Estatuto da Criança e do Adolescente, não houveram modificações em relação aos crimes tratados neste tópico.
15. **Art. 240.** Produzir, reproduzir, dirigir, fotografar, filmar ou registrar, por qualquer meio, cena de sexo explícito ou pornográfica, envolvendo criança ou adolescente.

2.12.1. Utilização de criança ou adolescente em cena pornográfica ou de sexo explícito

Sob o ponto de vista da conduta, a norma preceptiva contida no *caput* do art. 240 do ECA é composta pelos núcleos do tipo: produzir (gerar, dar origem, criar), reproduzir (tornar a produzir, copiar, replicar), dirigir (comandar, orientar), fotografar (reproduzir, fixar a imagem por meio de fotografia), filmar (captação, registro de áudio e vídeo ou em filme) ou registrar (materializar áudio e vídeo em suporte apropriado). Quaisquer das condutas têm por objeto material a cena pornográfica ou de sexo explícito, cujos conceitos estão esculpidos no art. 241-E e foram objeto de comentários no item precedente. Trata-se de elemento normativo do tipo, uma vez que, se a cena não tiver conteúdo pornográfico ou de sexo explícito envolvendo criança ou adolescente, descaracterizar-se-á o tipo penal (SILVA, 2009; NUCCI, 2015a).

Tem-se um tipo penal misto alternativo, pois se o agente fotografar e filmar, dentro de um mesmo contexto, responderá por um único crime.

Silva (2009, p. 98) aduz que a expressão "por qualquer meio", inserida no tipo penal logo após os núcleos do tipo, "permite ao intérprete a conclusão de que os verbos nucleares são meramente exemplificativos", no entanto, crê-se que o legislador quis, com essa expressão, fazer referência ao instrumento para a prática do crime, viabilizando a aplicabilidade do tipo penal independentemente da rápida evolução dos equipamentos e ferramentas tecnológicas, os quais podem ser responsáveis pelo surgimento de uma nova ferramenta. A título de exemplo, o verbo fotografar somente poderia ser perpetrado com o uso de uma máquina fotográfica, no entanto, hodiernamente, tal ferramenta foi incorporada a celulares, máquinas filmadoras, canetas, binóculos e até computadores. Tem-se, portanto, um crime que pode ser praticado por qualquer meio eleito pelo sujeito ativo, em cujo contexto se insere, inclusive, a internet.

Assim, o agente que, mediante o emprego de *web cam*, filma cenas pornográficas de um adolescente com quem mantém contato através do *MSN* pratica o crime em tela.

Qualquer pessoa pode ser sujeito ativo do crime, exigindo-se que o sujeito passivo seja criança ou adolescente.

O crime é doloso, não se exigindo elemento subjetivo específico. Não importa se o agente está impelido a satisfazer a sua lascívia ou esteja agindo por interesse financeiro. O simples fato de concretizar quaisquer das condutas previstas nos núcleos do tipo fere o bem jurídico tutelado, ou seja, a formação moral e intelectual da criança e do adolescente.

O § 1º do artigo em comento traz um delito por equiparação composto por cinco verbos nucleares: agenciar (promover o encontro de uma pessoa com outrem, na qualidade de representante de uma delas ou tratar do negócio alheio na qualidade de representante), facilitar (tornar algo possível, tornar fácil), recrutar (angariar, arrebanhar participante), coagir (constranger, forçar, impelir) e intermediar (ser o mensageiro entre duas ou mais pessoas, interceder). Têm-se condutas alternativas que visam à participação de criança ou adolescente em cenas de sexo explícito ou pornográfica. A parte final do parágrafo em comento ainda criminaliza o agente que contracenar (participar da representação teatral, cinematográfica, televisiva ou fotográfica) com a vítima do crime em cenas de sexo explícito ou pornográfica (SILVA, 2009; NUCCI, 2015a).

O crime em tela, tanto em sua forma simples quanto nas modalidades previstas no § 1º, consuma-se com a simples concretização dos núcleos do tipo, admitindo-se a forma tentada.

Sob o ponto de vista da classificação doutrinária, tem-se que: as figuras descritas no *caput* e no § 1º são **comum**, pois podem ser praticadas por qualquer pessoa; **formal**, já que independe da produção de resultado naturalístico, qual seja, o efetivo dano à formação moral da criança ou do adolescente, em que pese Silva (2009) defender que o crime é material, exigindo-se a produção de resultado naturalístico; **de forma livre**, pois pode ser perpetrado por qualquer meio eleito pelo sujeito ativo, situação evidenciada pela expressão "por qualquer meio" inserido no *caput*; **de ação múltipla ou de conteúdo variado**, pois, se o agente praticar, em um mesmo contexto, dois núcleos do tipo, responderá por um único crime; **comissivo**, já que todos os verbos que compõem o núcleo do tipo resultam em verdadeiras ações; **instantâneo**, em que a consumação se opera em momento determinado; **de perigo abstrato**, em que o tipo penal presume a probabilidade de dano ao bem jurídico tutelado; **unissubjetivo**, pois pode ser praticado por uma única pessoa; **plurissubsistente**, admitindo-

-se a forma tentada em virtude de a conduta possibilitar o fracionamento (SILVA, 2009; NUCCI, 2015a).

O § 2º contempla causa de aumento de pena de 1/3, cuja aplicação é obrigatória em caso de comprovação e deve ser objeto de fixação no terceiro estágio de fixação da pena, nos termos do art. 68 do Código Penal, consoante segue:

I – no exercício de cargo ou função pública ou a pretexto de exercê-la: Nucci (2015a) faz alusão à diferença conceitual entre cargo, função pública e emprego público. Para o autor, o cargo é criado por lei, vinculando o seu titular ao estatuto do funcionário público e o sujeitando a uma remuneração paga pelos cofres públicos. Função pública é a atribuição que o Estado confere aos seus servidores, sem outorgar-lhe cargo ou emprego; enquanto, emprego público é o posto ocupado pelo servidor com vínculo contratual diverso do regime estatutário, em que pese criado por lei e dotado de remuneração específica. Para Nucci (2015a), a causa de aumento de pena deve também abranger a hipótese de o agente exercer emprego público;

II – prevalecendo-se de relações domésticas, de coabitação ou de hospitalidade, as relações domésticas não guarda correlação com o conceito de violência doméstica, trazida pela Lei Maria da Penha (Lei Federal nº 11.340/2006). Segundo Nucci (2015a, p. 256), compreende no âmbito das relações domésticas "as ligações estabelecidas entre participantes de uma mesma vida familiar, com ou sem grau de parentesco", como, por exemplo, a doméstica em relação aos patrões. Por sua vez, coabitar significa morar sobre o mesmo teto, como estudantes universitários que moram em uma mesma república e não possuem qualquer grau de parentesco entre si, enquanto as relações de hospitalidade resultam das afinidades pertinentes ao convívio social;

III – prevalecendo-se de relações de parentesco consanguíneo ou afim até o terceiro grau, ou por adoção, de tutor, curador, preceptor, empregador da vítima ou de quem, a qualquer outro título, tenha obrigatoriedade sobre ela, ou com seu consentimento; tem-se, no caso, laços de parentesco ou relação se subordinação entre o autor e a vítima, o que impõe uma possibilidade maior de submissão desta e maior facilidade daquele em conseguir o seu desiderato. Segundo Nucci (2015a), a aquiescência do menor de 18 anos é irrelevante, pois busca-se tutelar a sua formação moral no âmbito sexual. Vale lembrar que preceptor é a figura do mestre ou professor, ou seja, a "pessoa que ensina ou ministra conhecimentos a outrem" (SILVA, 2017, p. 421).

O crime é de ação penal pública incondicionada, não se exigindo a satisfação de nenhuma condição para que o Ministério Público possa promover a persecução criminal em juízo. Tal assertiva é corroborada pelo disposto no art. 227 do ECA. Admite-se a ação penal privada subsidiária da pública, caso o representante do Ministério Público não tome providências no prazo legal, ou seja, ofereça a denúncia, requeira a realização de diligências imprescindíveis ao oferecimento da denúncia ou proponha o arquivamento do inquérito policial ou das peças de informação.

Em face de a pena ser de 4 (quatro) a 8 (oito) anos de reclusão e multa, não incide nenhum dos institutos despenalizadores, tais como a suspensão do processo e a transação penal.

2.12.2. Fotografia, vídeo ou registro de cena de sexo explícito ou pornográfica

Sob o ponto de vista da conduta, o tipo penal previsto no art. 241 é composto por dois núcleos: vender (alienar por determinado preço) ou expor à venda (exibir, mostrar, colocar, apresentar algo para fins de alienação). Têm-se, assim, condutas alternativas, cujo objeto material do crime é a fotografia, vídeo ou outro registro que contenha cena de sexo explícito ou pornográfica (ANDREUCCI, 2016; NUCCI, 2015b).

Segundo Nucci (2015b, p. 9), fotografia é o processo que se vale de máquina própria capaz de fixar a "imagem estática de algo ou alguém". Por sua vez, vídeo é sinônimo de filme, onde se opera a captação da imagem, geralmente de forma não estática. O tipo penal traz uma cláusula genérica, contida na expressão "ou outro registro", visando a representar qualquer outra forma tecnológica análoga que permita fotografar ou filmar.

Caso o agente venha a fotografar criança e ou adolescente em cena de sexo explícito ou pornográfica e posteriormente vender ou expor a venda o objeto material do crime, responderá pelos crimes previstos nos arts. 240 e 241 do ECA em concurso material de crime.

Por se tratar de um tipo penal aberto, pode ser praticado por qualquer meio eleito pelo sujeito ativo, inclusive pela internet. Assim, o agente que expõe à venda fotografias ou filmes contendo cenas de sexo explícito ou pornográficas envolvendo criança ou adolescente em um web site, responde pelo crime em tela.

O tipo penal não exige condição especial do sujeito ativo, de forma que qualquer pessoa pode perpetrá-lo, enquanto o sujeito passivo é a criança e/ou o adolescente.

Castro (2003) afirma que, sendo criança, a comprovação do sujeito passivo é visual, porém, quando se trata de adolescente, em especial daquele cuja compleição física se assemelha a um homem ou mulher de 18 anos de idade, necessário se torna a comprovação da idade. Levando em conta a potencialidade do crime praticado por meio da internet ou do telefone celular, a interceptação telefônica ou telemática se torna imprescindível para a eventual identificação da vítima.

Tem-se um crime doloso, não passível de ser punido a título de culpa, cuja consumação se opera com a concretização dos atos de vender ou expor à venda o objeto material do crime, ou seja, a fotografia, vídeo ou outro registro que contenha cena de sexo explícito ou pornográfica, admitindo-se a forma tentada. Segundo Silva (2017), o dolo pode ser direto ou eventual. Para Nucci (2015b), o crime em tela não contempla elemento subjetivo especial do tipo, pois o agente pode vender ou expor à venda o objeto material do crime impelido por outro motivo que não seja a finalidade de obtenção de lucro.

Em uma análise quanto à classificação doutrinária, pode-se afirmar que o delito é: **comum**, pois pode ser praticado por qualquer pessoa; **de forma livre**, pois é passível de ser praticado por qualquer meio eleito pelo sujeito ativo; **formal**, pois não se exige a produção de resultado naturalístico, *in casu*, o dano efetivo à formação moral da criança e do adolescente; **comissivo**, já que os verbos que compõem o núcleo do tipo concretizam verdadeiras ações; **instantâneo**, cuja consumação não se prolonga no tempo; **unissubjetivo**, pois pode ser praticado por uma única pessoa; **de perigo abstrato**, já que há uma previsão de probabilidade do dano; **plurissubsistente**, em face de a conduta ser passível de fracionamento, admitindo-se a forma tentada.

O crime é punido com reclusão de 4 (quatro) a 8 (oito) anos e multa, de forma que deve seguir o procedimento comum ordinário, não se admitindo os benefícios despenalizadores da suspensão condicional do processo e da transação penal.

Trata-se de crime de ação penal pública incondicionada, em que o titular da ação penal (Ministério Público) não precisa da satisfação de nenhuma condição para intentá-la, bastando haver prova da materialidade do crime e indícios suficientes de autoria, alicerçadas em inquérito policial ou peças de informação, nos termos do art. 227 do ECA. Admite-se a ação penal privada subsidiária da pública, caso o representante do Ministério Público não tome providências no prazo legal, ou seja, ofereça a denúncia, requeira a realização de diligências imprescindíveis ao oferecimento da denúncia ou proponha o arquivamento do inquérito policial ou das peças de informação.

Caso a venda ou a exposição da foto, vídeo ou outro registro que contenha cena de sexo explícito ou pornográfica seja operacionalizada, exclusivamente, em território nacional, a competência será da Justiça Comum Estadual.

Nesse sentido, manifestação do STJ:

> 1. Aos juízes federais compete processar e julgar: os crimes previstos em tratado ou convenção internacional, quando, iniciada a execução no País, o resultado tenha ou devesse ter ocorrido no estrangeiro, ou reciprocamente. (Constituição Federal, art. 109, inciso V). 2. Evidenciando que os crimes de divulgação de fotografias e filmes pornográficos ou de cenas de sexo explícito envolvendo crianças e adolescentes não se deram além das fronteiras nacionais, restringindo-se a uma comunicação eletrônica entre duas pessoas residentes no Brasil, não há como afirmar a competência da Justiça Federal para o processo e julgamento do feito. 3. Conflito conhecido, para declarar competente o Juízo Estadual suscitante. (CC nº 57.411/RJ, Rel. Ministro Hamilton Carvalhido, 3ª Seção, j. em 13.2.2008, *DJe* de 30.6.2008).

Por outro lado, caso se verifique a transacionalidade do delito, a competência será da Justiça Comum Federal.

Nesse sentido, aplicando-se analogicamente manifestação do TRF da 4ª Região:

> É competente a Justiça Federal para o processo e julgamento de eventual conduta tipificada no art. 241 do Estatuto da Criança e do Adolescente, pois o Congresso Nacional, por meio do Decreto Legislativo nº 28, de 14 de setembro de 1990, e o Poder Executivo, pelo Decreto nº 99.710, de 21 de novembro de 1990, respectivamente, aprovaram e promulgaram o texto da Convenção sobre os Direitos da Criança, adotada pela Assem-

bleia Geral das Nações Unidas, o que implica na incidência do inciso V do art. 109 da Constituição Federal. (HC n° 2006.04.00.006100-3/RS, Des. Federal Luiz Fernando Wowk Penteado, *DJU* de 26.4.2006).

Portanto, a transnacionalidade do crime é fator primordial para a fixação da competência.

2.12.3. Transação de fotografia, vídeo ou outro registro de cena de sexo explícito ou pornográfica

Sob o ponto de vista da conduta do crime de transação de fotografia, vídeo ou outro registro de cena de sexo explícito ou pornográfica, previsto no art. 241-A, *caput*, do ECA, o tipo penal é composto por uma série de núcleos: oferecer (ofertar, apresentar gratuitamente, pois se o oferecimento for oneroso, ou seja, alienação por preço certo, poderá caracterizar o crime previsto no art. 241 do ECA), trocar (escambo, permuta, substituir uma coisa por outra), disponibilizar (deixar acessível, disponível a alguém), transmitir (enviar, mandar de um lugar para outro), distribuir (repartir, entregar, remeter a um número indeterminado de pessoas), publicar (tornar público de forma ampla e expressa) e divulgar (difundir, tornar público ou conhecido) (ANDREUCCI, 2016; NUCCI, 2015a).

As elementares do crime podem ser praticadas por qualquer meio, inclusive pelo sistema de informática ou telemática. Assim, o agente que envia e-mail a uma lista de endereços contendo anexadas fotografias ou filmes de cenas de sexo explícito ou pornográfica envolvendo criança ou adolescente, sem fins lucrativos, responde pelo crime em tela.

Nas palavras de Nucci (2015a), tem-se um tipo penal alternativo, pois, em que pese a concretização de mais de uma elementar, o agente responderá por um único crime.

Apenas *ad argumentandum*, salienta-se que o § 1° do art. 241-A do ECA prevê a criminalização do representante legal do provedor de acesso à internet, especificando como elementar o verbo assegurar, o qual tem o sentido de garantir o armazenamento ou acesso ao objeto material do crime. No entanto, em que pese o verbo "assegurar" implicar uma ação, o § 2° do diploma em comento prevê uma condição objetiva de punibilidade, de forma que o o autor do crime somente responderá pelas condutas descritas nos incisos I e II do § 1º, do art. 241-A, se porventura se negar a desabilitar o acesso ao conteúdo pornográfico infantojuvenil, após regularmente notificado para tal. A hipótese aqui contemplada caracteriza-se quando o detentor das fotografias ou vídeos armazena o conteúdo em páginas de internet hospedadas em um provedor. Não é o caso do agente que mantém tal conteúdo armazenado em uma mídia (*flash card*) e a partir dela, com o auxílio da telefonia celular, concretiza as condutas descritas no *caput* do art. 241-A do ECA, o ponto central do presente estudo.

Como objeto material do crime, o tipo penal se reporta à fotografia, vídeo ou outro registro que contenha cena de sexo explícito ou pornográfica envolvendo criança ou adolescente.

Qualquer pessoa pode ser sujeito ativo do crime impondo, enquanto sujeito passivo, que seja criança ou adolescente.

O crime é punido a título de dolo, não se exigindo elemento subjetivo específico, tampouco se pune o crime a título de culpa. Segundo Silva (2009), o *caput* do artigo em comento contempla o dolo direto ou eventual.

Andreucci (2016) defende que o crime se consuma com a simples concretização das condutas especificadas no tipo penal, não se exigindo a produção de resultado naturalístico. Assim, na posição do autor, tem-se um crime formal.

Sob o ponto de vista da classificação doutrinária, temos: crime **comum**, pois pode ser praticado por qualquer pessoa; **formal**, já que independe da produção de resultado naturalístico, *in casu*, consistente no efetivo dano à formação moral da criança e do adolescente; **de forma livre**, pois pode ser praticado por "qualquer meio" eleito pelo sujeito ativo; **comissivo**, já que os verbos descritos como núcleo do tipo implicam ação; **instantâneo**, cuja consumação não se prolonga no tempo, mas, sim, efetivada em momento determinado; **eventualmente permanente**, nas modalidades "disponibilizar" e "divulgar", conforme o meio empregado pelo agente, pois, a título de exemplo, a perpetração dos referidos núcleos pela internet denotam a permanência do crime, em face de proporcionar o livre acesso a qualquer pessoa e a qualquer momento; **múltiplo ou de conteúdo variado**, pois a concretização de mais de uma elementar fará com que o agente responda por um único crime; **de perigo abstrato**, já que há uma presunção da probabilidade do dano; **unissubjetivo**, pois pode ser praticado por uma única pessoa, salvo quanto à elementar "trocar", a qual configura um crime plurissubjetivo, exigindo-se, portanto, coautoria ou pluralidade de agentes, também denominado de crime bilateral ou de concurso necessário; **plurissubsistente**, já que a conduta pode ser fracionada, admitindo-se, portanto, a forma tentada (ANDREUCCI, 2016; NUCCI, 2015a).

O crime é punido com pena de reclusão de 3 (três) a 6 (seis) anos e multa, de forma que não se admite os benefícios da suspensão condicional do processo e da transação penal.

Por se tratar de crime de ação penal pública incondicionada, o titular da ação penal (Ministério Público) não precisará da satisfação de nenhuma condição para intentá-la, bastando haver prova da materialidade do crime e indícios suficientes de autoria, alicerçadas em inquérito policial ou peças de informação, a despeito do art. 227 do ECA. Admite-se a ação penal privada subsidiária da pública, caso o representante do Ministério Público não tome providências no prazo legal, ou seja, ofereça a denúncia, requeira a realização de diligências imprescindíveis ao oferecimento da denúncia ou proponha o arquivamento do inquérito policial ou das peças de informação.

2.12.4. Aquisição, posse ou armazenamento de fotografia, vídeo ou registro de cena de sexo explícito ou pornográfica

O crime em tela, previsto no art. 241-B do ECA, criminaliza a conduta de adquirir, possuir ou armazenar, por qualquer meio, fotografia, vídeo ou outra forma de registro que contenha cena de sexo explícito ou pornográfica envolvendo criança ou adolescente.

O núcleo do tipo é composto pelos verbos adquirir (obter, seja a título gratuito ou oneroso), possuir (ter a posse, estar em poder) ou armanezar (conservar, manter em depósito ou em armazém). As condutas alternativas têm por objeto material a fotografia, vídeo ou outra forma de registro que contenha cena de sexo explícito ou pornográfica envolvendo criança e/ou adolescente[16] (SILVA, 2009; NUCCI, 2015a).

O artigo em tela vem ao encontro do posicionamento da ONU, o qual defende legislação uniforme para o combate da pornografia infantojuvenil. Tratava-se, até então, de uma lacuna legislativa brasileira, de forma que

---

16. A respeito dos conceitos de fotografia e vídeo, veja comentários ao art. 241 do ECA.

a simples posse de material pornográfico infantojuvenil era indiferença penal, situação corrigida com a edição da Lei Federal n° 11.829/2008. Em face disso, assim como a Itália, Espanha e os Estados Unidos da América, o Brasil também passou a criminalizar a simples posse de material pornográfico infantojuvenil.

Por se tratar de tipo penal aberto, pode ser perpetrado por qualquer meio eleito pelo sujeito ativo, em cujo contexto se insere a internet. Nesse sentido, o agente que entra em um web site e adquiri fotografias ou filmes com conteúdo pornográfico infantojuvenil responde pelo crime em tela.

Qualquer pessoa pode ser sujeito ativo do crime, exigindo-se que o sujeito passivo seja a criança e/ou adolescente.

Sob o ponto de vista do elemento subjetivo do tipo, a norma em comento comporta um crime doloso, o qual não é punível a título de culpa. Para Silva (2009), o dolo pode ser direto ou eventual.

O crime se consuma com a efetiva prática de um dos verbos que compõe o tipo penal, admitindo-se a forma tentada.

Doutrinariamente, o crime é classificado como: **comum**, pois pode ser perpetrado por qualquer pessoa; **formal**, em que não se exige a efetiva produção de resultado naturalístico; **de forma livre**, já que possibilita ser perpetrado por qualquer meio eleito pelo sujeito ativo; **comissivo**, em que os núcleos do tipo são compostos por verbos que implicam verdeiras ações; **instantâneo**, na modalidade adquirir, cuja consumação se opera em momento determinado; **permanente** nas modalidades possuir e armazenar, em que a consumação se prolonga no tempo; **múltiplo ou de conteúdo variado**, de forma que, se o agente, em um mesmo contexto, subsumir sua conduta em dois núcleos do tipo, responderá por um único delito; **de perigo abstrato**, cujo dano ao bem jurídico é presumido; **unissubjetivo**, já que pode ser praticado por uma única pessoa; **plurissubsistente**, cuja conduta aceita fracionamento, admitindo-se, portanto, a forma tentada (SILVA, 2009; NUCCI, 2015a).

O autor do crime é passível de pena de 1 (um) a 4 (quatro) anos de reclusão e multa, admitindo-se, portanto, a aplicabilidade do instituto da suspensão condicional do processo.

O crime é de ação penal pública incondicionada, não exigindo a satisfação de nenhuma condição de procedibilidade para que o Ministério

Público possa promover a persecução criminal em juízo, de acordo com o art. 227 do ECA. Admite-se ação penal privada subsidiária da pública diante de eventual inércia ministerial.

O § 1º do artigo em comento traz uma causa de diminuição de pena, de 1 (um) a 2/3 (dois terços), se for de pequena quantidade o material contendo cena de sexo explícito ou pornográfica envolvendo criança e/ou adolescente. O legislador não estabeleceu critérios para o estabelecimento do que seja "pequena quantidade", motivo pelo qual Silva (2009) alerta que o juiz competente é quem decidirá, de acordo com o caso concreto, se a conduta do agente se enquadra na causa de diminuição de pena. Por sua vez, Nucci (2015a) apresenta alguns critérios que implicam, inclusive, a tipicidade ou não da conduta. Para o autor, a análise do magistrado deve pautar-se sobre três situações: a) verificar se a quantidade é ínfima, ocasião em que se estará diante do crime de bagatela, em que não há, sequer, ofensa ao bem jurídico tutelado; b) verificar se a quantidade é pequena, quando a causa de diminuição de pena estará caracterizada; c) verificar se a quantidade é grande, quando se afastam a causa de diminuição de pena e a conduta se amolda ao tipo primário.

O § 2º da norma preceptiva ora comentada trata de causa excludente da ilicitude ou da antijuridicidade quando a posse ou armazenamento tem a finalidade de comunicar às autoridades competentes a ocorrência das condutas descritas nos arts. 240, 241, 241-A e 241-C e quando a comunicação for feita por:

a) agente público no exercício de suas funções, ou seja, ocupante de cargo, emprego ou função pública cuja atividade tenha por fim atuar na repressão criminal, hipótese que caracteriza estrito cumprimento do dever legal (NUCCI, 2015a). Vale lembrar, no entanto que, nos termos do art. 27 do CPP, qualquer pessoa do povo poderá provocar a iniciativa do Ministério Público, nos casos em que caiba ação penal pública, fornecendo-lhe, por escrito, informações sobre o fato e a autoria e indicando o tempo, o lugar e os elementos de convicção. Tem-se, assim, a formalização da *delatio criminis*, geradora do estrito cumprimento do dever legal;

b) membro de entidade, legalmente constituída, que inclua, entre suas finalidades institucionais, o recebimento, o processamento e o encaminhamento de notícia dos crimes referidos no § 2º. Trata-se de hipótese ensejadora de exercício regular de direito e que visa a tutelar as organizações não governamentias que têm função específica de combater a pornografia infantojuvenil;

c) representante legal e funcionários responsáveis de provedor de acesso ou serviço prestado por meio de rede de computadores, até o recebimento do material relativo à notícia feita à autoridade policial, ao Ministério Público ou ao Poder Judiciário, levando em conta que os provedores de acesso ou de informação podem manter os *logs* (registros) de acesso de seus clientes armazenados por até cinco anos, nos termos de recomendação do Comitê Gestor de internet brasileiro, podem identificar dentro do fluxo de dados que passa pelo servidor o conteúdo material pornográfico infantojuvenil, como, por exemplo, fotografias e vídeos. Assim, permite-se que mantenham o material armazenado até a comunicação aos destinatários da comunicação, quais sejam, a autoridade policial, o Ministério Público e o Poder Judiciário. Trata-se, também, de exercício regular de direito.

Nucci (2015a) salienta que o objetivo de o representante legal do provedor manter o armazenamento do material é o de, inclusive, viabilizar o trabalho pericial, porém, concomitantemente, deverá inviabilizar o acesso ao público em geral.

De qualquer forma, por força do disposto no § 3º do artigo em comento, as pessoas mencionadas no § 2º deverão manter sob sigilo o material ilícito referido.

Tem-se um crime de ação penal pública incondicionada, não se exigindo condição de procedibilidade para que o Ministério Público possa promover a persecução criminal em juízo.

O autor do crime em tela está sujeito à pena de 1 (um) a 4 (quatro) anos de reclusão e multa, passível, portanto, do benefício da suspensão condicional do processo.

2.12.5. Simulação de participação de criança ou adolescente em cena de sexo explícito ou pornográfica

A norma preceptiva em tela, prevista no art. 241-C do ECA, é composta pelo núcleo do tipo simular. A análise do núcleo do tipo permite revelar que o verbo simular tem o sentido de "representar ou reproduzir algo com a aparência de realidade" (NUCCI, 2015a, p. 268), ou, segundo Silva (2009, p. 106), a "falsa realidade, fazer que pareça real o que não é, fingir". A simulação tem por objeto material a participação de criança ou adolescente em cena de sexo explícito ou pornográfica.

Para tanto, o agente se vale de adulteração, montagem ou modificação de fotografia, vídeo ou qualquer outra forma de representação visual. Adulterar significa falsificar, fraudar; montar tem o sentido de reunir partes para montar o todo, coordenação de sequências de tomadas; enquanto modificação significa alterar ou transformar (SILVA, 2009; NUCCI, 2015a).

Tem-se uma situação em que o agente, não dispondo de uma fotografia, vídeo ou qualquer outro suporte materializador da representação visual original, simula a cena de sexo explícito ou pornográfica envolvendo criança ou adolescente, como, por exemplo, inserindo o rosto de uma criança no corpo de um adulto, ou mesmo utilizando-se da computação gráfica para a criação ou montagem de cenas do gênero, com a imitação de traços característicos da vítima. Trata-se, portanto, da pornografia infantojuvenil virtual. Segundo Nucci (2015a, p. 268), "embora não se esteja lidando com uma cena autêntica, de qualquer modo fere-se o bem jurídico tutelado", ou seja, a formação moral da criança ou do adolescente.

De acordo com o parágrafo único do artigo em comento, também se pune a conduta de quem vende, expõe à venda, disponibiliza, distribui, publica ou divulga por qualquer meio, adquire, possui ou armazena o material produzido na forma descrita no *caput*. Trata-se, portanto, da transação ou posse de cena de sexo explícito ou pornográfica infantojuvenil virtual, cujas elementares foram objeto de estudo quando das análises dos crimes previstos nos arts. 241-A e B do ECA.

Por se tratar de tipo penal aberto, pode ser perpetrado por qualquer meio eleito pelo sujeito ativo, em cujo contexto se insere a internet.

Qualquer pessoa pode ser sujeito ativo do crime, enquanto vítima é a criança e/ou o adolescente.

Tem-se um crime doloso, não se punindo a título de culpa. Segundo Silva (2009), o *caput* comporta o dolo direto, enquanto a figura prevista no parágrafo único admite tanto o dolo direto quanto o dolo eventual.

Trata-se de crime formal, cuja consumação se opera com a simples prática das condutas incriminadas, não se exigindo a produção de resultado naturalístico. Admite-se a forma tentada.

Sob o ponto de vista da classificação doutrinária, tem-se: crime **comum**, pois pode ser praticado por qualquer pessoa; **formal**, já que independe de produção de resultado naturalístico para a consumação; **de forma livre**, podendo ser praticado por qualquer meio eleito pelo sujeito ativo; **comisso**, já que os núcleos do tipo são compostos por verbos que indicam ação; **instantâneo**, cuja consumação se opera em momento determinado; **de perigo abstrato**, pois o tipo penal presume a probabilidade de dano; **de conteúdo múltiplo ou variado**, pois se o agente, dentro de um mesmo contexto temporal, concretizar mais de um núcleo do tipo, responderá por um único crime; **unissubjetivo**, já que pode ser praticado por uma única pessoa, no entanto, na modalidade adquirir, a obtenção do material somente pode se operar de quem a vende, disponibiliza, tendo, assim, um crime plurissubjetivo; **permanente** nas figuras possuir e armazenar; **plurissubsistente**, em que a conduta pode ser fracionada em vários atos, admitindo, portanto, a forma tentada (SILVA, 2009; NUCCI, 2015a).

Trata-se de crime sujeito à pena de 1 (um) a 3 (três) anos de reclusão e multa, portanto, sujeito à suspensão condicional do processo.

O crime é de ação penal pública incondicionada, não se exigindo a satisfação de condição de procedibilidade para que o Ministério Público possa promover a persecução criminal em juízo, nos termos do art. 227 do ECA. Admite-se ação penal privada subsidiária da pública em caso de eventual inércia ministerial.

2.12.6. Aliciamento, assédio, instigação ou constrangimento para a prática de ato libidinoso

Previsto no art. 241-D do ECA, o tipo penal misto alternativo é composto por vários núcleos: aliciar (seduzir, atrair), assediar (perseguir, cercar, envolver, rodear), instigar (estimular, incitar, fomentar) ou constranger (forçar, compelir, obrigar). Quaisquer das condutas podem ser praticadas por qualquer meio de comunicação, em cujo contexto se insere a internet e as ferramentas utilizadas a partir da rede munidal de computadores, como as salas de bate-papo, e-mail, *chats, Orkut, MSN, Facebook, Twitter* etc., e visam à criança, enquanto objeto material do crime. Insta frisar que o agente deve agir com a finalidade específica de praticar ato libidinoso, ou seja, todo e qualquer ato que tenha por fim a satisfação da lascívia, seja a conjunção carnal, seja ato libidinoso diverso da conjunção carnal (SILVA, 2009; NUCCI, 2015a).

Na mesma pena incorre quem facilita (tornar fácil) ou induz (incutir, persuadir à prática de alguma conduta, dar a ideia) o acesso à criança de material contendo cena de sexo explícito ou pornográfica com o fim de com ela praticar ato libidinoso, bem como pratica (realiza) as condutas descritas no *caput* do artigo em comento, com o fim de induzir criança a se exibir de forma pornográfica ou sexualmente explícita (SILVA, 2009; NUCCI, 2015a).

Segundo Nucci (2015a), parte-se do pressuposto de que o adolescente, maior de 12 anos, possui discernimento para evitar o assédio sexual, motivo pelo qual não foi inserido enquanto objeto material do crime. No entanto, quanto ao bem jurídico tutelado, ressalva a ideia de que, além da proteção à formação moral da criança, busca-se também amparo à liberdade sexual da vítima.

Por se tratar de tipo penal aberto, pode ser praticado por qualquer meio eleito pelo sujeito ativo, em cujo contexto se insere a internet.

Assim, qualquer pessoa pode ser sujeito ativo do crime, enquanto sujeito passivo somente poderá ser a criança.

Exige-se o elemento subjetivo especial do tipo, consubstanciado na vontade de praticar ato libidinoso com o fim de satisfazer a própria lascívia. Silva (2009) ressalva a exigência do dolo direto acrescido do elemento subjetivo do injusto. No entanto, Nucci (2015a) lembra que a figura prevista no inciso II traz as mesmas elementares do *caput*, apenas com finalidade diferente, de forma que no caso o agente age impelido pela finalidade de obter cenas pornográficas ou de sexo explícito de criança. Assim, segundo o autor, o agente não age com a finalidade de manter relacionamento para satisfazer sua lascívia, mas tão somente obter fotos, vídeos ou outros registros. Nesse sentido, busca-se prevenir que a prática de outros crimes, em especial os previstos nos arts. 240, 241 e 241-A do ECA. Não se pune o crime a título de culpa.

A consumação se opera com a concretização de qualquer um dos núcleos do tipo penal, não se exigindo a produção do resultado naturalístco. Trata-se, portanto, de crime formal e que admite a forma tentada (ANDREUCCI, 2016). Vale lembrar, no entanto, que, se o agente realmente pratica ato libidinoso com a vítima, deverá responder por concurso de crimes com o crime de estupro de vulnerável, previsto no art. 217-A do Código Penal.

Sob o ponto de vista da classificação doutrinária, tem-se crime: comum (pode ser praticado por qualquer pessoa); formal (independe da produção de resultado naturalístico); de forma livre (perpetrado por qualquer meio eleito pelo sujeito ativo); comissivo (os verbos que compõem o núcleo do tipo implicam verdadeiras ações); de ação múltipla ou conteúdo variado (já que, se o agente realizar a conduta que submusse a mais de um núcleo do tipo, dentro do mesmo contexto fático, responderá a um único crime); instantâneo (cuja consumação se opera em momento determinado); de perigo abstrato (pois presume-se a probabilidade do dano ao bem jurídico tutelado); unissubjetivo (já que pode ser perpetrado por um único sujeito); plurissubsistente (a conduta por ser fracionada, motivo pelo qual admite a forma tentada).

Trata-se de crime de ação penal pública incondicionada, em que o Ministério Público não precisa da satisfação de nenhuma condição de procedibilidade para promover a persecução criminal em juízo, nos termos do art. 227 do ECA. Admite-se ação penal privada subsidiária da pública em caso de eventual inércia ministerial e sujeita o seu autor a uma pena de 1 (um) a 3 (três) anos de reclusão e multa. Assim, possibilita-se ao agente beneficiar-se do instituto da suspensão condicional do processo.

2.12.7. Corrupção de criança ou adolescente

Segundo Andreucci (2016, p. 102), o crime em tela, previsto no art. 244-B do ECA, tutela a possibilidade de "deturpação da formação da personalidade do menor de 18 anos, no específico aspecto de sua inserção na criminalidade" ou, segundo Nucci (2015a, p. 280), a "boa formação moral da criança e do adolescente".

É certo que a lapidação da personalidade[17] de uma pessoa se opera na fase de sua adolescência, não obstante traumas experimentados por uma criança influenciarem na formação do seu "eu". O legislador brasileiro presumiu, de forma absoluta, que aos 18 anos a pessoa possui a sua personalidade formada, passando a ser imputável. Antes, no entanto, existem várias formas de deturpação da personalidade do menor de 18 anos: "desde o aliciamento para a vida sexual precoce até o comentimento de crimes" (NUCCI, 2015a, p. 279). A corrupção ora tratada aborda o cometimento de crimes, inserida no ECA por meio da Lei Federal nº 12.015/2009, revogando-se, expressamente, o crime de corrupção prevista na Lei Federal nº 2.252/1954.

O art. 244-B trata-se de um tipo penal alternativo, composto por dois núcleos do tipo: corromper (perverter, estragar) ou facilitar a corrupção (tornar mais fácil a corrupção ou a perversão). O crime em tela possui como objeto material a pessoa menor de 18 anos de idade. A corrupção tem que estar voltada à prática de crime com menor de 18 anos (ANDREUCCI, 2016; NUCCI, 2015a). Vislumbra-se, portanto, duas hipóteses: uma em que o sujeito ativo se posiciona na condição de coautor ou partícipe do menor de 18 anos em crime; e outra em que o agente é autor intelectual ou mediato, ao induzir menor de 18 anos à prática de ato infracional. Vale lembrar que, tanto na primeira hipótese quanto na segunda, o imputável responde por crime, enquanto o adolescente infrator responde a título de ato infracional. Nessas hipóteses, ocorre a cisão processual, de forma que o imputável será responsabilizado pela Justiça comum, enquanto o adolescente infrator pela Vara da Infância e da Juventude, por conta da prática do ato infracional.

Qualquer pessoa pode ser sujeito ativo do crime, enquanto sujeito passivo deve ser o menor de 18 anos. Frisa-se que parte da doutrina e da jurisprudência, em corrente firmada ainda com esteio no art. 1º da Lei Federal nº 2.252/1954, posiciona-se no sentido de haver demonstração de que a vítima ainda não esteja corrompida para a caracterização do crime em tela. Assim, se porventura a vítima já tiver praticado vários atos infracionais, não há como se falar em corrupção de menores. Trata-se de crime impossível, nos termos do art. 17 do CP, por absoluta impropriedade do

---

17. Nucci (2015a, p. 279) define personalidade como o "conjunto dos caracteres exclusivos de uma pessoa, parte herdada, parte adquirida".

objeto. Contudo, hoje o posicionamento do STJ encontra-se na Súmula nº 500 do STJ que dispõe: "A configuração do crime previsto no art. 244-B do Estatuto da Criança e do Adolescente independe da prova da efetiva corrupção do menor, por se tratar de delito formal.".

Nucci (2015a) defende que secundariamente, se têm como sujeito passivo a sociedade e família do menor, preocupados e interessados com a boa formação moral do jovem.

Quanto ao momento consumativo, duas correntes disciplinam a matéria: a) a que defende ser o crime material, exigindo, portanto, a produção do resultado naturalístico, *in casu*, a corrupção do sujeito passivo, posição com a qual o autor se filia; b) a que defende se tratar de crime formal, não se exigindo, portanto, a produção do resultado naturalístico. Andreucci (2016), defensor desta última corrente, salienta que o objetivo do legislador ao inserir o crime de corrupção de menores dentro do contexto do ECA foi justamente tutelar a formação moral da criança e do adolescente, com esteio na Doutrina de Proteção Integral. Reconhece, no entanto, que mesmo sendo formal, admite-se a forma tentada.

Sob o ponto de vista da classificação doutrinária tem-se que o crime é: **comum** (pode ser praticado por qualquer pessoa); **material** (consuma-se com a produção do resultado naturalístico, *in casu*, com a corrupção do menor de 18 anos, em que pese haver corrente que defende ser o crime formal); **de forma livre** (pode ser praticado por qualquer meio eleito pelo sujeito ativo); **comissivo** (os verbos que compõem o núcleo do tipo representam verdadeiras ações); **instantâneo** (a consumação não se prolonga no tempo, ocorrendo em momento certo, definido); **unissubjetivo** (pode ser cometido por uma só pessoa); e **plurissubsistente** (a conduta pode ser fracionada em vários atos, admitindo-se a forma tentada, em que pese de difícil configuração).

O delito em tela é punível com reclusão de 1 (um) a 4 (quatro) anos e, portanto, passível de suspensão condicional do processo, nos termos do art. 89 da Lei Federal nº 9.099/1995. Tem-se um crime de ação penal pública incondicionada, nos termos do art. 227 do ECA.

O § 1º do artigo em comento prevê a modalidade de corrupção eletrônica ou virtual (NUCCI, 2015a), impondo a mesma pena ao agente que perpetrar a corrupção de menores utilizando-se de quaisquer meios eletrônicos, incluindo salas de bate-papo da internet, e-mails, redes sociais etc.

O § 2º contempla uma causa de aumento de pena de 1/3 se a infração cometida ou induzida for hedionda. Com razão, Nucci (2015a) critica o dispositivo legal, pois, ao limitar a causa de aumento de pena da corrupção de menores apenas às hipóteses de infração cometida ou induzida elencadas no rol do art. 1º da Lei Federal nº 8.072/1990, inviabilizou-se a causa de penas nas hipóteses de crimes assemelhados aos hediondos, ou seja, à tortura, tráfico de drogas e terrorismo.

2.13. PERTURBAÇÃO DA TRANQUILIDADE

A evolução tecnológica proporcionou ao homem atingir o estágio atual, em que a informática ganhou destaque especial, mormente após o advento da internet, ferramenta imprescindível, seja no trabalho ou no lazer, por permitir a troca de informações em tempo real.

Porém, apesar dos inquestionáveis benefícios da *grande rede*, também advieram alguns problemas, dentre os quais o denominado *spam*.

Um resgate histórico nos mostra que o primeiro *spam* via e-mail foi enviado em 1978 pela DEC, fabricante de computadores americana, noticiando o lançamento de sua nova máquina, o computador batizado de DEC-20, em que os destinatários eram convidados para a apresentação oficial, a se realizar no Estado da Califórnia. A agência *ARPAnet (Advanced Research Projects Agency Network)*, foi uma das destinatárias do e-mail indesejado, o que gerou, segundo Templeton (2012), grande polêmica na época, por violar as regras de uso da rede de pesquisa avançada do Departamento de Defesa dos Estados Unidos da América.

Desde então, o envio de mensagens eletrônicas com tal conotação ganhou cada vez mais adeptos, para desespero de internautas que passaram a se deparar com e-mails indesejados em sua caixa postal, motivo pelo qual necessário se torna conceituá-lo para, posteriormente, analisá-lo sob a luz do Direito pátrio.

Definido como mensagem eletrônica enviada simultaneamente a milhares de pessoas com o objetivo de fazer publicidade sobre um determinado produto com fins comerciais,[18] o *spam* também é conhecido pela sigla

---

18. Alguns tratadistas estendem a definição de *spam* para abarcar também as mensagens indesejadas que não tenham fins comerciais.

inglesa UCE (*Unsolicited Commercial E-mail*) ou simplesmente mensagem comercial não solicitada.

Percebe-se, assim, que se trata daquelas mensagens publicitárias enviadas por e-mail, constituindo-se em forma de propaganda a lotar as caixas postais dos usuários, sem que estes as tenham solicitado ou mesmo autorizado o envio ao seu endereço eletrônico. Em regra, o usuário paga pelo uso de sua caixa postal e o excesso de *spam* pode impedi-lo de receber mensagens realmente úteis, como observa Paesani (2014, p. 55). Em comentário a uma decisão judicial proferida por um juiz distrital dos Estados Unidos da América, em ação em que foi parte, de um lado, a *American on-Line*, e de outro, a *Cyber Marketing*, a autora destaca que "remeter correspondência sem solicitação é crime, pois a proteção da privacidade dos cidadãos é mais importante do que a liberdade dos publicitários de invadir as redes com sua correspondência-lixo (*junk mail*)".

A expressão *spam* foi inspirada, de acordo com Erenberg (2002, p. 120):

> em um filme do grupo de comediantes ingleses Monty Pyton, no qual se via, numa antológica cena, *vikings* barulhentos reunidos em torno de uma mesa, bradando "Spam!Spam!Spam!", para exigir presunto enlatado da marca "Spam", o qual os britânicos consideram de sabor intragável, porém algo inevitável à sua mesa, até que ninguém mais suporta a gritaria.

Em uma abordagem sobre o tema, Silva Neto (2001, p. 90) conceitua como *spammer* "o vendedor que liga a cobrar para vender o que não queremos comprar", justificando, ainda, que a invasão de caixas postais de e-mails representa verdadeiro furto, pois obriga o usuário a abrir a mensagem, ou pelo menos apagá-la, tendo parte de seu tempo e de certa forma de seu dinheiro subtraídos, como ressaltado há pouco, mormente quando efetivamente se paga pelo serviço de correio eletrônico.

Importa salientar, no que se refere ao *spam*, a prática atual de se tentar camuflá-lo, escondendo seu verdadeiro caráter comercial por meio de dados ligados ao perfil do usuário, previamente traçado, de forma que faze com que ele acesse a mensagem e a leia, mantendo-o, dessa forma, em um erro inaceitável. Observa-se que, além de contrariar o Direito, tal prática afronta os postulados éticos.

Uma forma de ajudar a propagação do *spam*, sem que se perceba, é o repasse de mensagens recebidas, como, por exemplo, as referentes às crianças desaparecidas, às correntes de amizade, alertas sobre crimes praticados e ações judiciais cabíveis, sem que se apaguem os nomes e endereços nelas existentes. Isso ocorre por causa de um *software* conhecido como *spider*, criado por empresas com o objetivo de percorrer a internet procurando palavras-chaves. Assim, quando as encontra, copia os endereços existentes na mensagem, mandando a lista de volta à mensagem original, produzindo, com isso, listas de endereços que posteriormente poderão ser comercializadas.

Ao contrário da mala direta utilizada pelas empresas mediante a remessa via correio de correspondências em formato papel, em que o custo é suportado pelo emitente, o envio indiscriminado dos e-mails indesejados para fins comerciais acarretou problemas em duas frentes: uma financeira e outra relacionada com a segurança de sistemas.

No que tange à segurança de sistemas, já foram constatadas ocasiões em que provedores acabaram por sair do ar, em decorrência da grande quantidade de *spams* encaminhados aos seus clientes, de forma que esgotou sua capacidade de armazenamento, acarretando um grande transtorno aos assinantes, que ficaram sem poder acessar o provedor por algum período.

Quanto à questão financeira, houve uma evidente inversão de despesas com a prática desse tipo de conduta, pois o recebedor do e-mail passou a experimentar gastos com energia elétrica e pulso telefônico,[19] sem contar com o tempo perdido para que o arquivo possa ser exibido na tela do computador, diminuindo sensivelmente os custos de envio por parte da empresa emitente, que se tornou capaz de enviar milhares de e-mails, simultaneamente, sem arcar com despesas de impressão das malas diretas e postagem via correio.

A título de ilustração e visando a demonstrar o alcance e o eventual prejuízo provocado pela conduta perpetrada pelo *spammer*, com base em dados divulgados pela ONU, no final de 2002, a população mundial interligada à rede mundial de computadores foi estimada em 591,6 milhões, o que revelou um crescimento de 27,2% em relação ao ano anterior. Nessa estatística, o Brasil foi apontado como o 11º no *ranking* mundial e 1º da América Latina, com 14,3 milhões de usuários.[20]

---

19. O prejuízo com pulso telefônico só é computado nos casos de conexões discadas.
20. Fonte: <http://www1.folha.uol.com.br/folha/informatica/ult124u14531.shtml>. Acesso em: 25 nov. 2003.

A Associação Brasileira de Provedores de Acesso (Abranet) já havia estimado, em relatório divulgado em 2001, um prejuízo de aproximadamente 90 milhões de reais mensais com o lixo eletrônico (SILVA NETO, 2002).

Tanto é assim que, preocupada com essa questão, a Microsoft está desenvolvendo um projeto denominado *Penny Black*, cuja ideia principal é a de transferir custos para o emitente do *spam*.

Sob o ponto de vista do Direito Penal pátrio, Silva Neto (2002) defende a tese de que o envio do *spam* caracteriza a contravenção penal de perturbação da tranquilidade,[21] a se consumar com o recebimento do e-mail com tal conotação por parte do internauta.

A doutrina dominante é unânime em afirmar que a perturbação da tranquilidade se trata de contravenção de forma livre, admitindo, portanto, qualquer meio de execução.

O tipo contravencional é formado por dois núcleos: molestar e perturbar. Segundo Damásio de Jesus (2015, p. 218), molestar quer dizer "incomodar, aborrecer, atormentar, irritar", enquanto o verbo perturbar tem o significado de "atrapalhar a tranquilidade, interromper alguma coisa".

A contravenção penal deverá ser perpetrada com o fim específico de acinte ou motivo reprovável. Damásio de Jesus (2015, p. 219) ensina que acinte "significa propósito de perturbar, intenção de", enquanto motivo reprovável é aquele "desprezível, censurável, sem justificação, ilegítimo", sendo que a ausência do fim especial leva à atipicidade do fato.

Sob o argumento de que o *spam* caracteriza motivo reprovável, Silva Neto (2002) sustenta ser incompatível com o sistema jurídico pátrio o regime adotado por algumas legislações alienígenas em que se permite o primeiro *spam*, transferindo ao destinatário o encargo de se manifestar expressa e contrariamente ao recebimento de novas mensagens com o mesmo conteúdo e de origem do mesmo emitente.

Referido sistema, chamado de *opt-out*, é a base de vários projetos de lei em curso no Congresso Nacional e que visam a disciplinar e a incriminar a matéria.

---

21. Em sua obra e-mails indesejados à luz do Direito, Silva Neto (2002) também defende a tese de que o spam poderá caracterizar outros crimes, tais como o constrangimento ilegal, o atentado contra a segurança de serviço de utilidade pública, a interrupção ou perturbação de serviço telegráfico ou telefônico, ou até mesmo crime contra o consumidor.

Uma das críticas mais fortes formalizadas contra o sistema *opt-out* é a de que a sua adoção oficializa o *spam*, na medida em que permite o envio do primeiro e-mail com conteúdo de propaganda e fins comerciais. Ademais, ao obrigar o destinatário a se manifestar expressamente sobre o desejo de não receber outras mensagens eletrônicas do gênero, mune-se o *spammer* de uma informação preciosa: a de que a conta de e-mail está ativa e poderá receber novos *spams*.

Por outro lado, um outro sistema vem ganhando cada vez mais adeptos, mormente entre os correligionários *antispams*. Denominado de *opt-in*, ele transfere a responsabilidade de enviar mensagem publicitária de cunho comercial ao emitente apenas para quem estiver previamente cadastrado para isso, o que implica aceitação de seu recebimento por parte do destinatário.

Em um momento em que o comportamento ético no ciberespaço se encontra no centro das discussões, o sistema *opt-in* nos parece ser o mais próximo de contribuir para a consolidação de um modelo revestido de ética, que possa servir de base para a normalização do envio de mensagens eletrônicas com conteúdos comerciais por meio da rede mundial de computadores.

Após a análise do *spam* à luz do Direito pátrio, pode-se concluir que a conduta de enviar um e-mail com conteúdo de propaganda e fins comerciais, sem que esteja revestida dos requisitos do sistema *opt-in*, pode amoldar-se nas penas do art. 65 da Lei das Contravenções Penais, consoante entendimento defendido por Silva Neto (2002), consumando-se a contravenção penal com o recebimento por parte do internauta da mensagem eletrônica, desde que demonstrado o acinte ou motivo reprovável por parte do *spammer,* o qual poderá estar caracterizado pela reiteração da conduta, nomeadamente após a vítima informar que não deseja continuar a receber o *spam*.

3
ALGUMAS QUESTÕES PENAIS CONTROVERTIDAS

3.1. TEMPO DO CRIME[22]

A fixação do instante em que o crime foi praticado é importante sob vários aspectos, mormente para, entre outras hipóteses legais, determinar a lei vigente no momento que o delito se consumou, no caso de sucessão de leis penais, para aferir a inimputabilidade penal, isto é, se o agente tinha 18 anos no momento da consumação, ou se ao tempo da ação ou omissão era inteiramente incapaz de entender o caráter ilícito do fato ou ao menos se determinar de acordo com esse entendimento, além do exame de circunstâncias do crime e aplicação de eventual anistia condicionada no tempo.

A doutrina regulamentou a matéria enfocando três teorias: a) da atividade, para quem o crime se consuma com a prática da conduta, isto é, no momento da ação ou da omissão; b) do resultado, para quem se considera tempo do crime o momento de seu resultado; e c) mista, para quem o tempo do crime é tanto o momento da conduta quanto o do resultado.

Com a reforma penal de 1984, o legislador adotou em nosso Código Penal a teoria da atividade, de forma que a considerar tempo do crime o

---

22. Os itens 3.1 a 3.3 foram extraídos de Furlaneto Neto (2003).

momento da ação ou omissão do agente, ou seja, no momento da prática da conduta prevista na norma penal incriminadora.[23]

3.2. LUGAR DO CRIME

A fixação do lugar do crime é importante para fins de delimitar a competência do órgão jurisdicional para julgar o caso.

Três teorias disciplinam a matéria: a) a da atividade, para quem lugar do crime é onde ocorreu a ação ou omissão, ou seja, a conduta do agente; b) do resultado, em que lugar do crime seria onde se produziu ou deveria produzir-se o resultado; c) da ubiquidade, onde se considera lugar do crime tanto o local onde o comportamento do agente se deu como onde se procedeu ao resultado.

O legislador adotou em nosso Código Penal a teoria da ubiquidade, de maneira que se considera "praticado o crime no lugar em que ocorreu a ação ou omissão, no todo ou em parte, bem como onde se produziu ou deveria produzir-se o resultado".[24]

A importância de se definir o lugar do crime ganha destaque nos casos de tentativa, em que, iniciada a execução do crime, este não se consuma por circunstâncias alheias à vontade do agente, bem como na hipótese de crimes a distância, naquelas infrações em que a ação ou omissão se dá em um país e o resultado em outro, fato comum nos crimes praticados por meio do computador.

Pela interpretação da norma em questão, desde que no Brasil tenham sido praticados atos de execução, no todo ou em parte, ou aqui se tenha produzido o resultado do comportamento ilícito, é de aplicar-se a legislação pátria.

Abordando as questões da jurisdição e territorialidade nos crimes praticados por meio da internet, Valin (2000, p. 116) aponta problema para análise do caso quando a situação compreender a segunda figura da norma comentada, ou seja, quando se considerar praticado o crime onde se produziu ou deveria produzir-se o resultado, "principalmente com o que

---

23. Código Penal: "Art. 4º. Considera-se praticado o crime no momento da ação ou omissão, ainda que outro seja o momento do resultado".

24. Cf. art. 6º do Código Penal.

diz respeito aos crimes que podem ser cometidos com a divulgação de informações, o ataque a servidores e furto de dados".

Exemplifica o autor levantando a hipótese de um ataque alienígena que acabe por retirar do ar um servidor de renome como o *Yahoo*, fisicamente não presente no território nacional, de forma a não permitir que um usuário brasileiro possa acessá-lo no período.

Nessa hipótese, em que o crime realmente surtiu os seus efeitos e lesionou um bem juridicamente protegido de um cidadão brasileiro, qual seja, o direito ao acesso à informação,[25] pela análise fria da legislação, poderia ser julgado pelo Direito pátrio, ainda que o autor de delito e o portal *Yahoo*, vítima principal, não estejam fisicamente no território nacional. Porém, Valin (2000, p. 116-7) questiona se seria eficaz o julgamento realizado no Brasil, até por uma questão de aplicabilidade da lei penal.

Propõe o autor a revisão da matéria por meio de regras estabelecidas em tratado internacional, sendo adotado, para os crimes praticados por meio da internet, "algo semelhante à teoria da atividade que determina como sendo local do crime aquele em que o agente praticou o delito", definindo-se qual o local efetivo da prática do ato, "se é o local onde se encontra o autor, ou se é o local em que as ofensas foram publicadas" (VALIN, 2000, p. 116-7).

Em sua opinião, a melhor solução seria considerar como local do crime "aquele em que está o autor da infração". Justifica sua posição por considerar o país de domicílio do réu o melhor para aplicar eventual pena, além de se evitar o processo de extradição, sempre moroso, bem como por ser o país do local da publicação o único com poder legal para retirar a página da rede, o que eventualmente poderá ser feito por meio de outro processo, independente do criminal.

3.3. EFICÁCIA DA LEI PENAL NO ESPAÇO

No que tange à eficácia da lei penal no espaço, o Código Penal adotou o princípio geral da territorialidade temperada, "pelo qual a lei penal brasi-

---

25. O direito ao acesso à informação foi elevado a garantia individual pelo inciso XIV do art. 5º da CF. Outros institutos que o corroboram são o direito de petição e o *habeas data*, igualmente previstos no texto constitucional.

leira é aplicada em nosso território,[26] independentemente da nacionalidade do autor e da vítima do delito" (DELMANTO, 2016, p. 15),[27] salvo se de outra forma dispuserem tratados, convenções, regras de direito internacional,[28] além dos casos excepcionais de extraterritorialidade penal.[29]

Para fins penais, considerou extensão do território nacional as embarcações e aeronaves públicas brasileiras, onde quer que se encontrem, bem como as privadas, mercantes ou particulares, quando em alto-mar ou no espaço aéreo correspondente ao alto-mar, e mandou aplicar a lei penal brasileira aos navios ou aviões particulares estrangeiros, quando aqueles estiverem em mar territorial ou porto nacional, e estes em voo pelo espaço aéreo nacional ou pousado em aeroporto de nosso país.

Os casos excepcionais de extraterritorialidade da lei penal são disciplinados pelos princípios da proteção ou da defesa, da nacionalidade ou personalidade, da justiça penal universal ou cosmopolita e o da representação.

Para o princípio da proteção ou da defesa, em que se "leva em conta a nacionalidade do bem jurídico lesado pelo crime, independentemente do local de sua prática ou da nacionalidade do sujeito ativo" (JESUS, 2015, p. 109), ficam sujeitos à legislação brasileira, embora cometidos no estrangeiro, os crimes praticados contra a vida ou a liberdade do Presidente da República, contra o patrimônio ou a fé pública da União, do Distrito Federal, de Estado, de Município, de empresa pública, sociedade de economia mista, autarquia ou fundação instituída pelo Poder Público, contra a administração pública, por quem está a seu serviço.[30]

Pelo princípio da justiça penal universal, em que se preconiza "o poder de cada Estado de punir qualquer crime, seja qual for a nacionalidade do agente e da vítima, ou o local de sua prática" (JESUS, 2015, p. 109), aplica-se a legislação brasileira, embora cometido no estrangeiro, ao genocídio, quando o agente for brasileiro ou domiciliado no Brasil.[31]

---

26. A expressão território deve ser entendida em seu conceito jurídico, que alcança todo o espaço territorial, fluvial, marítimo e aéreo, onde o Brasil é soberano.
27. Cf. art. 5º do Código Penal.
28. Como exemplo temos a imunidade diplomática.
29. Os casos excepcionais de extraterritorialidade penal estão previstos no art. 7º do CP.
30. Cf. art. 7º, I, "a", "b" e "c" do CP.
31. Cf. art. 7º, I, "d" do CP.

Importa salientar que nestas hipóteses contempladas pelos princípios da proteção ou defesa e da justiça universal, a aplicação da legislação brasileira é incondicionada, ainda que o agente venha a ser condenado no estrangeiro, ocasião em que terá a pena apenas atenuada; daí por que são definidos como integrantes do princípio da extraterritorialidade incondicionada.

Pelo princípio da extraterritorialidade condicionada, embora cometidos no estrangeiro, a lei brasileira somente poderá ser aplicada aos crimes que, por tratado ou convenção, o Brasil se obrigou a reprimir aos praticados por brasileiro e aos praticados em aeronaves ou embarcações brasileiras, mercantes ou de propriedade privada, quando em território estrangeiro e aí não sejam julgados, desde que, para tanto, concorram as seguintes condições gerais: a) o agente entrar no território nacional, voluntariamente ou não, ainda que posteriormente venha a sair dele; b) ser o fato punível também no país em que foi praticado; c) estar o crime incluído entre aqueles pelos quais a lei brasileira autoriza a extradição; d) não ter sido o agente absolvido no estrangeiro ou não ter aí cumprido a pena; e) não ter sido o agente perdoado no estrangeiro ou, por outro motivo, não estar extinta a punibilidade, segundo a lei mais favorável.

Nessa seara, embora cometidos no estrangeiro, pelo princípio da justiça penal universal, a legislação pátria somente poderá ser aplicada aos crimes que, por tratado ou convenção, o Brasil se obrigou a reprimir, como por exemplo, o tráfico ilícito de entorpecentes[32] e o de menores,[33] desde que preenchidas as condições legais exigidas.

Norteando a hipótese de crimes praticados por brasileiro, sob o fundamento de obediência à lei de seu país, o princípio da nacionalidade ou da personalidade prescreve que a lei penal deverá ser aplicada "a seus cidadãos onde quer que se encontrem" (JESUS, 2015, p. 107), desde que estejam presentes as condições gerais exigidas.

Pelo princípio da representação, "a lei penal de determinado país é também aplicável aos delitos cometidos em aeronaves e embarcações privadas, quando realizados no estrangeiro e aí não venham a ser julgados" (JESUS, 2015, p. 109), contexto em que se insere a previsão legal prevista na alínea "c" do inciso II do art. 7º do Código Penal.

---

32. Cf. Convenção de Viena, de 20 de dezembro de 1988.
33. Cf. Convenção da Cidade do México, em 18 de março de 1994.

Devendo preencher todas as condições gerais precedentemente analisadas, e necessitando ainda de condições específicas como requisição do Ministro da Justiça, que somente será devida quando o crime for cometido por estrangeiro contra brasileiro, e não por brasileiro contra estrangeiro, no exterior, e de não ter sido pedida ou ter sido negada a extradição, aplicar-se-á a lei brasileira também ao crime cometido por estrangeiro contra brasileiro fora do Brasil. Contempla aqui o princípio da proteção ou de defesa, que leva em conta o bem jurídico lesado pelo crime, independentemente do local de sua prática ou da nacionalidade do agente que o cometeu.

Até que tenhamos tratado ou convenção internacional firmado pelo Brasil estabelecendo regras novas, os princípios nessa seção analisados são plenamente aplicados ao crime de furto qualificado mediante fraude praticado por meio da internet.

3.4. DO CONCURSO DE PESSOAS

O concurso de pessoas pode ser definido como a cooperação desenvolvida por mais de uma pessoa para a prática de um ilícito penal. Significa na realidade a prática de um ilícito penal por duas ou mais pessoas.

Os crimes abordados no presente estudo, e em especial o furto mediante fraude, são crimes classificados como unissubjetivos, o que significa, conforme já observado anteriormente no texto, que podem ser praticados por um só agente, um só sujeito ativo, mas também podem ser praticados por uma pluralidade de agentes.

A respeito do tema, surgiram algumas teorias:

a) teoria unitária (ou monísta): prevê que ocorrendo pluralidade de agentes, com diversidade de condutas, mas provocando-se apenas um resultado, há somente um delito para todos;

b) teoria pluralista: determina que havendo pluralidade de agentes, com diversidade de condutas, ainda que se produzindo apenas um resultado, cada agente responde por um delito. Na realidade, para essa teoria, trata-se de vários delitos ligados por uma relação de causalidade;

c) teoria dualista: dispõe que, havendo pluralidade de agentes, com diversidade de condutas, causando um só resultado, devem-se separar os coautores que praticaram um delito, e os partícipes que cometeram outro.

O Direito Penal pátrio, no Código Penal nacional, adotou como regra a teoria unitária e, como exceção, apenas no caso do crime de aborto, a teoria pluralista.

Ainda, em se falando de Código Penal brasileiro, tal diploma legal equiparou co-autor ao partícipe, podendo o juiz aplicar pena igual a ambos. Coube a doutrina fazer tal distinção, por meio das seguintes teorias:

a) teoria formal: autor é quem realiza a figura típica e partícipe é aquele que comete ações fora do tipo penal, ficando praticamente impune, não fosse a regra de extensão que o torna responsável. Atualmente é a teoria mais adotada (partícipe seria o motorista de um veículo usado na fuga de um roubo, por exemplo);

b) teoria normativa: autor é quem realiza a figura típica, mas também quem tem controle da ação típica dos demais, dividindo-se entre autor executor, ator intelectual e autor mediato. Partícipe é aquele que contribui para o delito, sem realizar a figura típica, tampouco comandar a ação.

Com base em tais teorias, e com o direito positivo, deve considerar-se coautor aquele que pratica, de algum modo, a figura típica; ele realiza diretamente o verbo nuclear do tipo penal, enquanto ao partícipe fica reservada a posição de auxílio material ou suporte moral (incluindo o induzimento, instigação ou comando) para a concretização do crime; ele não realiza diretamente o verbo que descreve a conduta criminal, ele não ingressa no tipo penal.

O juiz pode aplicar pena igual ao coautor e ao partícipe, bem como pode aplicar pena menor ao partícipe, desde que seja recomendável. Para a punição do partícipe, deve o autor ter praticado um fato típico e antijurídico.

Sobre o tema, podem-se, sucintamente, analisar os dispositivos do Código Penal que tratam da questão, da seguinte forma:

— *punição na medida de sua participação*: o art. 29 traz tal previsão a fim de permitir a aplicação da pena, pelo juiz, de acordo com a reprovação social que cada um merece (encontra suporte inclusive na Constituição, no princípio da individualização da pena). Na prática tal dispositivo legal não tem sido utilizado, punindo-se de forma igual;

— *participação de menor importância*: o art. 29, § 1º – trata-se de uma causa de diminuição de pena, segundo Nucci (2003). O partícipe que colaborou minimamente com a conduta criminosa deve receber pena diminuída de um sexto a um terço, o que significa a possibilidade de romper o mínimo legal da pena em abstrato. Também é um artigo pouco utilizado, sob a alegação de que toda participação é importante para a configuração do crime.

— *cooperação dolosamente distinta (participação em delito menos grave):* trata-se de benefício criado ao acusado pelo art. 29, § 2º. O agente que desejava praticar um determinado delito, sem condição de prever a concretização de crime mais grave, não deve responder por este, não desejado, mas sim pelo que queria, sob pena de ocorrer responsabilidade objetiva, vedada em Direito Penal. O resultado mais grave não pode ser previsível. Do contrário, se ocorrer tal previsibilidade, a pena deve ser aumentada da metade. Também tem sido pouco utilizado.

— *incomunicabilidade de determinadas circunstâncias*: art. 30 do CPB determina que não se comunicam às circunstâncias de caráter pessoal, salvo quando elementares do crime. Essas circunstâncias devem ser consideradas individualmente, não se transmitindo aos coautores ou partícipes. Por circunstância de caráter pessoal, podemos dizer ser aquela situação ou particularidade que envolve o agente, sem constituir elemento inerente a sua pessoa;

— *casos de impunibilidade*: o art. 30 dispõe que o ajuste, a determinação, a instigação ou auxílio, salvo disposição em contrário, não são punidos se o delito não chega a ser tentado.

Com base no que foi disposto sobre o concurso de pessoas, percebe-se que tal fato é possível no caso de desvio de importâncias de contas bancárias em que haja uso da internet, quer na forma de coautoria, quer na forma de participação.

Quando o agente, intencionalmente, empresta a sua conta bancária para receber o dinheiro subtraído eletronicamente da vítima e posteriormente o saca e entrega ao *hacker*, concorreu para a prática do crime, devendo responder como coautor.

Cada vez mais se tem notado o desvio de dinheiro para o abastecimento de créditos em telefones celulares pré-pagos, bem como o pagamento de títulos de linha digitável.

Normalmente, trata-se de aparelhos celulares utilizados por organizações criminosas, em que seus integrantes fazem uso dos telefones para comunicação e instrumentos para a prática de outros delitos.

Dúvida poderá haver quanto à posição do beneficiário de tais operações. Estamos diante de uma situação em que o beneficiário não foi o autor da subtração. Em ambos os casos, as condutas podem eventualmente ser determinadas como participação no delito de furto mediante fraude, desde que haja prova do conhecimento da ilicitude da conduta precedente e que o agente queira auxiliá-la. Entretanto, caso fique determinado que o beneficiado, no caso, desconhecia a conduta ilícita do "autor principal", ele por nada poderá responder, por ausência de dolo ou culpa.

Vale observar, no entanto, que, se o beneficiário não tiver a intenção de participar da subtração do dinheiro, mas tão somente ceder sua conta bancária para receber o dinheiro ilícito, deverá, em tese, ser responsabilizado pelo crime de receptação, previsto no tipo penal objetivo do art. 180 do Código Penal brasileiro. Para tanto se faz necessário que tenha conhecimento da origem ilícita do dinheiro.

3.5. CRIME CONTRA O SISTEMA FINANCEIRO

Existem alguns julgados que têm tratado o Furto Mediante Fraude praticado por meio da internet, também como delito de violação de Sigilo Bancário:

> CRIMINAL – HC – FURTO QUALIFICADO – QUADRILHA – VIOLAÇÃO DE SIGILO BANCÁRIO – FRAUDES POR MEIO DA INTERNET – PROGRAMA TROJAN – OPERAÇÃO PÉGASUS – PRISÃO PREVENTIVA – POSSIBILIDADE CONCRETA DE REITERAÇÃO CRIMINOSA – NECESSIDADE DA CUSTÓDIA DEMONSTRADA – PRESENÇA DOS REQUISITOS AUTORIZADORES – ORDEM DENEGADA. Hipótese na qual o paciente foi denunciado pela suposta prática dos **crimes de furto qualificado, formação de quadrilha e violação de sigilo bancário**, pois seria um dos chefes de grupo hierarquicamente organizado com o fim de praticar fraudes por

meio da internet, concernentes na subtração de valores de contas bancárias, em detrimento de diversas vítimas e instituições financeiras, entre elas a Caixa Econômica Federal, a partir da utilização de programa de computador denominado TROJAN. Não há ilegalidade na decretação da custódia cautelar do paciente, tampouco no acórdão confirmatório da segregação, pois a fundamentação encontra amparo nos termos do art. 312 do Código de Processo Penal e na jurisprudência dominante. As peculiaridades concretas das práticas supostamente criminosas e o posto do acusado na quadrilha revelam que a sua liberdade poderia ensejar, facilmente, a reiteração da atividade delitiva, indicando a necessidade de manutenção da custódia cautelar. As eventuais fraudes podem ser perpetradas na privacidade da residência, do escritório ou, sem muita dificuldade, em qualquer lugar em que se possa ter acesso à rede mundial de computadores. A real possibilidade de reiteração criminosa, constatada pelas evidências concretas do caso em tela, é suficiente para fundamentar a segregação do paciente para garantia da ordem pública. Ordem denegada. (STJ, 5ª T., HC nº 53062/GO, Rel. Min. Gilson Dipp, j. em 20.4.2006, *DJU* de 15.5.2006)

CRIMINAL – HC – FURTO QUALIFICADO – ESTELIONATO – QUADRILHA – VIOLAÇÃO DE SIGILO BANCÁRIO – FRAUDES POR MEIO DA INTERNET, PRISÃO PREVENTIVA – POSSIBILIDADE CONCRETA DE REITERAÇÃO CRIMINOSA – NECESSIDADE DA CUSTÓDIA DEMONSTRADA – PRESENÇA DOS REQUISITOS AUTORIZADORES – ORDEM DENEGADA. I. Hipótese na qual o paciente foi denunciado pela suposta prática dos **crimes de furto qualificado, estelionato, formação de quadrilha e violação de sigilo bancário**, pois seria membro importante, com grande conhecimento em informática, de grupo hierarquicamente organizado com o fim de praticar fraudes por meio da internet, concernentes na subtração de valores de contas bancárias, em detrimento de diversas vítimas e instituições financeiras. II. Não há ilegalidade na decretação da custódia cautelar do paciente, tampouco no acórdão confirmatório da segregação, pois a fundamentação encontra amparo nos termos do art. 312 do Código de Processo Penal e na jurisprudência dominante. III. As peculiaridades concretas das práticas supostamente criminosas e o posto do acusado na quadrilha revelam que a sua liberdade poderia ensejar, facilmente, a reiteração da atividade delitiva, indicando a necessidade de manutenção da custódia cautelar. IV. As eventuais fraudes podem ser perpetradas na privacidade da residência, do escritório ou, sem muita dificuldade, em qualquer lugar em que se possa ter acesso à rede mundial de computadores. V. A real possibilidade de reiteração criminosa, constatada pelas evidências concretas do caso em tela, é suficiente para fundamentar a segregação do paciente para garantia da ordem pública. VI. Ordem denegada. (STJ. 5ª T., HC nº 54544/SC, Rel. Min. Gilson Dipp, j. em 12.6.2006, *DJU* de 1º.8.2006)

Prevê o art. 10 da Lei Complementar nº 105/2001, relacionada à Lei Federal nº 7.492/2006, que trata dos delitos contra o Sistema Financeiro Nacional: *a quebra de sigilo, fora das hipóteses autorizadas nesta Lei Complementar, constitui crime e sujeita os responsáveis à pena de reclusão de 1 (um) a 4 (quatro) anos e multa, aplicando-se, no que couber, o Código Penal, sem prejuízo de outras sanções cabíveis*. Analisando esse dispositivo legal, percebe-se que ele não se refere a qualquer qualidade especial do sujeito ativo do delito, porém, liga-se à citada Lei nº 7.492/2006, que, por sua vez, envolve pessoas que de alguma forma tenham acesso legal a dados bancários, portanto, conforme observou Luiz Regis Prado (2011, p. 350), ao analisar citado artigo:

> Sujeito ativo é aquele que, em razão do seu ofício, viola sigilo de operação ou serviço prestado por instituição financeira de que tenha conhecimento. Ou seja, aquele que tem acesso às informações sigilosas sobre operações ou serviço prestado pela instituição financeira é quem poderá praticar o crime em análise (delito especial próprio).

Como se percebe, não se pode incluir o delito de quebra de sigilo, nos casos de Furto Mediante Fraude por meio da internet, uma vez que, em sua quase totalidade, apresentam sujeitos ativos sem a citada qualidade especial, salvo se ocorrer participação de pessoas que tenham acesso a tais informações bancárias em razão do ofício.

Por fim, este delito do art. 10 tem como sujeito principal o Estado e, de forma secundária, eventuais correntistas que venham a ser prejudicados.

4
ALGUMAS QUESTÕES PROCESSUAIS PENAIS CONTROVERTIDAS[34]

No processo penal, a prova destina-se à formação da livre convicção do juiz acerca da existência ou não de um fato, suas circunstâncias, além da falsidade ou veracidade de uma afirmação, sobre os quais pesam incerteza, dúvida e que, por sua relevância, precisa ser cabalmente demonstrado perante o julgador para que a causa tenha o seu deslinde.

Salvo os fatos axiomáticos ou intuitivos,[35] os notórios,[36] as presunções legais[37] e os fatos inúteis,[38] todos os restantes devem ser provados por

---

34. Os itens 4.1 a 4.3 foram objetos de discussão em Furlaneto Neto (2003).
35. Aqueles que são evidentes, como, por exemplo, os casos em que as lesões externas forem de tal monta que tornam evidente a morte da vítima, sendo dispensado o exame de corpo de delito interno.
36. Aqueles cujo conhecimento faz parte da cultura de uma sociedade. Desnecessária a prova de que o fogo queima e que a água molha.
37. Decorrentes da própria lei, podendo ser absolutas (*jure et de jure*) e que, portanto, não admitem prova em contrário, como, por exemplo, a nacionalidade do filho de brasileiros, nascido no Brasil, ou relativas (*juris tantum*), em que se admite prova em contrário, como a presunção de paternidade na hipótese do filho nascido na constância de um casamento.
38. Fatos que não influenciam na solução da causa.

quem tem interesse em alegar (ônus da prova), inclusive o fato admitido ou aceito.[39] Deve a prova ser admissível pela lei e costumes judiciários, ser pertinente ou fundada em relação ao processo, visar a esclarecer uma questão controvertida e ser possível a sua realização.

Por vigorar no processo penal o princípio da verdade real, "prevalece, via de regra, no processo penal, a liberdade dos meios probatórios, desde que não violem o ordenamento jurídico" (BONFIM, 2015, p. 109). Ocorre que esse princípio da liberdade probatória não é absoluto, sofrendo restrições em algumas hipóteses legais, em que somente se admite a prova mediante certas formalidades, como, por exemplo, no estado de pessoa (casamento, morte, parentesco) em que a prova somente pode ser feita com a respectiva certidão.

Em relação à verdade real, Lima (2016, p. 108) destaca que:

> No âmbito processual penal, hodiernamente, admite-se que é impossível que se atinja uma verdade absoluta. A prova produzida em juízo, por mais robusta e contundente que seja, é incapaz de dar ao magistrado um juízo de certeza absoluta. O que vai haver é uma aproximação, maior ou menor, da certeza dos fatos. Há de se buscar, por conseguinte, a maior exatidão possível na reconstituição do fato controverso, mas jamais com a pretensão de que se possa atingir uma verdade real, mas sim uma aproximação da realidade, que tenda a refletir ao máximo a verdade. Enfim, a verdade absoluta, coincidente com os fatos ocorridos, é um ideal, porém inatingível. Por esse motivo, tem prevalecido na doutrina mais moderna que o princípio que vigora no processo penal não é o da verdade material ou real, mas sim o da busca da verdade. Esse princípio também é conhecido como princípio da livre investigação da prova no interior do pedido e princípio da imparcialidade do juiz na direção e apreciação da prova, bem como de princípio da investigação, princípio inquisitivo ou princípio da investigação judicial da prova. Seu fundamento legal consta do art. 156 do Código de Processo Penal. Por força dele, admite-se que o magistrado produza provas de ofício, porém apenas na fase processual, devendo sua atuação ser sempre complementar, subsidiária. Na fase preliminar de investigações, não é dado ao magistrado produzir provas de ofício, sob pena de evidente violação ao princípio do devido processo legal e à garantia da imparcialidade do magistrado.

---

39. Também chamado fato incontroverso, pois foi admitido pela parte.

Acerca do tema, Dinamarco (1987, p. 449) ensina que:
a verdade e a certeza são dois conceitos absolutos, e, por isto, jamais se tem a segurança de atingir a primeira e jamais se consegue a segunda, em qualquer processo (a segurança jurídica, como resultado do processo, não se confunde com a suposta certeza, ou segurança, com base na qual o juiz proferiria os seus julgamentos). O máximo que se pode obter é um grau muito elevado de probabilidade, seja quanto ao conteúdo das normas, seja quanto aos fatos, seja quanto à subsunção desses nas categorias adequadas.

Assim, de forma não taxativa e com valor relativo, o Código de Processo Penal admitiu como meio de prova a produção de perícia, o interrogatório do acusado, a confissão, perguntas formuladas ao ofendido, oitiva de testemunhas, reconhecimento de pessoas ou coisas, acareações, a prova documental, bem como os indícios, prevendo como acautelatória a medida de busca e apreensão de coisas ou pessoas.

Vale ressaltar que para o Direito somente são documentos aqueles que interessam para a prova de um fato ou ato juridicamente relevante, de forma que todos os meios de provas devem ser registrados em um suporte (disquete, CD, fita magnética, papel etc.), arquivados em um procedimento administrativo (*v.g.*, o inquérito policial) para que, por meio desse processo, possam ser recuperados pelo membro do Ministério Público, titular da ação penal pública, ou o querelante, na ação penal privada, de forma que gere novo conhecimento e tomada de decisão.

Várias questões jurídicas surgem quando o assunto é a prova do crime praticado por meio da informática, contexto em que se insere o crime de furto mediante fraude via internet, e antes de abordarmos questões pertinentes à sua investigação propriamente dita, necessário se torna interpelarmos outros pontos relevantes, tais como tempo do crime, lugar do crime, eficácia da lei penal no espaço, natureza jurídica do provedor de acesso à internet e sigilo de cadastro de seus clientes.

4.1. A COMPETÊNCIA EM FACE DOS CRIMES PLURILOCAIS

A doutrina definiu crimes plurilocais como sendo aqueles em que a ação ou a omissão se deu em um determinado local e o resultado em outro, mas dentro do território nacional (NUCCI, 2015a).

Em face das peculiaridades do suporte, é justamente dentro do conceito de crimes plurilocais que se insere a maior gama dos crimes praticados por meio da internet, mormente o furto mediante fraude.

Para ilustramos o debate, imaginem a situação em que, após ter feito emprego de um *keylog* e subtrair dados da vítima, o agente conecta-se a um provedor banda larga de Foz do Iguaçu/PR, acessa o banco eletrônico de uma instituição financeira particular de Marília/SP, onde fornece o número da conta-corrente e a senha do cliente, e efetua a transferência de um numerário razoável da conta bancária até a conta de um terceiro, situada em uma agência de Balneário Camburiú/SC.

A vítima somente percebe a subtração no dia seguinte, quando o agente já providenciou o saque do numerário respectivo da conta-corrente do terceiro, para onde o valor foi transferido de forma fraudulenta.

Verifica-se neste exemplo que o *iter criminis* se iniciou em Foz do Iguaçu/PR, passou por Marília/SP e se consumou em Balneário Camburiú/SC. Assim, como devemos delimitar a competência no caso em tela?

Levando em consideração a regra geral de competência em razão do foro, prevista no art. 70 do CPP, o juízo da Comarca de Marília/SP é que deve conhecer e julgar o processo.

Como vimos, o furto é um crime material cuja consumação se verifica com a produção do resultado naturalístico. Segundo Nucci (2015a, p. 224), "tal regra somente tem pertinência aos crimes materiais, isto é, aqueles que possuem resultado naturalístico e pode haver clara dissociação entre ação ou omissão e resultado". Portanto, fica afastada essa regra nos casos de crimes formais ou de mera conduta, cuja consumação se dá com a ação de omissão.

A questão não é pacífica na doutrina, tanto assim que Inellas defende a tese de que os crimes praticados por meio da internet são crimes formais. Para o autor, tais delitos se consumam no "local onde foi realizada a ação" (INELLAS, 2009, p. 89).

Data maxima venia, ousamos discordar de seu posicionamento. É verdade que a grande rede mundial de computadores trouxe a necessidade de algumas reflexões nos campos do Direito Penal e do Direito Processual Penal, porém, por si só não teve o condão de modificar alguns institutos jurídicos.

Nesse contexto, como já abordamos ao apresentarmos a classificação dos crimes informáticos, há crimes já tipificados pela legislação e que não sofreram nenhuma alteração com o surgimento da internet, apenas tivemos a modificação de seu *modus operandi*.

É verdade que algumas condutas precisam ser reexaminadas, tais como, a título de exemplo, o furto de tempo,[40] cuja ação, no entendimento de Inellas (2009), se amolda por equiparação ao furto de energia elétrica, bem como o dano perpetrado pela disseminação de vírus, porém, assim como o tipo penal do homicídio não precisou ser modificado com o surgimento da arma de fogo, não se faz necessária a alteração de inúmeros crimes já tipificados pelo CP e leis extravagantes com fundamento no surgimento da internet.

Também entendemos não assistir razão ao posicionamento de Vianna (2000, *apud* INELLAS, 2009), para quem compete à Justiça Federal conhecer e processar todo e qualquer crime perpetrado por meio da internet. Neste aspecto, concordamos com Inellas, pois a CF delimita a competência da Justiça Federal às hipóteses previstas em seu art. 109, de maneira que, se a infração penal não for perpetrada em detrimento de bens, serviços ou interesse da União ou de suas entidades autárquicas ou empresas públicas, a competência passa a ser da Justiça Estadual.

Em face da dupla subjetividade passiva do crime de furto mediante fraude praticado por meio da internet, se o dinheiro subtraído estivesse depositado em uma agência da Caixa Econômica Federal, por se tratar de uma empresa pública, a competência para conhecer e julgar o crime seria da Justiça Federal, consoante entendimento do STJ, senão vejamos:

CONFLITO NEGATIVO DE COMPETÊNCIA – PENAL E PROCESSO PENAL – FRAUDE ELETRÔNICA NA INTERNET – TRANSFERÊNCIA DE NUMERÁRIO DE CONTA DA CAIXA ECONÔMICA FEDERAL – FURTO MEDIANTE FRAUDE QUE NÃO SE CONFUNDE COM ESTELIONATO – CONSUMAÇÃO – SUBTRAÇÃO DO BEM – APLICAÇÃO DO ART. 70 DO CPP – COMPETÊNCIA DA JUSTIÇA FEDERAL PARANAENSE – 1. O

---

40. Inellas (2009) trata como furto de tempo o prejuízo experimentado pelos usuários da rede quando recebem *spams*, ou seja, mensagens indesejadas de natureza comercial, as quais lotam a caixa de mensagens e demandam perda de tempo, além de custos com energia elétrica e pulsos telefônicos, mormente em caso de conexão discada.

furto mediante fraude não se confunde com o estelionato. A distinção se faz primordialmente com a análise do elemento comum da fraude que, no furto, é utilizada pelo agente com o fim de burlar a vigilância da vítima que, desatenta, tem seu bem subtraído, sem que se aperceba; no estelionato, a fraude é usada como meio de obter o consentimento da vítima que, iludida, entrega voluntariamente o bem ao agente. 2. Hipótese em que o agente se valeu de fraude eletrônica para a retirada de mais de dois mil e quinhentos reais de conta bancária, por meio da "inter*net banking*" da Caixa Econômica Federal, o que ocorreu, por certo, sem qualquer tipo de consentimento da vítima ou do banco. A fraude, de fato, foi usada para burlar o sistema de proteção e de vigilância do banco sobre os valores mantidos sob sua guarda. Configuração do crime de furto qualificado por fraude, e não estelionato. 3. O dinheiro, bem de expressão máxima da ideia de valor econômico, hodiernamente, como se sabe, circula em boa parte do chamado "mundo virtual" da informática. Esses valores recebidos e transferidos por meio da manipulação de dados digitais não são tangíveis, mas nem por isso deixaram de ser dinheiro. O bem, ainda que de forma virtual, circula como qualquer outra coisa, com valor econômico evidente. De fato, a informação digital e o bem material correspondente estão intrínseca e inseparavelmente ligados, se confundem. Esses registros contidos em banco de dados não possuem existência autônoma, desvinculada do bem que representam, por isso são passíveis de movimentação, com a troca de titularidade. Assim, em consonância com a melhor doutrina, é possível o crime de furto por meio do sistema informático. 4. A consumação do crime de furto ocorre no momento em que o bem é subtraído da vítima, saindo de sua esfera de disponibilidade. No caso em apreço, o desapossamento que gerou o prejuízo, embora tenha se efetivado em sistema digital de dados, ocorreu em conta-corrente da agência de Campo Mourão/PR, que se localiza na cidade de mesmo nome. Aplicação do art. 70 do Código de Processo Penal. 5. Conflito conhecido para declarar competente o juízo federal de Campo Mourão – SJ/PR. (STJ, CC n° 200601661530 (67343), GO, 3ª S., Relatora Min. Laurita Vaz, *DJU* de 11.12.2007, p. 170.)

Assim, no caso do furto mediante fraude exemplificado no início deste tópico, por se tratar de instituição financeira particular, a competência seria da Justiça Comum de Marília/SP, local onde se situa a agência bancária.

Nesse sentido, julgado do TRF da 4ª Região, consoante segue:

PROCESSO PENAL – COMPETÊNCIA – TRANSFERÊNCIA FRAUDULENTA PRATICADA PELA INTERNET – SUBTRAÇÃO

DE VALORES DEPOSITADOS EM BANCO – FURTO MEDIANTE FRAUDE – COMPETÊNCIA – LOCAL DA SUBTRAÇÃO – 1. Em que pese a existência de recentes julgados desta corte entendendo tratar-se de estelionato (com a divergência deste relator) firmou-se a jurisprudência do Superior Tribunal de Justiça no sentido de que a hipótese de subtração, por meio eletrônico, de valores depositados em instituição bancária configura o crime de furto mediante fraude. 2. Modificada a orientação da 4ª Seção para, com base nos precedentes citados, declarar competente a subseção judiciária onde está situada a agência que mantém a conta-corrente da qual os valores foram subtraídos. (TRF, 4ª R., SER 2007.71.00.000608-6, 8ª T., Rel. Des. Fed. Luiz Fernando Wowk Penteado, *DJe* de 21.11.2007.)

Importa salientar que as demais regras de competência previstas no CPP devem ser aplicadas à criminalidade informática. Esse, também, é o entendimento de Castro (2003), para quem inicialmente se deve verificar se a Justiça brasileira é a competente para julgar o crime informático. Posteriormente, de acordo com Lopes Junior (2016), deve-se levar em conta o critério da matéria a ser julgada, para fins de estabelecer se a competência é da Justiça Especial (Justiça Militar – federal ou estadual – ou Justiça Eleitoral) ou da Justiça Comum (federal ou estadual). Após obter-se tal definição, analisar-se-á a competência em razão da prerrogativa de função (*ratione personae*), em razão da matéria (*ratione materiae*) e em razão do lugar da infração (*ratione loci*), critérios que levarão a estabelecer qual o juízo brasileiro que deverá conhecer e julgar a causa.

4.2. NATUREZA JURÍDICA DO PROVEDOR DE ACESSO À INTERNET

Se por um lado o provedor significa aquele que alimenta a rede com informações, por outro viabiliza a conexão de alguém à rede. Existe, portanto, o provedor de informações e o provedor de acesso, cujas atividades podem ser ou não remuneradas.

Tanto no Brasil como no mundo, os provedores são intermediadores que oferecem o acesso à internet por meio de linha telefônica ou outro meio adequado para a comunicação entre duas pessoas, tais como ondas de rádio ou *cable*. Utilizando uma figura de linguagem, o provedor seria apenas uma chave que destranca a porta da rede mundial, que por sua vez libera um espaço virtual.

Assim, os provedores não realizam o transporte de sinais de telecomunicações, mas tão somente utilizam o sistema de transporte de sinais já existente. Ao estabelecer a conexão do usuário com a internet, seja via Embratel ou qualquer outro meio disponível, os provedores de acesso utilizam-se da rede pública de telecomunicações unicamente para permitir a conexão do usuário com a rede mundial por meio da linha telefônica ou por outro meio adequado.

Em outras palavras, seguindo o entendimento de Lima Júnior (2012), primeiramente temos a ação do usuário enviando dados ao seu provedor mediante um serviço de informações, explorado pela União. Posteriormente temos armazenamento, apresentação, movimentação ou recuperação desses dados pelo provedor de acesso, executando uma atividade meramente privada. Por derradeiro, temos a relação deste provedor de acesso com outros provedores por meio de um serviço de telecomunicações que lhe dá suporte e com o qual não se confunde.

Neste contexto, a atividade dos provedores de acesso à internet é considerada como serviço de valor adicionado, e não como serviço de telecomunicações.

Serviço de valor adicionado é aquela atividade que acrescenta a um serviço de telecomunicações que lhe dá suporte, e com o qual não se confunde, novas utilidades relacionadas ao acesso, armazenamento, apresentação, movimentação ou recuperação de informações.

Pela interpretação dos arts. 60 e 61 da Lei nº 9.472, de 16 de julho de 1997, publicada no *Diário Oficial da União* de 17 de julho de 1997, o serviço de valor adicionado não constitui serviço de telecomunicações, razão pela qual, no entendimento de Lima Júnior (2012), o provedor se classifica como pessoa jurídica de direito privado, com os direitos e deveres inerentes a essa condição.

O tema abordado nesta seção é de importância ímpar para fundamentar o assunto a ser tratado na próxima seção, onde discutir-se-á a questão do sigilo dos dados cadastrais de clientes do provedor de acesso à internet, por possuir relevância na investigação do crime praticado por meio da informática e, no caso, para o delito de furto mediante fraude.

4.3. DO SIGILO DOS DADOS CADASTRAIS DE CLIENTES DO PROVEDOR DE ACESSO À INTERNET

Superada a caracterização da materialidade do crime de furto mediante fraude praticado por meio da rede mundial, a importância da análise dos dados cadastrais de clientes do provedor de acesso à internet se deve pelo fato de ser imprescindível para o esclarecimento da autoria do delito, pois somente o provedor poderá informar, na data e horário preciso, os dados do usuário cujo equipamento foi utilizado para a perpetração da conduta ilícita.

Como vimos na seção anterior, a Lei nº 9.472/1997, que dispõe sobre a organização dos serviços de telecomunicações, faz a distinção legal entre serviço de valor adicionado e serviço de telecomunicações.

Assim, serviço de telecomunicações é a transmissão, emissão ou recepção, por fios, radioeletricidade, meio óptico ou qualquer outro processo eletromagnético, de símbolos, caracteres, sinais, escritos, imagens, sons ou informações de qualquer natureza, enquanto serviço de valor adicionado é aquela atividade que acrescenta a um serviço de telecomunicações que lhe dá suporte, e com o qual não se confunde, novas utilidades relacionadas ao acesso, armazenamento, apresentação, movimentação ou recuperação de informações.

No entendimento de Lima Júnior (2012), por se tratar o provedor de acesso à internet – pessoa jurídica de direito privado, com os deveres inerentes a essa condição – de um serviço de valor adicionado, os dados cadastrais de seus clientes não são protegidos pelo sigilo constitucional previsto no inciso XII do art. 5º da CF, por se referir, esse artigo, à comunicação de dados feita por meio de serviço de telecomunicações.

Segue o autor justificando sua posição no sentido de que, mesmo sendo criados por meio de um serviço de telecomunicações, os dados constantes dos cadastros de clientes dos provedores de acesso não representam a interceptação de fluxo de comunicações em sistemas de informática previstas na Lei nº 9.296, de 24 de julho de 1996, editada para regulamentar o inciso XII do art. 5º da Constituição Federal.

Entendimento idêntico é esposado por Lyra (2005), para quem os cadastros de clientes dos provedores de acesso não estão encobertos pelo manto do sigilo, por serem acervo de serviços de valor adicionado, e não serviços de telecomunicações.

Analisando a questão controvertida da tributação do provedor de acesso à internet, Corrêa (2010, p. 77) conclui que;

> o simples fato de o provedor não exercer serviço de telecomunicação não implica na hipótese de não incidência do ICMS. Pelo fato de o serviço efetivamente prestado ter natureza de valor adicionado, ampliando e desenvolvendo relações que envolvam a comunicação, de acordo com a Lei Complementar nº 87/1996, incidiria sim, sobre seus serviços, o ICMS.

A questão ganha maior controvérsia quando se passa a analisar a redação do inciso XII do art. 5º da CF.[41]

Isso porque o sigilo absoluto foi imposto como regra, sendo exceção a sua quebra, que somente poderá ser autorizada nos casos expressamente previstos na Lei nº 9.296, de 24 de julho de 1996.

Imediatamente é levantada a seguinte hipótese: o sigilo relativo a que o legislador impôs ao utilizar a expressão "salvo, no último caso", aposta na parte final do inciso ora comentado, quer se referir apenas ao sigilo telefônico ou se estende também ao sigilo de correspondência e de dados?

A incorreta grafia utilizada pelo legislador fez surgir quatro correntes: os que defendem que somente pode ser quebrado o sigilo de comunicações telefônicas, com observância restrita dos critérios legais; aqueles que entendem haver dois grupos, o da correspondência, cujo sigilo é absoluto, e o das comunicações telegráficas, de dados e comunicações telefônicas, em que o sigilo seria relativo; e a corrente em que o entendimento prevalecente é o de que o sigilo absoluto abrangeria o grupo das comunicações telegráficas e correspondência, havendo sigilo relativo quanto ao grupo das comunicações telefônicas e de dados; e, os que defendem que nenhum direito ou garantia fundamental da pessoa

---

41. "**Art. 5º.** Todos são iguais perante a lei, sem distinção de qualquer natureza, garantindo-se aos brasileiros e aos estrangeiros residentes no País a inviolabilidade do direito à vida, à liberdade, à igualdade, à segurança e à propriedade, nos termos seguintes: [...] XII – é inviolável o sigilo de correspondência e das comunicações telegráficas, de dados e das comunicações telefônicas, salvo, no último caso, por ordem judicial, nas hipóteses e na forma que a lei estabelecer para fins de investigação criminal ou instrução processual penal; [...]."

humana é absoluto, de maneira que, com observância do princípio da proporcionalidade, é possível a busca de uma interpretação harmônica da Constituição Federal, a fim de desvendar, de acordo com o caso concreto, qual garantia fundamental deve prevalecer em detrimento de outra em rota de embrincamento, sem que, jamais, a de maior valor tenha o condão de excluir a de menor valor. Hodiernamente, a última corrente tem prevalecido nos tribunais superiores

Pela relevância e implicações diretas no procedimento investigatório dos crimes praticados por meio da informática, passaremos a discorrer sobre os fundamentos jurídicos de todas as correntes, porém, antes de entrarmos nessa seara, necessário se torna definir o termo "dados" utilizado pelo legislador.

A esse respeito, denominando "dados pessoais", Tucci (2011, p. 432) entende se tratar de informações particulares e íntimas do indivíduo, impublicizáveis, podendo ser quaisquer dados, inclusive os informáticos, enquanto para Cretela Júnior (1988, p. 269), eles se referem a informações sobre as pessoas.

Fazendo considerações sobre a privacidade no comércio eletrônico, Kaku (2000, p. 89-90) entende ser ponto capital a inviolabilidade do sigilo de dados para o comércio eletrônico. Sob forma abrangente, define dado como sendo tudo o que trafega na internet, não importando que seja "uma simples pesquisa ou o cadastro que se aceita fazer através da rede". Considera, inclusive, "imagens que possam ser armazenadas sob qualquer meio ou forma". Conclui afirmando que "dado é uma informação armazenada, não importando por quanto tempo e que diz respeito aos atos e fatos nossos do dia a dia".

Abordando aspectos constitucionais da lei que regulamentou o processo de escuta telefônica e os fluxos de comunicações estabelecidos em sistemas de informática e telemática, Hoeschl (2000, p. 105-106) discorda dos autores por entender que o dispositivo constitucional trata de formas de comunicações, quer sejam por telefone, carta, telegráfica, quer transmissão de dados, elevando essa última a meio de comunicação.

O autor sustenta seu entendimento ao resgatar definições esculpidas no Decreto nº 97.057, de 10 de novembro de 1988, em que os serviços de telecomunicações são classificados quanto à forma em telegrafia, telefonia, televisão, **transmissão de dados**, teledifusão e outras formas.[42]

Aprofunda-se ainda mais ao estabelecer a diferença entre transmissão de dados e comunicação de dados, aquela constituída pelo envio, e esta, mais abrangente, por envolver, também, o recebimento, de forma que define todo o processo.

Culmina trazendo à colação a definição legal de dado, caracterizada pela "informação sistematizada, codificada eletronicamente, especialmente destinada a processamento por computador e demais máquinas de tratamento racional e automático da informação",[43] para concluir que a expressão "dados" contida no texto constitucional significa comunicação de dados, "forma de comunicação, paralela às demais ali apresentadas".

Nesse aspecto, o direito comparado apresenta uma grande contribuição para a questão, pois a Diretiva n° 46/1995 do Parlamento Europeu e do Conselho da União Europeia, norte para uma legislação assemelhada em todos os países-membros, disciplinou dados não como meio de comunicação, mas sim como dados pessoais. Assim, para a Diretiva, consideram-se dados pessoais toda informação sobre uma pessoa física identificada ou identificável; aborda o tratamento dos dados pessoais mediante qualquer processo que vise à guarda, registro, organização, conservação, elaboração ou modificação, extração, consulta, utilização, **comunicação por transmissão**, difusão ou qualquer outra forma que facilite o acesso a eles, cotejo ou interconexão, assim como bloqueio, supressão ou destruição de referidos dados.

Com base nessa Diretiva, a Espanha, um dos membros da Comunidade Europeia (CE), editou a Lei Orgânica n° 15, de 13 de dezembro de 1999, disciplinando a proteção de dados de caráter pessoal, tendo a doutrina, com base na análise legislativa, classificado os dados pessoais em

---

42. "**Art. 4°**. Os serviços de Telecomunicações, para os efeitos deste Regulamento Geral, dos Regulamentos Específicos e Normas Reguladoras Complementares, compreendendo a transmissão, emissão ou recepção de símbolos, caracteres, sinais, escritos, imagens, sons ou informações de qualquer natureza por fio, rádio, eletricidade, meios ópticos ou qualquer outro processo eletromagnético, classificam-se do seguinte modo: [...] I – quanto à forma de telecomunicação empregada: a) telegrafia; b) telefonia; c) televisão; d) transmissão de dados; e) teledifusão; f) outras formas; [...]."
43. Cf. art. 6°, item 23 do Decreto n° 97.057/1988.

públicos e privados. Os dados pessoais públicos são os conhecidos por um número indeterminado de pessoas, sem que o titular possa identificar a origem e forma de propagação, como, por exemplo, a lista de pessoas que pertençam a grupos profissionais contendo apenas dados de nome, título, profissão, atividade, grau de instrução, direção e indicação de que pertença ao grupo etc. Os privados, aqueles em que a pessoa se obriga em fornecê-los a terceiros em situação tratada e regulamentada por lei.

A respeito dos dados pessoais privados, a doutrina os subdividiu em íntimos e secretos. Consideram-se íntimos aqueles em que a pessoa pode proteger sua difusão frente a qualquer um, mas se obriga a revelá-los em cumprimento a suas obrigações cívicas, como, por exemplo, ao prestar informações tributárias ou em caso de insolvência econômica. Os dados pessoais secretos são subdivididos em sensíveis e sensibilíssimos. Os sensíveis são aqueles em que a pessoa não está obrigada a fornecê-los a ninguém, salvo em casos excepcionais tratados em lei, como, por exemplo, vida sexual e saúde, enquanto os dados pessoais secretos sensibilíssimos estariam sujeitos a uma tutela mais rígida, não havendo obrigação de sua revelação por nenhum motivo, salvo por disposição de seu titular, como, por exemplo, dados sobre ideologia, filiação sindical, religião ou crenças.

Em que pese a legislação espanhola prever um controle sobre todos os dados pessoais, tanto públicos como privados, não pretendeu obstaculizar o fluxo de informações, mas sim evitar danos a outros interesses legítimos, servindo como instrumento de regulamentação e racionalização de sua circulação, tanto assim que o direito à intimidade somente tutelou os dados privados, em especial os secretos.

O Conselho da União Europeia e o Parlamento Europeu ampliaram o alcance da Diretiva nº 46/1995, ao editar a Diretiva nº 58, de 12 de julho de 2002, que estabeleceu regras claras sobre o tratamento de dados pessoais e a proteção da intimidade no setor das comunicações eletrônicas.

No que se refere ao tratamento de dados pessoais, a nova Diretiva estabeleceu que os Estados membros garantirão, por legislação própria, a confidencialidade das comunicações e de dados de tráfego associada a elas, realizada mediante as redes públicas de comunicações e os serviços de comunicações eletrônicas disponíveis ao público, em cujo contexto se insere a internet, proibindo, em particular, a escuta, a gravação, o armazenamento e outros tipos de intervenção ou vigilâncias das comunicações ou dados de tráfego associados a elas por pessoas distintas das dos usuários interessados.

Ressalvou as hipóteses de limitações legais que poderão ser adotadas por lei pelos países-membros quando forem medidas necessariamente proporcionais e apropriadas, em uma sociedade democrática, para proteger a segurança nacional, a defesa, a segurança pública, a prevenção, a investigação, o desvendamento da autoria e a persecução de delitos, incluindo, nessas hipóteses, a possibilidade de armazenamento dos dados por prazo limitado para que os encarregados das investigações cumpram suas metas com o máximo de eficiência possível.

Disciplinando sobre os serviços da sociedade de informação, em cujo contexto se insere a internet e o comércio eletrônico, a Lei Orgânica espanhola nº 34, de 11 de julho de 2002, previu, por parte dos provedores de acesso a *Web*, a retenção de dados de conexão e tráfego gerados pela comunicação, pelo prazo máximo de 12 meses, visando a conservá-los como marco para uma investigação criminal, bem como para a salvaguarda da segurança pública ou da defesa nacional, obrigando ao fornecimento das informações mediante requisição judicial.

Como vimos, a legislação espanhola, seguindo diretrizes do Parlamento Europeu e do Conselho da União Europeia, tratou distintamente a questão dos dados pessoais e do seu tratamento, impondo como regra o sigilo para isso, mas estabelecendo mecanismos judiciais para a revelação nos casos em que legalmente o interesse público for preponderante.

No Brasil, a tutela de dados pessoais estava restrita a legislações esparsas, como, por exemplo, o previsto na Lei nº 6.538, de 22 de junho de 1978, que prevê no art. 41, inciso III, detenção de três meses a um ano, ou pagamento não excedente a cinquenta dias-multa, para quem violar segredo profissional, indispensável à manutenção do sigilo da correspondência mediante a revelação do nome de assinante de caixa postal ou o número desta, quando houver pedido em contrário do usuário.

A respeito do fornecimento de dados pessoais por parte dos provedores de conexão e de aplicações de internet, para fins de instruir investigação criminal ou instrução processual penal, a Lei nº 12.830/2013, no art. 2º, § 2º, permite ao Delegado de Polícia a requisição de perícia, informações, documentos e dados que interessem à apuração dos fatos.

Dentro desse contexto, a Lei nº 12.850/2013 (Lei do Crime Organizado), em seus arts. 15, 16 e 17, estipula que o Delegado de Polícia e o Ministério Público terão acesso, independentemente de autorização judicial, aos dados cadastrais do investigado que informem exclusivamente a qualificação pessoal, filiação e endereço mantidos pela Justiça Eleitoral, empresas telefônicas, instituições financeiras, provedores de internet e administradoras de cartões de crédito, assim aos bancos de dados de reservas e registros de viagens de empresas de transporte, além de números de identificação dos números de terminais de origem e destino das ligações telefônicas internacionais, interurbanas e locais de concessionárias de telefonia fixa ou móvel.

A Lei nº 12.965/2014 (Marco Civil da Internet – MCI) prevê, enquanto princípio para fins do uso da internet no Brasil, a proteção dos dados pessoais, na forma da lei. Enquanto direito e garantia do usuário da internet, contempla no art. 7º, VII, o não fornecimento a terceiros de seus dados pessoais, inclusive registros de conexão e acesso a aplicações de internet, salvo mediante consentimento livre, expresso e informado ou nas hipóteses previstas em lei, não revogando, portanto, os termos das Leis nº 12.830 e nº 12.850/2013.

O Decreto nº 8.771/2016, que regulamenta a Lei nº 12.965/2014, em seu art. 11, § 2º, conceitua dados cadastrais como aqueles que dizem respeito à filiação, endereço, qualificação pessoal, compreendendo nome, prenome, estado civil e profissão do usuário da internet.

Atualmente, encontra-se em trâmite na Câmara dos Deputados o Projeto de Lei nº 5.276/2016, que trata do tratamento de dados pessoais para a garantia do livre desenvolvimento da personalidade e da dignidade da pessoa natural. Se aprovado for, sem alteração ao texto originário, prevê, em seu art. 4º, III, que as disposições da lei não se aplicam ao tratamento de dados realizado para fins exclusivos de segurança pública, de defesa nacional, de segurança do Estado ou atividades de investigação e repressão de infrações penais.

Analisados alguns conceitos doutrinários sobre as definições da expressão "dados", empregada pela Constituição, comparando-se com o Direito alienígena, passaremos a analisar as correntes que abordam a questão da tutela absoluta ou relativa do sigilo das comunicações prevista no texto constitucional.

Após agrupar as garantias individuais em função de seu objeto, discorrendo sobre direito à segurança, Silva (1990, p. 377-8) deixa evidente ser apenas admissível a quebra do sigilo das comunicações telefônicas, conferindo um caráter de sigilo absoluto às demais hipóteses ao lecionar que, quando declara ser:

> [...] inviolável o sigilo de correspondência e das comunicações telegráficas, de dados e telefônicas, a Constituição está proibindo que se abram cartas e outras formas de correspondência escrita, e se interrompam o seu curso, se escutem e interceptem telefonemas. Abriu-se excepcional possibilidade de interceptar comunicações telefônicas, por ordem judicial, nas hipóteses e na forma que a lei estabelecer para fins de investigação criminal ou instrução processual.

O autor arremata seu pensamento ao aludir que a norma, de um lado, tutela a liberdade de manifestação e pensamento, e de outro, o segredo, como expressão do direito à intimidade.

Na mesma linha de raciocínio, Tucci (2011, p. 433) entende ser absoluta a vedação de quebra do sigilo de correspondência, das comunicações telegráficas e de dados pessoais, somente podendo ser admitida a quebra do sigilo de comunicações telefônicas, na forma da lei.

Esposando o mesmo entendimento, Hoeschl (2000, p. 107-8) acrescenta haver exceções à regra da tutela absoluta do sigilo de comunicações telegráficas, comunicações de dados e das correspondências, nas hipóteses de estados de sítio e de defesa, previstas nos arts. 136[44] e 139[45] da CF. Em sua opinião somente no estado de sítio é que será permitida interceptação

---

44. "**Art. 136.** O Presidente da República pode, ouvidos o Conselho da República e o Conselho de Defesa Nacional, decretar estado de defesa para preservar ou prontamente restabelecer, em locais restritos e determinados, a ordem pública ou a paz social ameaçadas por grave e iminente instabilidade institucional ou atingidas por calamidades de grandes proporções na natureza. § 1º. O decreto que instituir o estado de defesa determinará o tempo de sua duração, especificará as áreas a serem abrangidas e indicará, nos termos e limites da lei, as medidas coercitivas a vigorarem, dentre as seguintes: I – restrições aos direitos de: [...] b) sigilo de correspondência; c) sigilo de comunicação telegráfica e telefônica; [...]."

45. "**Art. 139.** Na vigência do estado de sítio decretado com fundamento no art. 137, I, só poderão ser tomadas contra as pessoas as seguintes medidas: [...] III – restrições relativas à inviolabilidade da correspondência, ao sigilo das comunicações, à prestação de informações e à liberdade de imprensa, radiodifusão e televisão, na forma da lei; [...]."

da comunicação de dados, possibilidade esta que não se admite no estado de defesa.

Conclui o autor ser inconstitucional o parágrafo único da Lei n° 9.296/1996[46] que expandiu a escuta telefônica, como meio de prova, para os fluxos de comunicações estabelecidos em sistemas de informática e telemática.

Igual entendimento, no que tange, inclusive, à inconstitucionalidade do parágrafo único da Lei n° 9.296/1996, defende Greco Filho (2015, p. 21-2), para quem o texto da CF admite duas interpretações possíveis: "a ressalva, considerando-se a expressão 'no último caso', aplica-se às comunicações telegráficas, de dados e às comunicações telefônicas, ou aplica-se somente às comunicações telefônicas".

Para o autor:

> [...] a primeira hipótese pressupõe o entendimento de que o texto constitucional prevê somente duas situações de sigilo: o da correspondência, de um lado, e os demais sistemas de comunicação (telegrafia, dados e telefonia), de outro. Assim, a possibilidade de quebra do sigilo referir-se-ia à segunda situação, de modo que "último caso" corresponderia aos três últimos instrumentos de transmissão de informações, [...]

enquanto a segunda hipótese

> [...] parte da ideia de que o sigilo abrange quatro situações: a correspondência, as comunicações telegráficas, as de dados e as telefônicas, e, assim, a expressão "último caso", admitiria a interceptação apenas para as comunicações telefônicas. [...]

Em seus argumentos, o autor aduz que:

> [...] se a Constituição quisesse dar a entender que as situações são apenas duas, e quisesse que a interceptação fosse possível nas comunicações telegráficas, de dados e das comunicações telefônicas, a ressalva estaria redigida não como "no último caso", mas como no 'segundo caso'. Ademais, segundo os dicionários, último caso significa derradeiro, o que encerra, e não, usualmente, o segundo.

---

46. "Art. 1°. A interceptação de comunicações telefônicas, de qualquer natureza, para prova em investigação criminal e em instrução processual penal, observará o disposto nesta Lei e dependerá de ordem do juiz competente da ação principal, sob segredo de justiça. Parágrafo único. O disposto nesta Lei aplica-se à interceptação do fluxo de comunicações em sistemas de informática e telemática."

Discorrendo sobre questões pertinentes à interceptação telefônica, Rangel (2000) defende posição diversa das até aqui apresentadas. Para o autor, "o dispositivo constitucional está dividido em dois grupos", o primeiro abrangendo o sigilo da correspondência e das comunicações telegráficas, e o segundo, o das comunicações telefônicas e de dados.

> Assim, a expressão "último caso açambarcaria dados e comunicações telefônicas, pois do contrário, o legislador deveria ter dito: sigilo das correspondências, das comunicações telegráficas, de dados e das comunicações telefônicas onde a expressão "último caso" teria como ponto de apoio somente a expressão isolada pela disjuntiva e.

Para justificar a sua tese de que o legislador constituinte quis e permitiu a quebra do sigilo de dados, sejam dados das comunicações telefônicas ou quaisquer outros dados de comunicação, Rangel (2000) foi enfático ao dizer que ao:

> defendermos tese diferente estaríamos imaginando que o Constituinte somente se preocupou com a comunicação via telefone deixando de fora a comunicação de dados sem o uso de telefone. Ou seja, o criminoso da era da informática, ou o criminoso via satélite, ou da fibra óptica, ou ainda o que utilizasse infravermelho estaria protegido diante da norma constitucional. Nada mais errado.

Em artigo em que tece comentários sobre a Comissão Parlamentar de Inquérito (CPI) e a quebra do sigilo telefônico, Gomes (2012) empresta os ensinamentos de Grinover (1990, p. 60) para conferir relatividade aos direitos fundamentais, assim se expressando:

> O ponto de partida para o verdadeiro entendimento do assunto reside em reconhecer a "relatividade" dos direitos fundamentais (muitos chamados de 'liberdades públicas no antigo direito francês). "É cediço", enfatiza Ada P. Grinover, "na doutrina constitucional moderna, que as liberdades públicas não podem ser entendidas em sentido absoluto, em face da natural restrição resultante do princípio da convivência das liberdades, pelo que não se permite que qualquer delas seja exercida de modo danoso à ordem pública e às liberdades alheias". Deve-se reconhecer, enfatizam alguns comentaristas da Constituição de 1988, que o princípio do sigilo absoluto, algumas vezes, não se coaduna com a realidade e a necessidade sociais. Os dados pessoais, em conclusão, seja no momento de uma comunicação (telefônica ou por outra forma), sejam os armazenados (estanques), não gozam de sigilo absoluto.

Admite o autor ser possível a quebra judicial de dados pretéritos e estanques, tais como data, hora e tempo de duração das ligações, bem como números dos telefones que foram utilizados para os diálogos, desde que para instruir investigação policial ou persecução judicial, justificando a limitação da tutela do sigilo "tanto pela prevalência em alguns casos concretos do interesse público quanto pela 'convivência' das liberdades entre os particulares".

Porém, salienta que

> [...] nenhum direito fundamental pode sofrer restrição sem a intervenção do legislador (isto é, sem a *interpositio legislatoris*). De qualquer modo, não são poucas as leis no Brasil que autorizam a ingerência nos dados alheios. Assim, Código Tributário Nacional, art. 198, Código de Processo Civil, art. 399,[47] Lei Federal nº 3.470/1958, art. 54, Lei Complementar nº 75/1993 (Lei Orgânica do Ministério Público da União), Lei nº 8.625/1993 (Lei Orgânica Nacional do Ministério Público) etc. Havendo requerimento do Ministério Público, por exemplo, por força das suas leis orgânicas, já está atendido o princípio da legalidade.

Em seu entendimento, deve ainda a autoridade judiciária analisar com imperatividade no momento da decisão, o princípio da proporcionalidade, pois "não é qualquer caso de investigação criminal ou instrução penal que justifica tal medida, tão invasora da intimidade alheia".

Conclui em seu artigo que a quebra do sigilo de dados telefônicos por parte da CPI não constitui excesso de poder. Salienta que "apenas alguns atos é que são da competência exclusiva do Poder Judiciário: escuta telefônica e decretação de prisão, por exemplo".

Em uma visão mais ampla, sob o ponto de vista da finalidade ética e social da garantia constitucional, Grinover (1990, p. 68) sustenta a inviolabilidade do sigilo de correspondência e das comunicações telegráficas e telefônicas, de maneira que "pode a lei (como o faz) abrir exceções ao princípio, sem que com isso se configure qualquer inconstitucionalidade".

Nesse sentido a autora arremata dizendo que "tal entendimento não pode significar a aniquilação do preceito constitucional, devendo a lei conter as exceções dentro de limites razoáveis, que não ponham por terra a garantia".

---

47. O Novo Código de Processo Civil, Lei nº 13.105/2015, reproduz a regra em seu art. 438.

Em análise à admissibilidade da prova ilícita por derivação[48] no processo penal, mormente nas hipóteses de interceptações telefônicas e escutas clandestinas, Capez (2015, p. 33-4) entende não se justificar a postura inflexível de se desprezar, sempre, tais provas, sob o argumento de que em caso de conflitos entre princípios fundamentais da Constituição, deve, prevalecer sempre o de maior valor, evitando-se, assim, um mal maior, citando como exemplos uma eventual condenação injusta ou a impunidade de perigosos marginais.

Justifica a sua tese sob o argumento de que:

> [...] o direito à liberdade (no caso da defesa) e o direito à segurança, à proteção à vida, do patrimônio etc. (no caso da acusação) muitas vezes não podem ser restringidos pela prevalência do direito à intimidade (no caso das interceptações telefônicas e das gravações clandestinas) e pelo princípio da proibição das demais provas ilícitas.

Segue seu raciocínio dizendo que "no caso de princípios constitucionais contrastantes, o sistema faz atuar um mecanismo de harmonização que submete o princípio de menor relevância ao de maior valor social", admitindo, assim, a aplicação do princípio da proporcionalidade, cuja origem se desenvolveu na Alemanha (*Verhaltnismassigkeitsprinzip*), no período pós-guerra.

A doutrina e a jurisprudência dominante são no sentido de que a prova favorável ao réu pode ser utilizada em seu favor, ainda que colhida com infringência a direitos fundamentais seus ou de terceiros (prova ilícita *pro reo*), porém, antes da entrada em vigor da Lei nº 9.296/1996, em análise com o contexto das demais provas obtidas por meio lícito, julgado da 6ª Turma do STJ, nos autos do HC nº 3.982/RJ, em 5.12.1995, publicado no *DJU* de 26.2.1996, p. 4084, o Relator Min. Adhemar Maciel, contrariando posição do STF, reconheceu-a como também admissível a favor da acusação (*pro societate*), cujo acórdão diz:

> CONSTITUCIONAL E PROCESSO PENAL – *HABEAS CORPUS* – ESCUTA TELEFÔNICA COM ORDEM JUDICIAL. Réu condenado por formação de quadrilha armada, que se acha cumprindo pena em penitenciária, não tem como invocar direitos fundamentais próprios do homem livre para trancar ação penal (corrupção ativa) ou destruir gravação feita pela polícia. O inciso LVI do art. 5º da Constituição, que fala que "são

---

48. Segundo Capez (1998, p. 31), as chamadas provas ilícitas por derivação "são aquelas em si mesmas lícitas, mas produzidas a partir de outra ilegalmente obtida".

inadmissíveis [...] as provas obtidas por meio ilícito", não tem conotação absoluta. Há sempre um substrato ético a orientar o exegeta na busca de valores maiores na construção da sociedade. A própria Constituição Federal Brasileira, que é dirigente e pragmática, oferece ao juiz, através da "atualização constitucional" (*Verfassungsaktualisierung*), base para o entendimento de que a cláusula constitucional invocada é relativa. A jurisprudência norte-americana, mencionada em precedente do Supremo Tribunal Federal, não é tranquila. Sempre é invocável o princípio da "Razoabilidade" (*Reasonableness*). O princípio da exclusão das provas ilicitamente obtidas (*Exclusionary Rule*) também lá pede temperamentos. Ordem denegada.[49]

Mais recentemente, sob a vigência da Lei nº 9.296/1996, julgado pioneiro do Tribunal Regional do Trabalho da 10ª Região, nos autos do processo nº 504/2002/RO, reconheceu a justa causa para a demissão de funcionário que fez uso indevido de e-mail da empresa, reconhecendo a aplicação do princípio da proporcionalidade, em que pese a proteção à individualidade, à liberdade ou à privacidade, ser essencial no respeito ao Estado de Direito, sob o argumento de que essa proteção não pode ser absoluta, de forma que resulte no desrespeito a outras garantias de igual relevância, sob pena de serem violados outros direitos, senão maiores, de igual importância, ou que, igualmente precisam ser preservados. A ementa do acórdão diz:

> JUSTA CAUSA – E-MAIL – PROVA PRODUZIDA POR MEIO ILÍCITO – NÃO OCORRÊNCIA. Quando o empregado comete um ato de improbidade ou mesmo um delito utilizando-se do e-mail da empresa, esta em regra, responde solidariamente pelo ato praticado por aquele. Sob este prisma, podemos então constatar o quão grave e delicada é esta questão, que demanda a apreciação jurídica dos profissionais do Direito. Enquadrando tal situação à Consolidação das Leis do Trabalho, verifica-se que tal conduta é absolutamente imprópria, podendo configurar justa causa para a rescisão contratual, dependendo do caso e da gravidade do ato praticado. Considerando que os equipamentos de informática são disponibilizados pelas empresas aos seus funcionários com a finalidade única de atender às suas atividades laborativas, o controle do e-mail apresenta-se como a forma mais eficaz, não somente de proteção ao sigilo profissional, como de evitar o mau uso do sistema internet que atenta contra a moral e os bons costumes, podendo causar à empresa prejuízos de larga monta.

---

49. Cf. CAPEZ, 2015, p. 35-6.

(RO n° 0504/2002, Relatora Juíza Márcia Mazoni Cúrcio Ribeiro, Revisor Juiz Douglas Alencar Rodrigues, Recorrente: HSBC Seguros Brasil S/A, Recorrente: Omitido, Recorrido: Os mesmos, Origem: 13ª Vara do Trabalho de Brasília/DF, Juiz José Leone Cordeiro Leite.)

O debate doutrinário a respeito da questão faz surgir um outro ponto crítico, pois, salvo na hipótese da corrente que admite a quebra do sigilo das comunicações de dados, ainda que pela adoção do princípio da proporcionalidade, qualquer outra interpretação doutrinária fará com que os crimes praticados por meio da informática dificilmente sejam investigados no Brasil, tornando o país um verdadeiro paraíso do crime informático, por não se admitir o rastreamento de e-mails ou a quebra do sigilo de comunicação de dados. Ademais, entendendo-se pela tutela absoluta de tais garantias, por se tratarem de *cláusula pétrea*, o ordenamento jurídico somente poderia ser modificado pela formação de um novo Estado, mediante a instalação de uma nova assembleia constituinte.

Importa dizer que a privacidade do usuário encontra-se regulamentada no inciso X do art. 5° da CF, ao prever serem "invioláveis a intimidade, a vida privada, a honra e a imagem das pessoas, assegurado o direito à indenização pelo dano material ou moral decorrente de sua violação", bem como na Lei n° 8.078/1990 – Código de Defesa do Consumidor, de maneira que o legislador pátrio tomou a cautela de responsabilizar o provedor e a autoridade requisitante quando houver divulgação indevida dos dados pessoais do usuário ou das comunicações de dados, haja vista a imposição de sigilo absoluto ao procedimento que decretar sua quebra.

Toda essa discussão foi necessária para distinguirmos, primeiramente, ser possível a quebra do sigilo da comunicações de dados, porém dados cadastrais do cliente do provedor estariam acobertados pelo sigilo? Entendemos que não.

No caso do furto mediante fraude, quando a instituição financeira, atendendo determinação judicial, fornece os *logs* de acesso utilizados pelo agente, a própria internet nos permite traçar a rota e identificar a qual provedor está alocado o IP atribuído ao dispositivo informático utilizado pelo investigado, sendo tal informação de domínio público, pois de acesso a qualquer pessoa.

Assim, com a informação do *log* de acesso, basta o provedor informar qual o cliente que fez uso do protocolo internet, naquele exato momento, sem a necessidade de autorização judicial, bastando requisição ministerial ou da própria autoridade policial. Situação análoga podemos verificar no que tange à obtenção dos dados cadastrais do titular de uma linha telefônica. Não se trata de interceptação da comunicação telefônica, em que, mediante ordem judicial, se gravam as conversas entre dois interlocutores, mas sim obtenção de dados pessoais, não amparados pelo sigilo das comunicações, incluindo comunicação de dados, em cujo contexto se insere a internet, previstos no inciso XII do art. 5º da CF.

Nesse sentido, em relato do Desembargador Érix Ferreira, o TJSP proferiu acórdão ao julgar o Recurso de Habeas Corpus nº 1236031/4:

> Prescinde-se da autorização judicial para a quebra do sigilo de uma telecomunicação – seja postal, telefônica ou de transmissão de mensagens ou dados – sempre quando, sendo evidente que, através dela, um crime foi ou está sendo cometido, a identificação de sua fonte e conteúdo for necessária à repressão desta infração penal – seja para a identificação e a localização do autor, seja para comprovar a materialidade do crime mediante competente exame de corpo de delito, ou ainda para impedir a impunidade ou consumação do delito – e isso porque, naquelas hipóteses, não se cogita a incidência, nem da garantia constitucional do inciso XII do art. 5º da Constituição Federal, nem da Lei nº 9.296, de 4.7.1996.

O entendimento do Desembargador Érix Ferreira vai além, no sentido de não precisar de autorização judicial para a quebra do sigilo de quaisquer espécies de comunicação, seja de dados, telefônica seja postal, quando houver evidência de que, por meio da comunicação suspeita, revelar-se-á um crime, de forma que o seu conteúdo seja necessário para a sua repressão.

Em voto proferido nos autos do Mandado de Segurança nº 1.0000.04.414635-5/000, em 1º.3.2005, *DOE* de 29.4.2005, em que foi relator, o Desembargador Paulo Cezar Dias, TJMG, 3ª Câmara Criminal, assim foi decidido:

> Assim, pode-se concluir que, o fornecimento de dados cadastrais em poder do provedor de acesso à internet, que permitam a identificação de prováveis autores de infrações penais, não fere o direito à privacidade e o sigilo das comunicações, uma vez que dizem respeito à qualificação de pessoas, e não ao teor da mensagem enviada. Em tais casos é possível que a autoridade policial determine diretamente ao provedor de acesso à internet o fornecimento de informações que permitam a identificação dos

emitentes, posto que inserida nas atribuições do Delegado de Polícia, por força do art. 6º do CPP.

O entendimento do Ministro Paulo Cezar Dias vai ao encontro do posicionamento de Lima Júnior (2012), no sentido de que dados cadastrais dos clientes dos provedores de internet não estão acobertados pelo sigilo das comunicações.

Aliás, a própria Lei nº 12.850/2013 corrobora tal assertiva ao possibilitar que o Delegado de Polícia e o Ministério Público possam ter acesso, independentemente de autorização judicial, dos dados cadastrais do investigado que informem exclusivamente a qualificação pessoal, a filiação e o endereço mantidos pela Justiça Eleitoral, empresas telefônicas, instituições financeiras, provedores de internet e administradoras de cartão de crédito.

5
ALTERNATIVAS E SOLUÇÕES

Os órgãos encarregados da persecução criminal dos crimes informáticos enfrentam grandes entraves na execução de seu mister. O primeiro deles está relacionado com a ausência de uma metodologia de investigação, mormente no que tange à materialização da prova.

Outra questão que merece discussão é a adoção do inquérito policial eletrônico. A informatização de toda a investigação teria o condão de potencializar a investigação dos crimes informáticos? Como se deve portar o policial civil para não prejudicar a colheita da prova eletrônica? O computador deve ser desligado normalmente por meio dos comandos do sistema operacional que utiliza ou deve ser desligado na tomada? O policial deve vasculhar o computador do indigitado à procura de provas antes de apreendê-lo formalmente ou antes de enviar o equipamento à perícia?

5.1. O INQUÉRITO POLICIAL ELETRÔNICO[50]

A entrada em vigor da Lei n° 11.419/2006 (BRASIL, 2006b), que institui a informatização do processo judicial, trouxe novas reflexões a permear o processo penal.

---

50. Extraído e adaptado da monografia apresentada por Furlaneto Neto como requisito parcial para ingresso ao cargo de Professor Temporário da Academia de Polícia "Dr. Coriolano Nogueira Cobra", referente à disciplina Inquérito Policial Eletrônico. Atualmente, o Departamento de Inteligência da Polícia Civil do Estado de São Paulo

Ao prescrever que "[...] o uso de meio eletrônico na tramitação de processos judiciais, comunicação de atos e transmissão de peças processuais será admitido nos termos desta lei" (BRASIL, 2006b), o art. 1º da legislação em comento pode levar a entender, em um primeiro momento, que a informatização fica restrita apenas ao processo, excluindo-se a fase pré-processual, em cujo contexto se insere o inquérito policial.

Essa não dever ser a melhor exegese, pois o § 1º do mencionado diploma legal se encarrega de estabelecer a aplicabilidade dos novos dispositivos legais aos processos civil, penal e trabalhista, bem como aos juizados especiais criminais, em qualquer grau de jurisdição.

Estariam excluídos o processo eleitoral e o militar? Lógico que não. O texto legal trouxe apenas um rol exemplificativo, não importando a especialização da justiça. Segundo Calmon (2008), o processo é dividido em cível e penal, tanto assim que a justiça eleitoral trata de questões criminais e cíveis.

Vale lembrar, outrossim, que o processo penal guarda uma diferença marcante com os processos civil e trabalhista, pontuada pela persecução criminal em duas fases: a pré-processual e a processual – sistema processual misto;[51] uma fase inquisitiva garantista e outra marcada pelo contraditório e ampla defesa (NUCCI, 2015b). Inegável, ainda, que o juízo criminal também atue na fase de investigação criminal, na medida em que avalia a legalidade de uma prisão em flagrante, na decretação de uma prisão temporária ou preventiva, na concessão de um mandado de busca e apreensão domiciliar, enfim, em várias medidas cautelares que dependem de autorização judicial para a sua decretação.

Ademais, na decisão de receber ou não a peça acusatória, bem como no ato de concordar ou não com a proposta de arquivamento de inquérito

---

(DIPOL) está desenvolvendo o sistema de inquérito policial eletrônico (IPe), em funcionamento na 3ª Delegacia de Defesa da Mulher de São Paulo, bem como no âmbito das Delegacias Seccionais de Polícia de Santos/SP e Sorocaba/SP, interligado ao sistema do processo judiciário eletrônico (Portal e-SAJ) implementado pelo Tribunal de Justiça de São Paulo.

51. Há de se reconhecer, no entanto, que o entendimento majoritário defende ser o sistema processual brasileiro acusatório, linha que vem seguindo o projeto do Novo Código de Processo Penal, ao estabelecer que todo o processo penal realizar-se-á sob o manto do contraditório e da ampla defesa. A corrente que defende o sistema acusatório leva em conta a fase da persecução criminal em juízo, enquanto a que defende o sistema misto analisa todas as fases da persecução criminal.

policial postulada pelo Ministério Público, o juiz se vale dele para fundamentar sua decisão.

Não teria sentido termos a ação penal informatizada e o inquérito policial em seu arcaico formato de papel. A digitalização da investigação policial vai ao encontro dos anseios de uma Justiça célere e eficaz, capaz de garantir segurança jurídica, com respeito aos direitos humanos, não havendo vedação legal para a informatização do inquérito policial.

Em que pese o art. 8º da Lei nº 11.419/2006 dar a entender que a informatização do processo judicial é uma faculdade do Poder Judiciário, ao dispor que os "[...] órgãos do poder judiciário poderão desenvolver sistemas eletrônicos de processamento de ações judiciais por meio de autos total ou parcialmente digitais, utilizando, preferencialmente, a rede mundial de computadores e acesso por meio de redes internas e externas" (BRASIL, 2006b), Calmon (2007, p. 95) defende que os tribunais "[...] não têm autonomia para cumprir ou não o comando do legislador", afirmando que não há poder discricionário a ser feito. Segundo o autor, o mandamento legal é, portanto, imperativo. Quis o legislador acabar com os autos de papéis, transportando-os para o suporte digital, de forma que amplia o acesso à justiça.

A tese da admissibilidade do inquérito policial eletrônico é reforçada pelo art. 11, § 1º da mencionada lei, quando possibilita a autoridade policial digitalizar documentos a serem juntados aos autos do processo, conferindo o mesmo valor probante dos documentos originais. Insta frisar, ainda, que as disposições gerais da nova lei, ao prever a adoção de programas com código aberto, acessíveis ininterruptamente por meio da internet e padronizados, pressupõe no parágrafo único do art. 15 que o Ministério Público e a autoridade policial deverão, sempre que possível, instruir as peças acusatórias com os números de registros dos acusados no instituto nacional de identificação do Ministério da Justiça.

Verifica-se aqui uma impropriedade legislativa, já que a autoridade policial atua na fase pré-processual, portanto, fornece elementos probatórios que servirão para a formação da convicção da *opinio delicti* pelo titular da ação penal. Aqui, deve-se interpretar o texto legal a ponto de a autoridade policial buscar instruir o inquérito policial eletrônico com o número do registro geral fornecido pelo Instituto de Identificação do respectivo Estado.

Em que pese não haver vedação alguma para se digitalizar o inquérito policial, necessário se torna que esse processo seja feito com a adoção de mecanismos que garantam segurança ao fluxo da informação e preserve as características do procedimento, mormente o sigilo que delimita a fase pré-processual.

As novas tecnologias da informação proporcionaram a mudança do paradigma de que o inquérito policial deve ser escrito em um suporte de papel, passando a permitir que a investigação pré-processual possa ser feita de forma eletrônica, sem que haja prejuízo às características que permeiam o procedimento informativo-administrativo inquisitorial. Necessário se torna, no entanto, a adoção de um sistema que confira autenticidade, integridade, validade jurídica e interoperabilidade da Infraestrutura de Chaves Públicas brasileira (ICP-Brasil).

O sistema de Infraestrutura de Chaves Públicas brasileira (ICP-Brasil) foi instituído legalmente pela Medida Provisória nº 2.200-2/2001 (BRASIL, 2001), com a finalidade de garantir a autenticidade, a integridade e a validade jurídica de documentos eletrônicos, das aplicações de suporte e das aplicações habilitadas que utilizem certificados digitais, bem como a realização de transações eletrônicas seguras.

Vinculado à Casa Civil da Presidência da República, incumbe ao Comitê Gestor da ICP-Brasil a função de autoridade gestora de políticas. A ICP-Brasil é composta por uma autoridade gestora de políticas e pela cadeia de autoridades certificadoras composta pela Autoridade Certificadora Raiz (AC-Raiz), pelas Autoridades Certificadoras (AC) e pelas Autoridades de Registro (AR).

Graficamente, pode-se representar o sistema de Infraestrutura de Chaves Públicas brasileira da seguinte forma (Figura 7):

Nos termos do art. 4º da MP nº 2.200-2/2001 (BRASIL, 2001), compete ao Comitê Gestor da ICP-Brasil:

I – adotar as medidas necessárias e coordenar a implantação e o funcionamento da ICP-Brasil;

II – estabelecer a política, os critérios e as normas técnicas para o credenciamento das AC, das AR e dos demais prestadores de serviço de suporte à ICP-Brasil, em todos os níveis da cadeia de certificação;

III – estabelecer a política de certificação e as regras operacionais da AC Raiz;

IV – homologar, auditar e fiscalizar a AC Raiz e os seus prestadores de serviço;

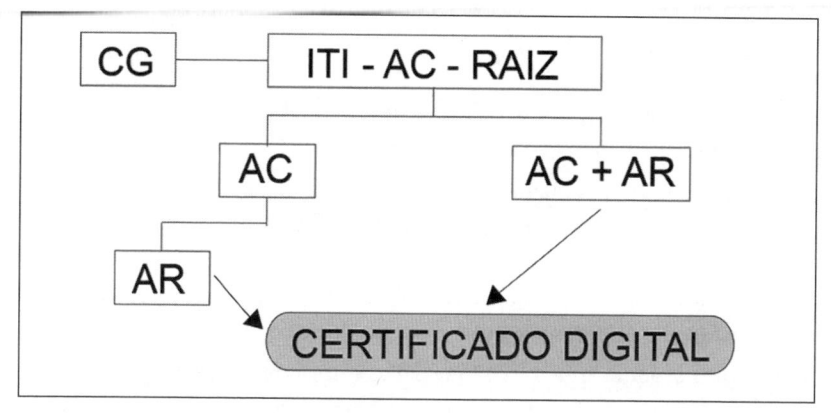

Figura 7. Composição do Sistema ICP-Brasil. Fonte: FREITAS; LOEBENS, 2004.

V – estabelecer diretrizes e normas técnicas para a formulação de políticas de certificados e regras operacionais das AC e das AR e definir níveis da cadeia de certificação;

VI – aprovar políticas de certificados, práticas de certificação e regras operacionais, credenciar e autorizar o funcionamento das AC e das AR, bem como autorizar a AC Raiz a emitir o correspondente certificado;

VII – identificar e avaliar as políticas de ICP externas, negociar e aprovar acordos de certificação bilateral, de certificação cruzada, regras de interoperabilidade e outras formas de cooperação internacional, certificar, quando for o caso, sua compatibilidade com a ICP-Brasil, observado o disposto em tratados, acordos ou atos internacionais; e

VIII – atualizar, ajustar e revisar os procedimentos e as práticas estabelecidas para a ICP-Brasil, garantir sua compatibilidade e promover a atualização tecnológica do sistema e a sua conformidade com as políticas de segurança.

Primeira autoridade da cadeia de certificação, o Instituto Nacional de Tecnologia da Informação (ITI), como executor das políticas de certificados e normas técnicas e operacionais aprovadas pelo Comitê Gestor da ICP-Brasil, tem por competência, nos termos do art. 5º da MP em comento:

[...] emitir, expedir, distribuir, revogar e gerenciar os certificados das AC de nível imediatamente subsequente ao seu, gerenciar a lista de certificados emitidos, revogados e vencidos, e executar atividades de fiscalização e auditoria das AC e das AR e dos prestadores de serviço habilitados na ICP, em conformidade com as diretrizes e normas técnicas estabelecidas pelo

Comitê Gestor da ICP-Brasil, e exercer outras atribuições que lhe forem cometidas pela autoridade gestora de políticas. (BRASIL, 2001)

O Comitê Gestor poderá delegar atribuições à AC-Raiz, sendo vedado a esta emitir certificados ao usuário final.

Compete às AC, enquanto entidades credenciadas a emitir certificados digitais vinculando pares de chaves criptográficas ao respectivo titular, emitir, expedir, distribuir, revogar e gerenciar os certificados, bem como colocar à disposição dos usuários listas de certificados revogados e outras informações pertinentes e manter registro de suas operações.

Importa salientar que o par de chaves criptográficas será gerado sempre pelo próprio titular, e sua chave privada de assinatura será de seu exclusivo controle, uso e conhecimento.

Compete à AR, enquanto entidade operacionalmente vinculada a determinada AC, identificar e cadastrar usuários na presença destes, encaminhar solicitações de certificados às AC e manter registros de suas operações.

Poderão ser credenciados como AC e AR os órgãos e as entidades públicas e as pessoas jurídicas de direito privado. Veda-se, no entanto, a qualquer AC certificar nível diverso do imediatamente subsequente ao seu, exceto nos casos de acordos de certificação lateral ou cruzada, previamente aprovados pelo Comitê Gestor da ICP-Brasil.

Atualmente, a estrutura hierárquica da ICP-Brasil é composta por 14 ACs de primeiro nível: AC-Presidência da República, AC-SERASA, AC-SERPRO, AC-Caixa, AC-Receita Federal, AC-CERTSIGN, AC-JUS, AC-IMESP, AC-CMB (Casa da Moeda do Brasil), AC-Valid, AC-Soluti, AC-DigitalSign, AC-Boa Vista e AC-MRE (Ministério das Relações Exteriores). Atualmente, Safeweb está em processo de credenciamento enquanto AC.

Garcia (2016) ressalva que podem existir ACs de segundo nível, cujos requisitos para o credenciamento perante a AC-Raiz não são tão rígidos, como, por exemplo, a inexigibilidade de taxa a ser paga à AC-Raiz e a comprovação de patrimônio líquido, que é de R$ 2,5 milhões para uma AC de primeiro nível e de R$ 1 milhão para uma de segundo nível.

De acordo com Freitas e Loebens (2004), os certificados podem destinar somente para assinatura ou para assinatura (A) e sigilo (S), em níveis que delimitam a segurança atribuída ao certificado.

Os certificados de assinatura digital serão empregados para confirmação de identidade web, correio eletrônico, transações on-line, redes privadas virtuais, cifrar chaves de sessão e assinatura de documentos eletrônicos com verificação de integridade de suas informações. Os certificados de sigilo serão utilizados para cifrar documentos, bases de dados e outras informações eletrônicas . Quanto maior o grau de sigilo, maior a segurança da informação. Assim, atualmente, temos assinaturas digitais representadas pelos símbolos A1, A3 e A4, bem como o nível de sigilo, representados por S1, S3 e S4 (Figura 8):

Tipo	Chaves criptográficas		
	Tamanho (bits)	Geração do par de Chaves	Validade máxima do Certificado
A1/S1	2048	*Software*	1 ano
A3/S3	2048	*Hardware*	até 5 anos
A4/S4	4096	*Hardware*	até 6 anos

Figura 8. Quadro de chaves criptográficas. Fonte: ITI, 2017.

A ICP-Brasil conta também com infraestrutura para certificação de carimbo de tempo. A autoridade certificadora de tempo (ACT) é a entidade responsável por emitir o carimbo de tempo, cujos atributos (ano, mês, dia, hora, minuto e segundo), associados a uma assinatura digital, atestam a autenticidade documental, seu conteúdo e o tempo da operação de certificação.

Atualmente, existem nove Autoridades Certificadoras de Tempo (ACTs) registradas: Caixa, Serpro, Certisign, Valid, Bry (Bry Tecnologia S/A), QuickSoft (Quick Soft Sistemas de Informação), Safeweb (Sefeweb Segurança da Informação Ltda.) e Registradores (Associação dos Registradores Imobiliários de São Paulo).

Segundo Garcia (2016), o carimbo de tempo é uma referência temporal no meio digital e permite associar ao documento uma data e hora, "com garantia de sincronismo com o Tempo Universal Coordenado (UTC)". Assim, o autor enfatiza que o carimbo de tempo comprova que o documento já existia em data precedente à certificação do carimbo e não a data de sua efetiva criação.

O autor ainda esclarece que a estrutura da certificação de tempo guarda diferenças com a da certificação digital. A autoridade certificadora raiz (AC--Raiz) permanece sendo o Instituto Nacional de Tecnologia da Informação (ITI) que, além de manter as "funções ordinárias de credenciamento, fiscalização e execução, também será considerada uma Entidade de Auditoria do Tempo (EAT) [...]", com duplo mister, "[...] disseminar a hora internacionalmente aceita e utilizar mecanismos para garantir o sincronismo dos relógios dos equipamentos de tempo" (GARCIA, 2016, p. 68-9).

Assim, "os Sistemas de Auditoria e Sincronismo (SASs) da AC Raiz estão ligados a um relógio atômico, e, a partir deles, são realizadas as atividades de auditoria e sincronismo dos Servidores de Carimbo do Tempo (SCTs), instalados nas ACTs" (GARCIA, 2016. p. 69) (Figura 9).

Segundo ressaltam Furlaneto Neto et al. (2013), no contexto do processo de validação da assinatura digital, alguns intervalos de tempo devem ser respeitados:

> a) o instante da realização do processo de assinatura digital necessita estar no período válido do certificado digital; b) a assinatura digital deverá ser realizada antes de uma possível data de revogação do certificado digital e; c) o instante de início de validação do certificado necessita ser menor do que o instante do término da validação do certificado.

Os autores enfatizam ainda que em referido processo

> algumas referências temporais devem ser emitidas por fontes seguras como: a) início e término da validade do certificado digital (Autoridades Certificadoras); b) instante de revogação do certificado digital do signatário (Autoridades Certificadoras) e; c) instante de emissão do carimbo de tempo (Autoridades Certificadoras de Tempo). (FURLANETO NETO et al., 2013).

O emprego de carimbo de tempo ainda não é obrigatório no âmbito da ICP-Brasil, porém, ressaltam Furlaneto Neto et al. (2013) que "as referências temporais são elementos obrigatórios na geração de alguns formatos de assinaturas digitais" e, atualmente, "somente a política de assinatura básica" não tem feito "uso de carimbos de tempo".

Evidentemente que, nesse processo, incumbe ao particular o correto uso do par de chaves que lhe foi atribuído, bem como a proteção e o sigilo requerido para o sucesso do sistema. Para tanto, deverá informar à AC qualquer furto ou extrativo do par de chaves.

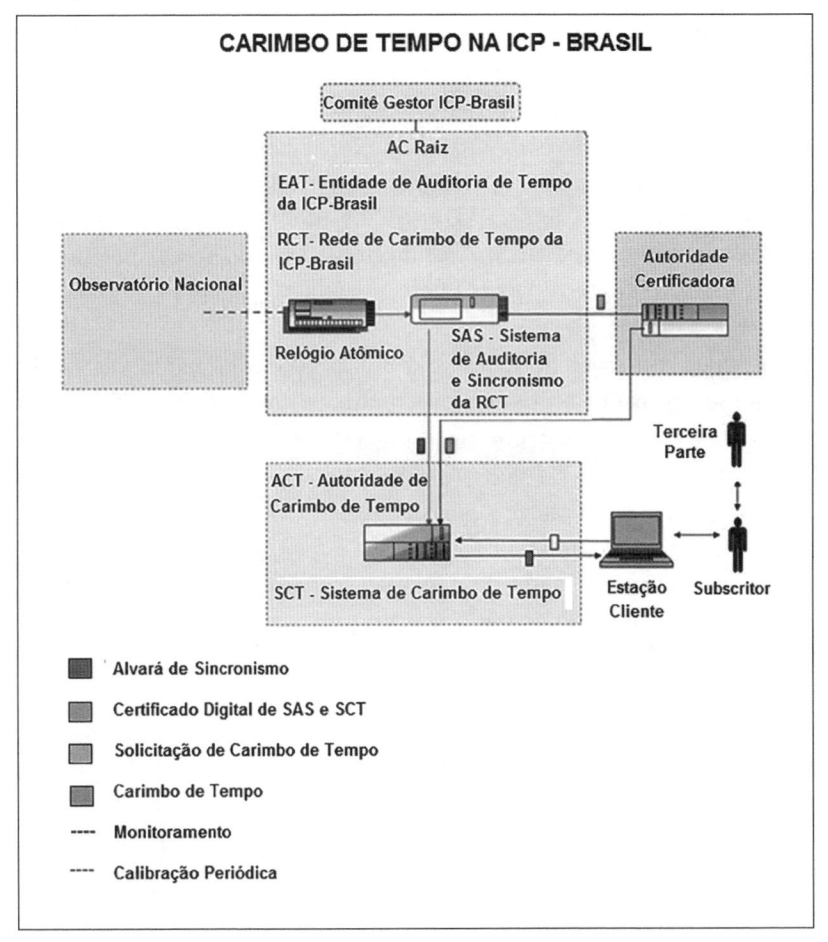

Figura 9. Infraestrutura do sistema de Carimbo de Tempo da ICB-Brasil. Fonte: ITI, 2017.

Porém, antes de esclarecermos quais os benefícios que o inquérito policial eletrônico trará para a investigação dos crimes informáticos, necessário se torna esclarecer se a adoção do inquérito policial eletrônico fere as características que permeiam o instituto do inquérito policial, como disciplinado pelo Código de Processo Penal (CPP), e se é capaz de dinamizar a investigação de crimes informáticos.

Para tanto, inicialmente se discorrerá sobre o instituto do inquérito policial, assim como disciplinado pelo CPP.

5.1.1. Inquérito policial: origem, conceito, finalidades e destinatários

A partir do momento em que o Estado assumiu a administração da Justiça, substituindo as partes na resolução da lide penal, de forma que passou a fazer a entrega da prestação jurisdicional, vedou-se, em regra, a autocomposição e a autotutela, institutos admissíveis apenas em casos especialmente previstos em lei. Porém, foi necessário que o Estado desenvolvesse mecanismos para resolver o conflito de interesses qualificado pela pretensão resistida.

O poder do Estado de aplicar a lei ao caso concreto não podia ser ilimitado, sob pena de abusos serem perpetrados em detrimento do direito de liberdade e dignidade da pessoa humana.

Para tanto, consagrou-se o processo como o instrumento para que o Estado-juiz pudesse aplicar a norma preceptiva ao caso concreto, processo em que se garantissem ao acusado o contraditório e a ampla defesa, bem como uma série de garantias individuais que, observadas e aplicadas, afiançasse ao acusado o justo processo ou o devido processo legal.

Nessa seara, quando o agente pratica uma conduta previamente definida como crime, cabe ao Estado promover a persecução criminal, a qual se verifica em três fases: a investigação preliminar, a ação penal e a execução da pena. Para tanto, vale-se de órgãos que o representam nesse mister: o Estado-juiz, a quem cabe fazer a entrega da prestação jurisdicional e determinar o cumprimento da reprimenda imposta ao autor do crime no devido processo legal; o Estado-administração, representado pelo Ministério Público, titular exclusivo da ação penal pública e a quem cabe promover a persecução criminal em juízo; e a Polícia Civil, com atribuição de promover a investigação criminal, fornecendo subsídios ao titular da ação penal para promover a persecução criminal em juízo.

Instituída no Estado de São Paulo pela Lei n° 979/1905 (LOPES; MATOS, 2014), a Polícia Civil é dirigida por Delegados de Polícia de carreira e, nos termos do art. 144, § 4°, da CF (BRASIL, 1988), tem por incumbência as funções de polícia judiciária e a apuração de infrações penais.

Ao interpretar o texto constitucional, a doutrina fez uma diferenciação técnica entre os termos Polícia Civil e Polícia Judiciária. A Polícia Judiciária serve para atender as requisições judiciais e ministeriais, bem como os cumprimentos de mandados de prisões, enquanto a Polícia Civil tem a função de apurar o crime e sua autoria (NUCCI, 2015b; TOURINHO FILHO, 2013; MIRABETE, 2006). Referida discussão é meramente acadêmica, pois o próprio CPP trata a função de apurar o crime e sua autoria como um mister da Polícia Judiciária, conforme se verifica no art. 4º do CPP.

No entanto, dentro do contexto de atribuições da Polícia Civil excluem-se as funções que são de competência da União e a apuração dos crimes militares.

Na apuração do crime e de sua autoria, a Polícia Civil se vale do inquérito policial como instrumento para a materialização das provas, a fim de que o titular da ação penal possa recuperar a informação e tomar a decisão de ingressar em juízo.

Em que pese o Código Criminal do Império fazer alusão ao procedimento informativo, o inquérito policial foi instituído no Brasil pela Lei nº 2.033, de 20 de setembro de 1871, posteriormente regulamentada pelo Decreto nº 4.824, de 22 de novembro do mesmo ano, que estabeleceu a separação da Polícia do Poder Judiciário (NUCCI, 2015b).

O art. 42 do diploma legal estabelecia que "[...] o inquérito policial consiste em todas as diligências necessárias para o descobrimento do fato criminoso, de suas circunstâncias e dos seus autores e cúmplices, devendo ser reduzido a instrumento escrito" (NUCCI, 2015b, p. 63).

Não obstante a exegese dos arts. 12, 27, 39, § 5º e 46, § 1º, do CPP, disciplinar ser o inquérito policial peça dispensável para a persecução criminal, mormente quando o titular da ação penal tiver peças de informações que demonstrem a verossimilhança da acusação que formula em juízo, estamos diante de um procedimento administrativo inquisitorial eminentemente importante para garantir, nos dizeres proferidos pelo Ministro Francisco Campos (1941) na exposição de motivos do CPP, "[...] uma justiça menos aleatória, mais prudente e serena" (BRASIL, 1941).

Divergindo da doutrina tradicional, Barros Filho (2010) enfatiza que:

> a doutrina clássica considera o inquérito policial como um procedimento dispensável, de natureza inquisitiva, meramente preparatório da

ação penal. Os defensores dessa corrente entendem que o inquérito policial é apenas um conjunto de diligências investigatórias realizadas pela Polícia Judiciária, visando à apuração do crime e sua respectiva autoria. Entretanto, diante da necessidade de compatibilizar a atuação da Polícia Judiciária com o ordenamento jurídico vigente, principalmente, no que se refere aos direitos individuais da pessoa investigada, o inquérito policial se revestiu de novo aspecto. O inquérito policial se transformou em um instrumento de promoção de justiça criminal, por intermédio da busca da verdade real das circunstâncias e da autoria dos delitos, realizado pela Polícia Civil, tendo como destinatário o Poder Judiciário. O procedimento que materializa as investigações criminais é considerado instrumento de promoção de justiça criminal, na medida em que concilia a defesa dos direitos e garantias individuais da pessoa investigada com a atividade de repressão criminal. De outra parte, a elucidação do crime, por intermédio da busca da verdade real, revela o caráter imparcial da investigação realizada pela Polícia Judiciária. Efetivamente, a Polícia Judiciária, por não ser parte, não se envolve e nem se apaixona pela causa investigada. É importante consignar que o delegado de polícia não está vinculado à acusação ou à defesa, pois, agindo como um magistrado, tem apenas compromisso com a verdade dos fatos. Efetivamente, a Polícia Civil, não obstante esteja atrelada à estrutura do Poder Executivo, exerce a atribuição de auxiliar da justiça criminal. Neste sentido, vale lembrar que o ordenamento normativo brasileiro adotou o chamado "sistema de persecução criminal acusatório". Tal sistema se caracteriza por ter, de forma bem distinta, as figuras do profissional que:

- investiga (delegado de polícia auxiliar do Poder Judiciário);
- defende (advogado);
- acusa (integrante do Ministério Público); e
- julga (magistrado) o crime.

O citado sistema oferece condições para o delegado de polícia trabalhar sem a preocupação de produzir provas para absolver (defesa) ou condenar (acusação) o investigado. Finalmente, em harmonia com as diretrizes da corrente doutrinária adotada neste trabalho, o destinatário do inquérito policial é o Poder Judiciário, uma vez que as diligências investigatórias, realizadas para elucidar o crime, não têm como finalidade o oferecimento de denúncia pelo representante do Ministério Publico ou a apresentação de defesa pelo advogado do investigado. Como restou demonstrado, a investigação criminal visa à busca da verdade real do fato criminoso. Ademais, o inquérito policial se destina ao Judiciário, porque é o Poder incumbido de verificar a legalidade dos atos de polícia repressiva. Ressalte-se que tal assertiva está em consonância com o princípio da inafastabilidade do controle do Poder Judiciário, previsto no Inciso XXXV, art. 5º, da CF.

Ao salientar que a maior parte dos autores, no ato de conceituar o inquérito policial, faz referência à sua finalidade, Rovégno (2005, p. 91) apresenta definição apta a realçar suas características, ao aduzir que o inquérito policial

> é o expediente escrito, produzido pelo órgão de Polícia Judiciária competente, onde são reunidas e documentadas todas as diligências levadas a efeito (e todos os resultados encontrados nessas diligências) durante a tarefa de esclarecer as circunstâncias de um fato que se apresentou inicialmente com aparência de ilícito penal possível de sancionamento, confirmando ou infirmando essa aparência inicial e esclarecendo, se possível, na hipótese confirmatória, a autoria da conduta.

Nessa esteira, Pitombo (1973, p. 167) ressalva que:

> O inquérito policial, à luz do conceito sugerido, inteira o processo penal, como a parte completa o todo. Fase, pois, que é da persecução penal, ubicada à formação prévia da culpa, repita-se. Não guarda cabimento asserir-se que surge como simples peça informativa; para, em seguida, afirmar que os meios de prova, constantes do inquérito, servem para receber, ou rejeitar a acusação; prestam para decretar a prisão preventiva; ou para conceder a liberdade provisória; bastam, ainda, para determinar o arresto e o sequestro de bens, por exemplo. Dizer-se que o inquérito policial consiste em mero procedimento administrativo, que encerra, tão só, investigação, é simplificar, ao excesso, a realidade sensível. Resta-se, na necessidade esforçada de asseverar, em consequência, que a decisão judicial, que receba a denúncia ou a queixa, embasada em inquérito volta no tempo e no espaço judiciarizando alguns atos do procedimento. As buscas e apreensões, bem como todas as perícias – exames, vistorias e avaliações -, emergem quais modelos de tal operação. Espécie de banho lustral sobre os meios de prova, encontráveis no inquérito. Sem esquecer eventual encarte de documentos – instrumentos ou papéis –, aos autos de inquérito.

Importante observação, sobre a eficácia do inquérito policial é da lavra de Raymundo Cortizo Sobrinho (2005, p. 183-5), asseverando que:

"Denota-se da lúcida Exposição de Motivos do Código de Processo Penal de 1941, da lavra de Francisco Campos, ainda vigente, a coerente opção pela manutenção do inquérito policial como instrumento de persecução penal preliminar, por melhor atender aos interesses da justiça criminal e adequar-se às peculiaridades administrativas e geográficas do país.

Para Reis, Fernandes e Antunes (2005, p. 29), o juiz se vale do inquérito policial para decretar a prisão de alguma pessoa, portanto, não há como dizer que se trata de peça meramente informativa, mas um instrumento de extrema importância, dotado de informações sobre o crime em apuração, ou seja, sobre a autoria e materialidade. Observe-se ainda que a prisão preventiva é medida extrema que somente deve ser utilizada em casos excepcionais e devidamente explicitada em lei.

Vê-se, reveste-se esclarecedora a visão de Silva (2017, p. 2) sobre o caderno investigativo, ressaltando que o inquérito policial pode ser conceituado como procedimento administrativo, sigiloso, escrito, inquisitivo, dispensável, indisponível, elaborado pela polícia judiciária (presidido por delegado de polícia de carreira), que tem por objetivo elucidar fato supostamente criminoso (não se pode perder de vista a possibilidade de, ao final do apuratório, restar demonstrado que não houve crime – quando se conclui, por exemplo, que a morte suspeita foi um suicídio). Caso se constate que o fato investigado é efetivamente criminoso, o inquérito deve ter em mira coligir indícios de autoria e prova da materialidade do delito, de forma a oportunizar o manejo de ação penal em face daquele que cometeu a infração.

Assim, tem-se um "modelo de investigação preliminar policial, de modo que a polícia judiciária leva a cabo o inquérito policial com autonomia e controle" (LÓPES JUNIOR, 2013, p. 281), que tem como destinatário mediato o juiz e imediato o respectivo titular da ação penal.

O juiz vale-se do inquérito policial no ato de decidir sobre eventuais representações formuladas na fase investigatória, mormente no que tange às medidas cautelares, tais como a prisão temporária a concessão de mandado de busca e apreensão, à quebra do sigilo das comunicações telefônicas e de dados etc., bem como no ato do recebimento da peça acusatória, ocasião em que verifica se esta possui suporte nas provas produzidas durante a investigação, caracterizando ou não justa causa para o início da persecução criminal em juízo.

Levando em consideração que a finalidade do inquérito policial é de apurar o crime e sua autoria "[...] para servir de base à ação penal ou às providências cautelares" (CAPEZ, 2006, p. 75), pode-se afirmar que estamos diante de um procedimento eminentemente informativo.

Necessário se torna consignar que, dentro do contexto de apurar o crime e sua autoria, a autoridade policial deve exercer suas atribuições no limite territorial de sua respectiva circunscrição, nos termos do art. 4º do CPP. Isso não obsta que, no Distrito Federal e nas comarcas em que houver mais de uma circunscrição policial, a autoridade policial com exercício em uma unidade policial poderá, nos inquéritos em que estiver presidindo, ordenar diligências na área circunscricional de outra unidade, independentemente de expedição de carta precatória ou requisições, conforme inteligência do art. 22 do CPP.

Segundo exegese desse diploma legal, a autoridade policial deve assim proceder em caso de visualizar fato que ocorra em sua presença na área de outra circunscrição policial, até que compareça a autoridade com atribuição no local.

Nessa seara, a título de exemplo, o auto de prisão em flagrante deve ser lavrado pela autoridade policial com atribuição na área circunscricional de onde o agente foi preso, devendo, posteriormente, os autos do inquérito policial ser encaminhados para a unidade policial da área circunscricional de onde o crime se consumou, para que as diligências sejam concluídas.

Importante salientar que qualquer irregularidade na fase do inquérito policial não terá o condão de anular a ação penal, porém poderá macular a eficácia do ato inquinado de irregularidade, causando, por exemplo, o relaxamento da prisão em flagrante, a ilegalidade da busca e apreensão etc., motivo pelo qual se impõe o estudo de seus caracteres e dos deveres da autoridade policial. O inquérito policial é pré-processual, razão pela qual eventual irregularidade ocorrida durante a investigação não gera nulidade do processo.[52]

---

52. É o entendimento do STJ, no sentido de que eventuais nulidades ocorridas durante a investigação não contaminam a ação penal, notadamente quando não há prejuízo algum para a defesa (STJ – AgRg no HC 23.5840/SP).

5.1.2. Caracteres do inquérito policial e deveres da autoridade policial

O inquérito policial trata de procedimento administrativo permeado por características próprias (CAPEZ, 2015; NUCCI, 2015b; MIRABETE, 2006):

a) **escrito**: em virtude de estarmos diante de um procedimento informativo e que vai servir para a recuperação da informação e tomada de decisão por seus destinatários, não se concebe que o procedimento seja oral, motivo pelo qual o art. 9º do CPP preceitua que seja reduzido a escrito, em um só processado e rubricado pela autoridade policial e reduzidos a termo aqueles que forem orais (como depoimento de testemunhas, interrogatório do investigado/indiciado etc.). Não obstante, alguns autores entendem que nesse caso desponta outra característica do inquérito, ou seja, a formalidade;

b) **sigiloso**: nos termos do art. 20 do CPP, a autoridade policial deverá assegurar o sigilo necessário à elucidação do fato ou exigido pelo interesse da sociedade. O dispositivo não se aplica aos membros do Ministério Público e ao juiz. Quanto ao advogado, este deverá ter acesso a quaisquer documentos em repartições públicas, salvo se o sigilo das investigações for decretado pelo juiz, ocasião em que não poderá acompanhar a realização de atos procedimentais, nos termos do art. 7º, XIII a XV e § 1º da Lei nº 8.906/1994 (BRASIL, 1994), ressalvado o "direito do defensor, no interesse do representado, ter acesso amplo aos elementos de prova que, já documentados em procedimento investigatório realizado por órgão com competência de polícia judiciária, digam respeito ao exercício do direito de defesa", nos termos da Súmula Vinculante nº 14, do Supremo Tribunal Federal (STF). Ademais, a Lei nº 13.245/2016 incluiu no contexto dos direitos do advogado, o de assistir a seus clientes investigados durante a apuração de infrações, sob pena de nulidade absoluta do respectivo interrogatório ou depoimento e, subsequentemente, de todos os elementos investigatórios e probatórios dele decorrentes ou derivados, direta ou indiretamente, podendo, inclusive, no curso da respectiva apuração, apresentar razões e quesitos;

c) **oficialidade**: ainda que o Estado, em algumas situações, confira a titularidade da ação penal ao particular, o procedimento investigatório deverá ser realizado por órgãos oficiais, no caso, pelas Polícias Civis ou Federal, vale dizer, o inquérito policial é conduzido por um órgão oficial do Estado;

d) **oficiosidade**: nos casos de crimes de ação penal pública incondicionada, a atividade da autoridade policial independe de qualquer provocação, devendo agir de ofício, conforme prescrito no art. 5º, I, do CPP. A oficiosidade é corolário do princípio da obrigatoriedade da ação penal pública;

e) **autoritariedade**: o inquérito policial deve ser presidido por delegado de polícia de carreira, nos termos do art. 144, § 4º, da CF;

f) **indisponibilidade**: nos termos do art. 17 do CPP, após a sua instauração, a autoridade policial não poderá arquivar os autos de inquérito policial, esta atribuição é exclusiva do Poder Judiciário, havendo manifestação do ministério público nesse sentido. Observe-se, porém, que o delegado de polícia poderá determinar o arquivamento de boletim de ocorrência (registro digital de ocorrência) quando não houver justa causa para a instauração de inquérito policial conforme dispõe a Portaria DGP-18, de 25 de novembro de 1988;

g) **discricionariedade na sua condução**: a autoridade policial pode conduzir a investigação da maneira que entender mais frutífera, sem necessidade de seguir um padrão preestabelecido. Essa discricionariedade não se confunde com arbitrariedade, devendo o Delegado (que é quem preside o inquérito policial) determinar diligências sempre no interesse público, materializando no inquérito elementos de autoria e materialidade do delito.

h) **dispensabilidade mitigada**: o inquérito policial é a principal e a mais tradicional ferramenta investigativa da infração penal, presidida unicamente por Delegado de Polícia de Carreira, tratando-se de instrumento eficaz e importante na apuração das infrações penais. Todavia, excepcionalmente, ele poderá ser dispensável quando o representante do Ministério Público tiver todos os elementos necessários ao oferecimento da ação penal com fundamento no art. 39, § 5º, do CPP.

i) **inquisitivo (inquisitorialidade)**: decorre de sua natureza pré-processual,: pois a atividade persecutória concentra-se nas mãos de uma só pessoa, de maneira que a investigação policial se dá de forma eminentemente presidencialista. Essa característica fica evidenciada pelos arts. 14 e 107 do CPP. Assim, o ofendido, seu procurador e o investigado poderão requer a realização de quaisquer diligências no curso do inquérito policial, as quais serão deferidas ou não, a critério da autoridade policial, ressalvado o exame de corpo de delito, nos termos do art. 184 do CPP. Ademais, não se opõe suspeição à autoridade policial, em que pese, por uma questão ética, ser dever declarar-se suspeita quando houver motivo.

Importa salientar que os princípios do contraditório e da ampla defesa ficaram reservados aos processos judiciais e administrativos, não se aplicando à fase pré-processual, em virtude de o inquérito policial ser procedimento administrativo de investigação inquisitorial, salvo em caso de inquérito policial instaurado pela Polícia Federal, a pedido do Ministro da Justiça, visando à expulsão de estrangeiro, nos termos do art. 70 da Lei nº 6.815/1980 (BRASIL, 1980), quando se exige a obrigatoriedade do contraditório.

Bonfim (2015) aponta enquanto características do inquérito a instrumentalidade, a obrigatoriedade ou a oficiosidade, o caráter informativo, a discricionariedade, a forma escrita, o sigilo e o caráter inquisitivo.

Sob o manto da instrumentalidade, o autor enfatiza o inquérito policial como um "procedimento preparatório para eventual ajuizamento da ação penal", tendo o condão de "prevenir a movimentação do Poder Judiciário para processamento de fatos não esclarecidos ou de autoria ainda desconhecida" (BONFIM, 2015, p. 154-60).

Enquanto caráter informativo, salienta que as provas produzidas em seu bojo servirão para formar a *opinio delicti* do titular da ação penal, ao passo que, no que diz respeito à discricionariedade, incumbe a autoridade policial escolher as diligências investigatórias necessárias para o cabal esclarecimento do crime (BONFIM, 2015).

Levando em consideração que os elementos trazidos à colação do inquérito policial não são colhidos sob a égide do contraditório e da ampla defesa, o seu valor probatório é relativo, sendo, portanto, defeso ao juiz condenar uma pessoa com base única e exclusivamente na confissão extrajudicial, necessitando, para tanto, a confirmação de sua veracidade com aporte em outras provas produzidas em juízo, sob o manto do devido processo legal.

Segundo Tourinho Filho (2004), as investigações policiais têm seu início por meio da *notitia criminis*, conceituada por Bonfim (2006, p. 108) como "[...] a expressão que designa, genericamente, o conhecimento pela autoridade policial da ocorrência de um fato possivelmente criminoso".

Para Tourinho Filho (2004) e Bonfim (2006), a *notitia criminis* se classifica em:

a) *notitia criminis* de cognição imediata, em que a autoridade policial toma conhecimento de um crime por meio de suas atividades corriqueiras, de forma espontânea, como, por exemplo, verifica-se no caso da leitura de uma matéria jornalística, no encontro de um cadáver, na apreensão do produto de um crime, vale dizer, em razão de suas atividades regulares;

b) *notitia criminis* de cognição mediata, em que a autoridade policial toma conhecimento de um crime por meio de terceiros e provoca a atuação policial por meio de um ato jurídico, como se verifica na requisição formulada pelo juiz ou membro do Ministério Público e na representação ou no requerimento formulado pela vítima ou por quem tenha qualidade para representá-la;

c) *notitia criminis* de cognição coercitiva, caracterizada pela apresentação à autoridade policial do agente em flagrante delito.

Formas de instauração do IP nos crimes de ação penal pública incondicionada – De ofício (art. 5º, I, do CPP)

Assim, nos termos do art. 5º, I, do CPP, tratando-se de crime de ação penal pública incondicionada, o inquérito policial se iniciará de ofício, inaugurado por ato voluntário da autoridade policial sem qualquer pedido expresso de qualquer pessoa, ocasião em que esta baixará portaria, peça vestibular do inquérito policial, em que, sempre que possível, identifica a vítima e o suposto autor do crime, individualiza a conduta que se amolde à norma penal incriminadora, declara a instauração do procedimento inquisitorial e determina as providências iniciais a serem desencadeadas.

Importa destacar que, tratando-se de ação penal pública incondicionada, sua titularidade pertence ao Ministério Público, de forma privativa, nos termos do art. 129, I da Constituição Federal.

Requisição do Juiz ou do MP (art. 5º, II, 1ª parte, do CPP)

Porém, segundo a dicção do art. 5º, II, 1ª parte do CPP, o inquérito policial também poderá ser iniciado por meio de requisição da autoridade judiciária ou do Ministério Público, ou ainda por meio de requerimento da vítima ou de quem tiver qualidade para representá-la. Tem-se, aqui, a notitia criminis de cognição mediata (a autoridade policial toma conhecimento através de terceiros, isto é, requerimento do ofendido, requisição do Juiz ou do Ministério Público, *delatio criminis* etc.).

Em que pese o silêncio da lei quanto ao conteúdo da requisição, Nucci (2015b, p. 139) aponta que ela deverá "[...] conter dados suficientes que possibilitem ao delegado tomar providências e ter um rumo a seguir", sendo inaceitáveis meros ofícios requisitórios.

Importa salientar que, embora inexista subordinação hierárquica, a requisição trata de uma ordem, de forma que a autoridade policial estará obrigada a instaurar o inquérito policial requisitado, salvo se houver justa causa para não fazê-lo, quando, por exemplo, o fato for absolutamente atípico ou já tiver operada a extinção da punibilidade, ocasião em que deverá fundamentar a sua decisão e restituir o ofício requisitório ao seu signatário com a sua respectiva decisão. Por outro lado, caso não atenda a requisição sem motivo justo, responderá funcional e, se for o caso, até criminalmente pelo desatendimento.

Requerimento da vítima (ofendido) ou de seu representante legal (art. 5º, II, 2ª parte, do CPP)

Quanto ao requerimento formulado pela vítima ou por quem tenha qualidade para representá-la, necessário se torna que a petição esteja de acordo com o disposto no art. 5º, § 1º, do CPP. Assim, o requerente deverá, sempre que possível, narrar o fato com todas as suas circunstâncias, individualizar a pessoa que deverá ser investigada ou os seus sinais característicos, bem como apresentar as razões de convicção ou de presunção de ser ele o autor da infração, ou os motivos da impossibilidade de fazê-lo, assim como nomear testemunhas, com indicação de profissão e residência.

Segundo Tourinho Filho (2013), a autoridade policial poderá indeferir o requerimento formulado pela vítima ou por quem tenha qualidade para representá-la quando estiver extinta a punibilidade, quando não fornecer o mínimo indispensável para se proceder à investigação, em caso de atipicidade do fato narrado, bem como se o requerente for incapaz.

O autor ainda aborda como motivo para indeferimento do requerimento a hipótese em que a autoridade policial a quem for endereçado o pedido não tiver atribuição para investigar o caso. Nessa hipótese, a melhor exegese seria o encaminhamento do pedido à autoridade com atribuição para investigar o crime para que esta analise o deferimento ou não do pedido, ao invés do indeferimento *in limine* (NUCCI, 2015b).

Nos termos do art. 5º, § 2º, do CPP, do despacho que indeferir requerimento para instauração de inquérito policial cabe recurso ao chefe de polícia. Importa salientar que o CPP é de 1941, época em que o chefe de polícia era a pessoa que atuava no cargo que corresponde ao atual secretário da Segurança Pública (CAPEZ, 2015). Assim, não se compreende mais que se recorra ao secretário da Segurança Pública[53] para conhecer e decidir sobre recurso de despacho de indeferimento de instauração de inquérito policial.

Impõe-se uma interpretação progressista ao dispositivo legal, já que atualmente a Polícia Civil está escalonada em carreira e de forma hierárquica, atribuindo, portanto, um conceito de chefe de polícia que compreenda o chefe imediato. Assim, caso um delegado de polícia titular de um distrito do interior indeferisse um requerimento para instauração de inquérito policial, o recurso deveria ser interposto ao delegado seccional de polícia. Caso o indeferimento partisse do delegado seccional de polícia, o recurso deveria ser interposto ao delegado de polícia diretor do departamento, e assim sucessivamente.

Representação do ofendido ou de seu representante legal (art. 5º, § 4º, do CPP)

Tratando-se de crime de ação penal condicionada, o inquérito policial deverá ter início por meio da representação da vítima ou de quem tenha qualidade para representá-la. Tendo como destinatários o Delegado de Polícia, o Ministério Público e o Juiz, trata-se de formalidade indispensável nessa

---

53. Segundo Nucci (2015b) e Gomes (2005), o superior máximo exclusivo da Polícia Judiciária seria o delegado-geral de polícia, posição com a qual pactuo.

modalidade de crime, nos termos do art. 5°, § 4° do CPP. Deixando a vítima ou seu representante legal de exercer seu direito de representação no prazo de seis meses, a contar da data em que tomou conhecimento da autoria do fato, estará extinta a punibilidade por decair do direito de representar, nos termos do que dispõe o art. 38 do CPP: Salvo disposição em contrário, o ofendido, ou seu representante legal, decairá no direito de queixa ou de representação, se não o exercer dentro do prazo de seis meses, contado do dia em que vier a saber quem é o autor do crime, ou, no caso do art. 29, do dia em que se esgotar o prazo para o oferecimento da denúncia.

Tratando-se de vítima menor de 18 anos, quem deve representá-la é o seu representante legal.[54] Caso não o faça, entretanto, o prazo decadencial só começa a correr quando a vítima completar 18 anos, para que esta não seja prejudicada por eventual inércia de seu representante. Nesse sentido, veja-se a Súmula n° 594 do STF: "Os direitos de queixa e de representação podem ser exercidos, independentemente, pelo ofendido ou por seu representante legal". Para que o Ministério Público, titular exclusivo da ação penal, possa exercer legitimamente o seu direito de ajuizar a ação penal pública, deverá estar presente a condição de procedibilidade, materializada pela representação do ofendido ou a requisição do Ministro da Justiça. A representação não pode ser dividida quanto aos autores do fato. No caso de concurso de agentes, caso a representação formalmente não contemple todos os coautores, estará o Ministério Público autorizado a propor a ação penal contra todos.

A retratação da representação pode ser feita até o oferecimento da denúncia. Importa destacar que, dentro do prazo decadencial, a representação pode novamente ser oferecida e ser apta ao oferecimento da denúncia pelo Ministério Público. É o que se denomina retratação da retratação.

Tratando-se da Lei Maria da Penha (Lei n167 11340/2006) que cuida dos crimes que envolvem violência doméstica ou familiar contra a mulher, o Supremo Tribunal Federal decidiu que, no crime de lesão corporal, independentemente da gravidade, cometido contra a mulher, a ação penal é

---

54. Quando o autor da infração penal for o próprio representante legal (ex. no caso de estupro e violência doméstica) aplica-se o art. 33 do CPP, nomeando-se curador especial para que exercite o direito de representação. "**Art. 33.** Se o ofendido for menor de 18 anos, ou mentalmente enfermo, ou retardado mental, e não tiver representante legal, ou colidirem os interesses deste com os daquele, o direito de queixa poderá ser exercido por curador especial, nomeado, de ofício ou a requerimento do Ministério Público, pelo juiz competente para o processo penal.".

pública incondicionada (ADI 4424, em 9 de fevereiro de 2012). Nessa esteira, o Superior Tribunal de Justiça teve que modificar seu entendimento e aprovou, em 31 de agosto de 2015, a Súmula nº 542 com o seguinte teor: "a ação penal relativa ao crime de lesão corporal resultante de violência doméstica contra a mulher é pública incondicionada".

Ação penal pública condicionada à requisição do Ministro da Justiça

Tratando-se de requisição do Ministro da Justiça, hipóteses caracterizadoras da *notitia criminis* de cognição mediata, somente aplicável em algumas infrações, como nos crimes cometidos por estrangeiro contra brasileiro fora do Brasil (art. 7º, § 3º, b, do CP) e crimes contra a honra cometidos contra o Presidente da República ou contra qualquer chefe de governo estrangeiro (art. 141, c, c/c art. 145, parágrafo único do CP), a requisição do Ministro da Justiça é endereçada ao Ministério Público e não diretamente ao Delegado de Polícia, não estando o *Parquet* obrigado a promovê-la. De modo diferente da representação, a requisição do Ministro da Justiça não está sujeita a prazo decadencial, podendo ser exercitada enquanto o crime ainda não estiver prescrito. Não há prazo decadencial para o oferecimento da requisição, podendo esta ocorrer enquanto não estiver extinta a punibilidade do crime, o que difere da representação. Segundo doutrina majoritária,[55] não caberá o instituto da retratação da requisição. O Ministério Público não está adstrito à requisição, podendo deixar de ajuizar a ação penal caso não tenha justa causa.

Requerimento da vítima ou de quem legalmente a represente (art. 5, § 5º, do CPP)

Em crimes de ação penal privada, o inquérito policial deverá iniciar-se por meio de requerimento da vítima ou de quem tenha qualidade para representá-la.[56] Existem três espécies de ação privada: a exclusiva, a persona-

---

55. É a opinião de José Frederico Marques, Fernando da Costa Tourinho Filho, Fernando Capez e Magalhães Noronha, dentre outros. Em sentido contrário, Carlos Frederico Coelho Nogueira, Damásio Evangelista de Jesus e Guilherme de Souza Nucci.
56. "**Art. 31.** No caso de morte do ofendido ou quando declarado ausente por decisão judicial, o direito de oferecer queixa ou prosseguir na ação passará ao cônjuge ou companheiro, ascendente, descendente ou irmão."

líssima e a subsidiária da pública. Este requerimento também está sujeito ao prazo decadencial de seis meses, previsto no art. 38 do CPP. Faz-se necessário frisar que o requerimento deverá obedecer às mesmas exigências elencadas no art. 5°, § 1°, alíneas "a" a "c", do CPP. Queiroz (2003) lembra que a Portaria DGP-18/1998 disciplina os casos em que a autoridade policial pode indeferir o requerimento: quando houver ausência de justa causa para o início da investigação criminal e quando não houver elementos que descrevam minimamente a conduta perpetrada pelo agente, impossibilitando a autoridade policial de capitular juridicamente eventual crime. Em qualquer hipótese, o despacho de indeferimento deverá ser fundamentado com as razões jurídicas e fáticas de seu convencimento.

Princípios que regem a ação penal privada e considerações gerais

Oportunidade – na ação penal privada, compete ao ofendido ou aos demais legitimados proceder à análise da conveniência do ajuizamento da ação.

a) **Disponibilidade:** o titular da ação penal (ofendido) pode desistir da ação penal proposta (art. 51 do CPP).

b) **Indivisibilidade:** impossibilidade de se fracionar o exercício da ação penal em relação aos infratores.

O prazo para ajuizamento da ação penal privada (queixa) é decadencial de seis meses, e começa a fluir da data em que o ofendido tomou ciência de quem foi o autor do delito.

O ofendido pode **renunciar** ao direito de ajuizar a ação (queixa), e se o fizer somente a um dos infratores, a todos se estenderá, por força do art. 49 do CPP.[57]

Cuidando-se da renúncia, esta somente pode ocorrer antes do ajuizamento da exordial acusatória e pode ser expressa ou tácita. Após o ajuizamento da demanda, caberá o **perdão do ofendido** conforme art. 51 do CPP.[58]

Na ação penal privada pode ocorrer, ainda, a **perempção** da ação penal, que é a perda do direito de prosseguir na ação como punição ao que-

---

57. "Art. 49. A renúncia ao exercício do direito de queixa, em relação a um dos autores do crime, a todos se estenderá."

58. "Art. 51. O perdão concedido a um dos querelados aproveitará a todos, sem que produza, todavia, efeito em relação ao que o recusar."

relante que foi inerte ou negligente no processo, por força do que dispõe o art. 60 do CPP.[59]

A **ação penal personalíssima** só pode ser interposta pela vítima. Se esta for menor de idade, deve-se aguardar que complete 18 anos para que tenha legitimidade ativa.

Se for incapaz em razão de doença mental, deve-se aguardar sua eventual melhora. Em tais hipóteses, o prazo decadencial de seis meses ocorrerá a partir da maioridade ou da volta à capacidade mental. Nesse tipo de ação privada, havendo a morte do ofendido, antes ou depois do início da ação, não poderá haver substituição para a sua propositura ou seu prosseguimento. O único crime de ação privada personalíssima previsto no Código Penal é o de induzimento a erro essencial ou ocultação de impedimento para casamento (art. 236, parágrafo único, do Código Penal). A ação penal personalíssima cuida de modalidade de ação penal privada exclusiva e nesta hipótese, somente o ofendido poderá ajuizar a ação, não se estendendo para ninguém mais essa prerrogativa. Em caso de morte, será extinta a punibilidade, e não poderá ser interposta pelos sucessores, como acontece nos demais crimes de ação privada.

A **ação penal privada subsidiária da pública** é intentada pela vítima ou por seu representante legal em face da inércia do Ministério Público. Este dispõe do prazo de 5 (cinco) dias, em caso se réu preso, e 15 (quinze) dias, no caso de réu solto, para oferecer denúncia, propor o arquivamento do inquérito policial ou peças de informações, ou requerer a realização de diligências imprescindíveis ao oferecimento da denúncia. Caso permanece inerte no prazo legal e não tome qualquer uma das providências que cabe tomar, a lei autoriza ao ofendido o direito de ajuizar a ação penal privada subsidiária da pública, conforme dispõe o art. 29 do

---

59. "**Art. 60.** Nos casos em que somente se procede mediante queixa, considerar-se-á perempta a ação penal: I – quando, iniciada esta, o querelante deixar de promover o andamento do processo durante 30 (trinta) dias seguidos; II – quando, falecendo o querelante, ou sobrevindo sua incapacidade, não comparecer em juízo, para prosseguir no processo, dentro do prazo de 60 (sessenta) dias, qualquer das pessoas a quem couber fazê-lo, ressalvado o disposto no art. 36; III – quando o querelante deixar de comparecer, sem motivo justificado, a qualquer ato do processo a que deva estar presente, ou deixar de formular o pedido de condenação nas alegações finais; IV – quando, sendo o querelante pessoa jurídica, esta se extinguir sem deixar sucessor."

CPP.⁶⁰ A vítima tem um prazo de seis meses para oferecer a ação penal privada, que começa a correr no dia em que se esgota o prazo do MP para oferecer a denúncia, conforme dicção do art. 38 do CPP.⁶¹

Nesse contexto, há de se lembrar ser inadmissível o perdão do ofendido na ação penal privada subsidiária da pública, pois, em virtude de se estar diante de ação originariamente pública, que somente admitiu a interposição da ação privada em razão de circunstância temporal, o Ministério Público reassume a titularidade da ação penal em face da inércia do requerente, daí por que não se falar em perempção nas ações penais privadas subsidiárias da pública.

Ação penal privada exclusiva é a modalidade de ação penal privada clássica. É aquela em que o legislador estendeu ao ofendido a decisão de se manifestar acerca de o crime ser objeto ou não de apuração e consequente processo crime. A iniciativa da ação penal é exclusiva da vítima ou de quem tenha qualidade para representá-la. Caso a vítima seja menor ou incapaz, a ação poderá ser intentada pelo representante legal. Ocorrendo a morte da vítima, a ação poderá ser ajuizada por seus sucessores (cônjuge ou companheiro, ascendente, descendente ou irmão), assim como, estando a ação em curso por ocasião do falecimento da vítima, os legitimados citados poderão dar continuidade a ação.

Auto de prisão em flagrante

Importante salientar que o flagrante, caracterizador da *notitia criminis* de cognição coercitiva, poderá ser a peça processual a iniciar o inquérito policial em quaisquer das espécies de ação penal, considerando a classificação que leva em conta quem pode dar início à persecução criminal em juízo. Basta que sejam satisfeitas as condições de procedibilidade nos casos de

---

60. "**Art. 29.** Será admitida ação privada nos crimes de ação pública, se esta não for intentada no prazo legal, cabendo ao Ministério Público aditar a queixa, repudiá-la e oferecer denúncia substitutiva, intervir em todos os termos do processo, fornecer elementos de prova, interpor recurso e, a todo tempo, no caso de negligência do querelante, retomar a ação como parte principal."

61. "**Art. 38.** Salvo disposição em contrário, o ofendido, ou seu representante legal, *decairá no direito de queixa ou de representação, se não o exercer dentro do prazo de seis meses*, contado do dia em que vier a saber quem é o autor do crime, ou, *no caso do art. 29, do dia em que se esgotar o prazo para o oferecimento da denúncia.*"

crimes de ação penal pública condicionada, ou que haja requerimento da vítima ou de quem tenha qualidade para representá-la em caso de crime de ação penal privada.

Delatio criminis

Instituto que não pode ser confundido com a *notitia criminis*, a *delatio criminis* vem disciplinada no art. 5º, § 3º, do CPP. Segundo o dispositivo legal, qualquer do povo que tiver conhecimento da existência de uma infração penal em que caiba ação penal pública poderá, verbalmente ou por escrito, comunicá-la à autoridade policial, e esta, verificada a procedência das informações, determinará a instauração do inquérito.

Trata-se de mera faculdade do cidadão de levar ao conhecimento da autoridade policial a prática de um crime, contrapondo-se com a obrigação que deverá ter a autoridade policial e seus agentes quando se depararem com um crime de ação penal pública.

A *delatio criminis* pode ser simples ou postulatória. Simples, quando houver apenas a delação de um crime de ação penal pública, desprovida de qualquer pedido de providências, ao passo que, na postulatória, a delação estará acompanhada do pedido de providências.

Importa salientar que, quando a *delatio criminis* for verbal, deverá a autoridade policial determinar que seja reduzida a termo. Verifica-se que o instituto da *delatio criminis* exige identificação de quem a faz, tanto assim que o Código Penal, nos arts. 339 e 340, incrimina a conduta de quem der causa à instauração de investigação policial contra alguém, imputando-lhe crime de que o sabe inocente, bem como de quem provocar a ação de autoridade, comunicando-lhe a ocorrência de crime ou contravenção que sabe não se ter verificado.

Embora a CF vede o anonimato, tem-se difundido cada vez mais a "denúncia anônima", não obstante a doutrina relutar em reconhecê-la como espécie de *delatio criminis* (BONFIM, 2015).

Cuida-se de *delatio criminis inqualificada* ou *denúncia apócrifa*, muito utilizada em face da ferramenta denominada de "disque-denúncia", difundida pelas Secretarias de Segurança Pública.

Ressalta-se, no entanto, o dever da autoridade policial em diligenciar para verificar a credibilidade da denúncia anônima antes de instaurar o inquérito policial[62] ou representar para a realização de qualquer diligência investigativa.

Sem prejuízo do poder discricionário que reveste a autoridade policial na presidência do inquérito policial, o CPP arrola em seu art. 6º uma série de diligências que deverão ser observadas de acordo com as particularidades do crime que se investiga.

Assim, quando a *notitia criminis* chegar ao conhecimento da autoridade policial, esta deverá dirigir-se ao local do crime e providenciar para que não se alterem o estado e a conservação das coisas, até a chegada dos peritos criminais. Após os peritos criminais liberarem o local de crime, deverá a autoridade policial apreender os objetos que tiverem relação com o fato e colher todas as provas que servirem para o esclarecimento do fato e suas circunstâncias.

No decorrer da investigação deverá, sempre que possível, ouvir o ofendido e o indiciado, proceder ao reconhecimento de pessoas e coisas, bem como a acareações, determinar, se for o caso, que se proceda ao exame de corpo de delito e quaisquer outras perícias, ordenar a identificação do indiciado pelo processo datiloscópico, se possível, e fazer juntar aos autos sua folha de antecedentes, averiguar a vida pregressa do indiciado, sob o ponto de vista individual, familiar e social, sua condição econômica, sua atitude e estado de ânimo antes e depois do crime e durante ele, e quaisquer outros elementos que contribuírem para a apreciação do seu temperamento e caráter.

Em que pese o artigo em comento não elencar no rol providências que devem ser adotadas, deve a autoridade policial diligenciar para a oitiva testemunhas que tenham presenciado o fato.

---

62. (...) Admite-se a denúncia anônima como instrumento de deflagração de diligências, pela autoridade policial, para apurar a veracidade das informações nela veiculadas, conforme jurisprudências do STF e do STJ. (...) (AgRg no RMS 28.054/PE, Rel. Min. Adilson Vieira Macabu (Desembargador Convocado do TJ/RJ), 5ª Turma, j. em 27.3.2012, *DJe* de 19.4.2012). – O STF corrobora esse entendimento: (...) Segundo precedentes do Supremo Tribunal Federal, nada impede a deflagração da persecução penal pela chamada 'denúncia anônima', desde que esta seja seguida de diligências realizadas para averiguar os fatos nela noticiados. (86.082, Rel. Min. Ellen Gracie, *DJe* de 22.8.2008; 90.178, Rel. Min. Cezar Peluso, *DJe* de 26.3.2010; e HC 95.244, Rel. Min. Dias Toffoli, *DJe* de 30.4.2010 – *Informativo* 755 do STF.)

5.1.3. Natureza jurídica das funções de Polícia Judiciária e apuração das infrações penais

Importante amparo para a investigação presidida pela autoridade policial veio com a vigência da Lei nº 12.830/2013, ao estabelecer ser de natureza jurídica as funções de Polícia Judiciária e a apuração de infrações levadas a cabo pelo Delegado de Polícia, assim como essenciais e exclusivas de Estado, devendo, portanto, receber o mesmo tratamento protocolar que juízes, membros do Ministério Público, Defensores Públicos e advogados.

No contexto do mister do Delegado de Polícia cabe a condução da investigação criminal por meio do inquérito policial ou outro procedimento previsto em lei, assim como requisitar perícias, informações, documentos e dados que interessem à apuração dos fatos, devendo fundamentar o ato de indiciamento, privativo do Delegado de Polícia, mediante análise técnico-jurídica do fato, em que deverá indicar elementos de convicção quanto a autoria, materialidade e suas circunstâncias.

A Lei nº 12.830/2013 estipula enquanto garantia institucional a inamovibilidade, ao prever que a remoção do Delegado de Polícia dar-se-á somente por ato fundamentado, assim como reforça a independência funcional ao estipular que o inquérito policial ou outro procedimento previsto em lei em curso somente poderá ser avocado ou redistribuído por superior hierárquico, mediante despacho fundamentado, por motivo de interesse público ou nas hipóteses de inobservância dos procedimentos previstos em regulamento da corporação que prejudique a eficácia da investigação.

A Lei nº 12.850/2013 – Lei do Crime Organizado – também trouxe importantes reflexos para a investigação preliminar, em cujo contexto se inserem a colaboração premiada, a ação controlada e a infiltração de agentes, institutos que não são inovadores, mas melhor regulamentos pela nova lei, possibilitando maior eficácia enquanto meios de prova.

Moro (2010, p. 103) conceituava delação premiada, nome que se dava à atual colaboração premiada, como a "utilização de um criminoso como testemunha contra seus cúmplices. Sua colaboração pode ser utilizada para que ele deponha em juízo como testemunha contra seus pares ou apenas para que sirva de fonte de informação para a colheita de outras provas".

Por sua vez, em enfrentamento dos requisitos legais que permeiam o instituto, Anselmo (2016, p. 31) pontua a colaboração premiada como "um meio de obtenção de prova, com a devida regulação em lei, que implica uma confissão que se estende aos coautores e partícipes e tem como pressuposto a renúncia ao direito ao silêncio, implicando, por outro lado, na perspectiva premial, o recebimento de benefícios por parte do Estado".

Nessa linha de raciocínio, sob o ponto de vista da atuação do Delegado de Polícia na investigação do crime organizado, tem-se que as negociações realizadas para a formalização do acordo de colaboração ocorrerá entre o Delegado de Polícia, o investigado e o defensor, com a manifestação do Ministério Público, ou, conforme o caso, entre o Ministério Público e o investigado ou acusado e seu defensor.

A colaboração premiada, com adesão espontânea do investigado, assistido obrigatoriamente por defensor, em que renunciará ao direito ao silêncio e estará sujeito ao compromisso de dizer a verdade, visa atingir um ou mais dos seguintes resultados: identificação dos demais coautores e partícipes da organização criminosa e das infrações penais por eles praticadas; revelação da estrutura hierárquica e da divisão de tarefas da organização criminosa; prevenção de infrações penais decorrentes das atividades da organização criminosa; recuperação total ou parcial do produto ou do proveito das infrações penais praticadas pela organização criminosa e; localização de eventual vítima com a sua integridade física preservada.

Como consequência, em caso de homologação do acordo de colaboração premiada, o juiz pode conceder o perdão judicial, reduzir em até 2/3 (dois terços) a pena privativa de liberdade ou substituí-la por restritiva de direitos daquele que tenha colaborado efetiva e voluntariamente com a investigação e com o processo criminal, desde que da colaboração advenham os resultados almejados no acordo, cujos parâmetros a própria lei estabeleceu.

Prevê ainda que, considerando a relevância da colaboração prestada, o Ministério Público, a qualquer tempo, e o Delegado de Polícia, nos autos do inquérito policial, com a manifestação do Ministério Público, poderão, respectivamente, requerer ou representar ao juiz pela concessão de perdão judicial ao colaborador, ainda que esse benefício não tenha sido previsto na proposta inicial, aplicando-se, no que couber, o art. 28 do Decreto-Lei nº 3.689, de 3 de outubro de 1941 (Código de Processo Penal).

Depois de homologado o acordo, o colaborador poderá, sempre acompanhado pelo seu defensor, ser ouvido pelo membro do Ministério

Público ou pelo Delegado de Polícia responsável pelas investigações, tantas vezes quantas forem necessárias.

O procedimento da colaboração premiada é sigiloso e o acesso aos autos será restrito ao juiz, ao Ministério Público e ao Delegado de Polícia, como forma de garantir o êxito das investigações, assegurando-se ao defensor, no interesse do representado, amplo acesso aos elementos de prova que digam respeito ao exercício do direito de defesa, devidamente precedido de autorização judicial, ressalvados os referentes às diligências em andamento.

Aliás, revelar a identidade, fotografar ou filmar o colaborador, sem sua prévia autorização por escrito, é infração penal que prevê pena de reclusão, de 1 (um) a 3 (três) anos, e multa.

Por sua vez, a ação controlada consiste em retardar a intervenção policial ou administrativa relativa à ação praticada por organização criminosa ou a ela vinculada, desde que mantida sob observação e acompanhamento para que a medida legal se concretize no momento mais eficaz à formação de provas e obtenção de informações.

O retardamento da intervenção policial ou administrativa será previamente comunicado ao juiz competente que, se for o caso, estabelecerá os seus limites e comunicará ao Ministério Público. A comunicação será sigilosamente distribuída de forma a não conter informações que possam indicar a operação a ser efetuada, cujos autos, até o encerramento da diligência, será restrito ao juiz, ao Ministério Público e ao Delegado de Polícia, como forma de garantir o êxito das investigações, devendo a autoridade policial, ao término da diligência, elaborar auto circunstanciado acerca da ação controlada.

A Lei do Crime Organizado ainda prevê a possibilidade de infiltração de agentes de polícia em tarefas de investigação que envolvam organização criminosa, crimes a distância ou transnacionais, previstos em tratados ou convenções internacionais em que o Brasil se comprometeu a reprimir, bem como organizações terroristas, desde que não haja outro meio probatório para se comprovar as infrações penais.

Trata-se, portanto, de prova subsidiária, cuja medida há de ser postulada por meio de representação do Delegado de Polícia ou requerida pelo Ministério Público, após manifestação técnica do Delegado de Polícia, quando solicitada no curso de inquérito policial.

O requerimento do Ministério Público ou a representação do Delegado de Polícia para a infiltração de agentes, a ser distribuído sigilosamente, sem identificação da operação a ser realizada e do agente a ser infiltrado, conterão a demonstração da necessidade da medida, o alcance das tarefas dos agentes e, quando possível, os nomes ou apelidos das pessoas investigadas e o local da infiltração.

A infiltração somente poderá ser implementada após prévia autorização da autoridade judiciária competente, que deverá proferir decisão circunstanciada, motivada e sigilosa, no prazo de 24 horas, estabelecendo os limites da infiltração de agentes, com adoção de medidas necessárias para o êxito das investigações e a segurança do agente infiltrado. Na hipótese de representação do Delegado de Polícia, o juiz competente, antes de decidir, ouvirá o Ministério Público.

A infiltração será autorizada pelo prazo de até 6 (seis) meses, sem prejuízo de eventuais renovações, desde que comprovada sua necessidade, de forma que, ao seu término, deverá ser elaborado relatório circunstanciado a ser apresentado ao juiz competente, que imediatamente cientificará o Ministério Público.

Durante o curso da infiltração, a qualquer tempo, o Delegado de Polícia poderá determinar aos seus agentes, e o Ministério Público poderá requisitar relatório da atividade de infiltração.

O agente infiltrado tem direito de recusar ou fazer cessar a atuação infiltrada, ter sua identidade alterada, aplicando-se, no que couber, o disposto no art. 9º da Lei nº 9.807, de 13 de julho de 1999, bem como usufruir das medidas de proteção a testemunhas, ter seu nome, sua qualificação, sua imagem, sua voz e demais informações pessoais preservadas durante a investigação e o processo criminal, salvo se houver decisão judicial em contrário, bem como não ter sua identidade revelada, nem ser fotografado ou filmado pelos meios de comunicação, sem sua prévia autorização por escrito. Aliás, descumprir determinação de sigilo das investigações que envolvam a ação controlada e a infiltração de agentes é crime com pena de reclusão, de 1 (um) a 4 (quatro) anos, e multa.

Havendo indícios seguros de que o agente infiltrado sofre risco iminente, a operação será sustada mediante requisição do Ministério Público ou por deliberação do Delegado de Polícia, dando-se imediata ciência ao Ministério Público e à autoridade judicial.

Não é punível, no âmbito da infiltração, a prática de crime pelo agente infiltrado no curso da investigação, quando inexigível conduta diversa, porém, o agente que não guardar, em sua atuação, a devida proporcionalidade com a finalidade da investigação, responderá pelos excessos praticados.

Ao final, os autos contendo as informações da operação de infiltração acompanharão a denúncia do Ministério Público, quando serão disponibilizados à defesa, assegurando-se a preservação da identidade do agente.

Mais recentemente, a Lei Federal nº 13.441, de 8 de maio de 2017, inseriu a Seção V-A ao Estatuto da Criança e do Adolescente e estabeleceu enquanto meio de prova a infiltração de agentes de polícia para a investigação de crimes contra a dignidade sexual de criança e de adolescente.

Passa-se a admitir a infiltração de agentes para reprimir os crimes previstos nos arts. 240, 241, 241-A a D do Estatuto da Criança e do Adolescente, assim como os crimes previstos nos arts. 154-A, 217-A, 218, 218-A e 218-B do Código Penal, desde que não haja outro meio probatório para a comprovação da infração. Na linha da infiltração de agentes prevista na Lei do Crime Organizado, trata-se de prova subsidiária.

Tem-se enquanto legitimados ativos para postular a medida, o Delegado de Polícia, mediante representação, e o Ministério Público, mediante requerimento. Quando o Delegado de Polícia representar, dever-se-á coletar o parecer ministerial antes da análise do mérito pelo juiz competente.

A representação do Delegado de Polícia ou o requerimento do Ministério Público deverá conter a demonstração de sua necessidade, o alcance das tarefas dos policiais, os nomes ou apelidos das pessoas investigadas e, quando possível, os dados de conexão[63] ou cadastrais[64] que permitam a identificação dos indigitados.

---

63. Nos termos do art. 190-A, § 2º, I, do Estatuto da Criança e do Adolescente, os dados de conexão compreendem "informações referentes a hora, data, início, término, duração, endereço de Protocolo de Internet (IP) utilizado e terminal de origem da conexão" (BRASIL, 2017).

64. Nos termos do art. 190-A, § 2º, II, do Estatuto da Criança e do Adolescente, os dados cadastrais compreendem "informações referentes a nome e endereço de assinante ou de usuário registrado ou autenticado para a conexão a quem endereço de IP, identificação de usuário ou código de acesso tenha sido atribuído no momento da conexão" (BRASIL, 2017).

Assim, o meio de prova deverá ser precedido de autorização judicial devidamente circunstanciada e fundamentada, que estabelecerá os limites da infiltração para obtenção de prova.

Mediante requisição judicial decorrente do deferimento da representação do Delegado de Polícia ou a requerimento do Ministério Público, os órgãos de registro e cadastro público deverão incluir nos bancos de dados próprios, mediante procedimento sigiloso, as informações necessárias à efetividade da identidade fictícia criada para o agente de polícia infiltrado.

A infiltração não poderá exceder o prazo de 90 dias, sem prejuízo de eventuais renovações, uma vez demonstrada a efetiva necessidade da medida, a critério do juiz competente, não podendo exceder o prazo de 720 dias.

O juiz competente e o Ministério Público poderão requisitar ao Delegado de Polícia relatórios parciais da operação de infiltração de agentes durante sua execução.

Trata-se de meio de prova sigilosa, de forma que as informações da operação de infiltração de agentes deverão ser encaminhadas diretamente ao juiz competente, que zelará pelo sigilo. Com o objetivo de garantir o sigilo, até que se conclua a operação, o acesso aos autos fica restrito ao Juiz, ao Ministério Público e ao Delegado de Polícia responsável pela operação.

Vale frisar que não comete crime o agente policial que oculta a sua identidade para, por meio da internet, colher indícios de autoria e materialidade dos crimes previstos nos arts. 240, 241, 241-A a D do Estatuto da Criança e do Adolescente, assim como os crimes previstos nos arts. 154-A, 217-A, 218, 218-A e 218-B do Código Penal, porém, responderá pelo excesso caso deixe de observar a estrita finalidade da investigação.

Ao final da investigação, o Delegado de Polícia responsável pela investigação deverá formalizar relatório circunstanciado a ser instruído com todos os atos eletrônicos praticados durante a operação, registrados, gravados e armazenados em mídia, a ser encaminhada ao juiz competente e ao Ministério Público.

O procedimento de infiltração de agentes deverá ser processado em autos apartados e apensados, ao final, ao processo criminal juntamente com o inquérito policial, assegurando-se a preservação da identidade do agente policial infiltrado e a intimidade das crianças e adolescentes envolvidos.

No bojo do inquérito policial, após esgotar as diligências necessárias à cabal elucidação do fato criminoso, deverá a autoridade policial fazer minucioso relatório, sem emitir juízo de valor, devendo, se for o caso, indicar testemunhas que não tiverem sido inquiridas com a menção do local onde possam ser encontradas. Segundo Mirabete (2006, p. 79), pode a autoridade policial, no relatório final, "[...] exprimir impressões deixadas pelas pessoas que intervieram no inquérito: indiciado, vítima, testemunhas etc.".

Em regra, o inquérito policial deverá ser concluído no prazo de 30 dias, em caso de indiciado solto, podendo tal prazo ser prorrogado em caso de comprovada necessidade. Na hipótese de indiciado preso, deverá ser concluído, em regra, no prazo de dez dias. No caso de crime de tráfico de entorpecente, por exemplo, nos termos do art. 51 da Lei nº 11.343/2006 (BRASIL, 2006a), o inquérito policial deverá ser concluído no prazo de 30 dias em caso de indiciado preso e em 90 dias em caso de indiciado solto, sendo que referidos prazos poderão ser duplicados pelo juiz, ouvindo o parecer do Ministério Público, mediante pedido fundamentado da autoridade policial.

Queiroz (2003) lembra que, nos crimes contra a economia popular, o prazo para conclusão do inquérito policial será de 10 dias, estando o investigado preso ou solto, de acordo com os termos do art. 10, § 1º, da Lei nº 1.521/1951 (BRASIL, 1951), bem como será de 15 dias, prorrogável por mais 15 dias, nos casos de competência da Justiça Federal, nos termos do art. 66 da Lei nº 5.010/1966 (BRASIL, 1966).

Concluído o inquérito policial, em caso de ação penal privada, os autos deverão ser entregues à vítima ou a quem tenha qualidade para representá-la, mediante traslado, ou remetido ao juízo competente, ocasião em que deverá a autoridade policial notificar a vítima ou seu representante legal de que o inquérito policial foi concluído. Essa notificação, no entanto, não é obrigatória, pois cabe à vítima ou a quem tenha qualidade para representá-la promover a queixa crime no prazo de seis meses, a contar do conhecimento da autoria, sob pena de decadência, devendo, dentro desse contexto, acompanhar o andamento do inquérito policial.

A entrega do inquérito policial mediante traslado à vítima ou quem tenha qualidade para representá-la não exime a autoridade policial de encaminhar os autos originais ao juízo. Por duas razões: a primeira, pois cabe ao juiz criminal o controle correcional da Polícia Judiciária; a segunda, em face de caber ao Ministério Público verificar se há indícios de crime de ação pública, ocasião em que deverá propor a respectiva ação penal caso haja prova da materialidade delitiva e indícios suficientes de autoria.

Em caso de ação penal pública, os autos deverão ser remetidos ao juízo competente, juntamente com os objetos e instrumentos do crime que o acompanham, ocasião em que este abrirá vista ao Ministério Público, cujo representante poderá propor o arquivamento do inquérito policial, requerer a realização de diligências pertinentes e imprescindíveis para a persecução criminal, ou oferecer a denúncia, dando início à persecução criminal em juízo.

Superadas as questões afetas ao inquérito policial como disciplinado pelo CPP, necessário se torna abordar as influências das tecnologias da informação diretamente relacionadas ao procedimento informativo-administrativo inquisitorial.

5.1.4. *Softwares* de especialidade: a tecnologia da informação como suporte para o inquérito policial eletrônico

Vários projetos estão, atualmente, em uso por parte da Polícia Civil do Estado de São Paulo e que, por estarem em consonância com as tecnologias da informação, podem ser empregados como esteio para a implementação do inquérito policial eletrônico, entre os quais o Registro Digital de Ocorrência (RDO), o Fotocrim, bem como os Sistemas *Alpha*, *Phoenix*, *Guardião*, *Omega*, *Detecta* e *Aphis*.

É lógico que não se pode confundir polícia informatizada com informatização do inquérito policial. A informatização do inquérito policial, elaborado e armazenado em meio eletrônico, pressupõe uma polícia informatizada, dotada de equipamentos informáticos de última geração, *hardwares* e *softwares* de especialidades que possibilitem armazenamento de dados e interligação de bancos de dados.

No que tange aos *softwares* de especialidades, o RDO, em uso no Estado de São Paulo, permite a elaboração do boletim de ocorrência *on-line*. Capaz de interagir com base de dados, o sistema permite a localização de cadastros de pessoas e veículos, possibilitando ainda a geração de documentos que compõem o inquérito policial, como o auto de exibição e apreensão, auto de entrega, auto de prisão em flagrante, nota de culpa, ofícios, termos circunstanciados de ocorrência de menor potencial ofensivo, entre outros, recuperando informação inserida no boletim de ocorrência.

Quanto à elaboração do boletim de ocorrência, deve ser frisada ainda a possibilidade de o próprio cidadão poder registrar por meio da internet o boletim eletrônico de ocorrência em casos de furto e roubo de veículos, furto, roubo e perda de objetos e documentos, crimes contra a honra (calúnia, difamação e injúria), desaparecimento ou encontro de pessoas, acidente de trânsito sem vítima, bem como complementar boletim eletrônico de ocorrência já elaborado.[65]

Atualmente, através da Delegacia Eletrônica de Proteção Animal (DEPA), é possível que o usuário elabore denúncia de crimes contra animais, de forma anônima ou não. Os sistemas BOE e DEPA, ambos vinculados à Delegacia Eletrônica, possibilitam acompanhar o andamento da denúncia ou de boletim de ocorrência eletrônico elaborados, por meio do número do protocolo gerado, número do boletim de ocorrência eletrônico ou CPF do declarante.[66]

Além de disponibilizar fotografias de criminosos, o Fotocrim possibilita a confecção do retrato falado e o cruzamento destes com as fotos de criminosos disponíveis em seu banco de dados, viabilizando o esclarecimento de crimes, bem como a instrução do inquérito policial.

O Sistema Alpha é um banco de dados integrado ao Instituto de Identificação Ricardo Gumbleton Daunt (IIRGD) que permite pesquisas com base no número do Registro Geral (RG) ou nome, cujos resultados disponibilizam os dados cadastrais da pessoa pesquisada, bem como sua fotografia e as impressões digitais escaneadas.

Nesse aspecto, o Sistema *Phoenix* também é uma grande base de dados que contém impressões digitais, gravações de voz, fotografias e dados cadastrais do indiciado ou procurado. Permite a elaboração do boletim de

---

65. No Estado de São Paulo, o Boletim Eletrônico de Ocorrência foi instituído pela Portaria DGP-01, de 4 de fevereiro de 2000. Além do registro do Boletim Eletrônico de Ocorrência nos casos previstos, o cidadão poderá ainda fazer denúncias e sugestões afetas à Segurança Pública e ao desempenho da atividade policial, assim como acompanhar as denúncias.

66. O acesso aos serviços se opera por meio do site www.policiacivil.sp.gov.br, no link da Delegacia Eletrônica.

identificação criminal eletrônico. A sinalização de dados antropométricos, tais como face, sobrancelha, olhos, nariz, boca, queixo, orelhas, cabelos e barba, faz com que seja gerado um desenho idêntico da imagem fotográfica do indiciado, servindo de base para a realização de futuras pesquisas.

A base de dados antropométricos poderá ser utilizada para a localização de uma pessoa com a simples fotografia de um suspeito. Basta digitalizar a foto do indigitado e marcar os pontos antropométricos que o programa buscará os dados cadastrais do suspeito.

O Sistema *Phoenix* permite a realização de pesquisas por qualificação, endereço, peculiaridades, dados somáticos, incidentes penais e *modus operandi*. Assim, quaisquer destes campos podem ser utilizados como filtros de busca. O resultado da pesquisa poderá ser visualizado ou por meio de fichas digitais ou por fotos dos suspeitos.

No que tange ao Sistema *Phoenix*, não se pode deixar de consignar ainda a grande contribuição do *software* especialista na formalização de retratos falados, indispensável no esclarecimento de crime em que o autor ainda não foi submetido à identificação criminal digital.

O Sistema Guardião é empregado para a realização de interceptações telefônicas autorizadas judicialmente, possibilitando gravações digitais dos diálogos efetuados por meio da linha de telefone móvel ou fixo. Com o atributo de melhorar a qualidade técnica do áudio gravado, o programa gera arquivos digitais com data e horário das gravações interceptadas, facilitando a recuperação dos diálogos de interesse para a investigação, bem como o cruzamento de dados com a relação das ligações efetuadas e recebidas pela linha alvo a ser fornecida pela operadora.

Além de permitir a gravação do sinal liberado pela operadora de telefone fixo ou móvel, a tecnologia da informação possibilita o redirecionamento simultâneo do sinal de um telefone móvel celular ou fixo digital para outro aparelho celular indicado pela autoridade executora da interceptação, autorizando assim que o policial possa escutar o diálogo do telefone alvo em tempo real, mesmo estando em operação ou fora da sala de controle. Esse redirecionamento da chamada é denominado de Siga-me.

Capaz de consolidar em um único ambiente várias bases de dados, o Sistema Omega utiliza-se da tecnologia da inteligência artificial para potencializar a *information retrieval*.

Segundo Ferneda (2003), em um sistema de *information retrieval*, os termos de indexação estão entre as expressões de busca e os documentos. Assim, quando o usuário emprega uma expressão de busca, o sistema faz com que esta acesse os termos de indexação, os quais, por sua vez, se encarregarão de acessar os documentos que o sistema taxa de relevantes para o usuário.

Definida por Rover (2004, p. 62) como uma "[...] ciência experimental, que envolve o estudo da representação do conhecimento (cognição), raciocínio e aprendizagem, percepção dos problemas e ação ou solução dos mesmos, nos seres humanos e nas máquinas", a inteligência artificial permite que a expressão de busca utilizada pelo usuário possa recuperar uma maior quantidade de documentos relevantes, já que os termos de indexação estão interligados por *thesaurus* e ontologias.

A título de exemplo, ao empregar o termo de busca *pioneer*, grafia correta em inglês, o sistema de recuperação da informação permite a recuperação de documentos que tenham por termo de indexação as expressões *pioner*, *pionner* ou *pioneer*, minimizando, assim, falhas na recuperação da informação por equívoco na inserção de dados em face de erro de grafia.

A modulação das várias bases de dados e a visualização dos resultados de pesquisas por meio da árvore hiperbólica possibilita maior rapidez de resposta, permitindo um incremento da investigação criminal, bem como a realização de operações especializadas. Ademais, o emprego de técnicas de *information retrieval*, calcada na normalização, indexação e recuperação da informação, aliada à inteligência artificial, a qual permite o emprego de termos de indexação que estejam dentro de um mesmo contexto, baseados em *thesaurus* e ontologias, amplia o alcance da busca, potencializando os resultados de recuperação da informação, contribuindo, inclusive, para o esclarecimento de delitos.

O Sistema Omega utiliza a base de dados do RDO, Delegacia Eletrônica, IIRGD, Coordenadoria dos Estabelecimentos Penitenciários (Coesp), Siav (notícias), cadastro de armas e o banco de dados do Detran (CNH, multas e veículos), possibilitando buscas quanto à pessoa, boletins de ocorrências, *modus operandi*, veículos, armas e mandados de prisões.

O *software* foi desenvolvido na plataforma Java, utilizando diversos *frameworks* para serem suportados em sistemas operacionais MS Windows Server, Linux, Unix, web services Jakarta Tomcat e IBM WAS.

A interface que possibilita a criação de um Investigador Virtual (IV) agrega valor ao trabalho diário de investigação. Assim, ao mesmo tempo, o Sistema Omega pode ser programado para lhe fornecer informações sobre um veículo de cor branca subtraído em determinada circunscrição policial e localizar eventuais ocorrências registradas que contenham prenome ou alcunha de uma determinada pessoa. Enquanto o sistema processa a busca, o policial civil pode acessar outras ferramentas. Nesse contexto, poderá acompanhar todas as ocorrências que forem de seu interesse, obter informações sobre determinada pessoa e com quem ela se relaciona, busca de boletins de ocorrências ou ilustração gráfica para análise de ocorrências em determinadas datas, horários, áreas circunscricionais e prisões em flagrantes, bem como pesquisas com fragmentos de placas ou relacionamento entre boletins de ocorrências.

Como exemplo de interligação de bancos de dados pode-se citar a rede Infoseg, capaz de integrar informações de Segurança Pública, Justiça e de Fiscalização, em âmbito nacional. Tem-se a associação de bases de dados de órgãos estaduais e federais, atualizados de forma *on-line*, com a finalidade de disponibilizar informações ágeis e confiáveis, contidas em quaisquer bases integrantes da rede.

Calcada em uma arquitetura que se insere em padrões de interoperabilidade do governo eletrônico (*E-ping*), além da internet, a rede visa também à difusão de acesso por meio de outros dispositivos, tais como viaturas policiais, *palm's* e celulares.

Atualmente, a rede Infoseg permite pesquisas sobre informações de pessoas que possuem inquéritos policiais, processos judiciais criminais, mandados de prisão, armas de fogo e narcotráfico, além de consulta ao registro nacional de veículos automotores e ao registro nacional de condutores habilitados, ambos mantidos pelo Departamento Nacional de Trânsito (Denatran), bem como a obtenção de informações de registros de armas de fogo mantidos pelo Departamento da Polícia Federal e dados cadastrais de titulares de CPF e CNPJ, mantidos na base da Receita Federal do Brasil.

O sistema Detecta é baseado em uma plataforma tecnológica constituída por *softwares* inteligentes e vídeo analítico, composto por um complexo algorítimo de processamento e em regras de negócios parametrizáveis, capaz de fazer a gestão de informações geradas por sensores, ou seja, dispositivos que produzem informações automáticas, em cujo contexto se inserem as câmaras de vídeo e detectores de placas de veículos automotores que, integradas a outros bancos de dados em uso pelas Polícias Civil e Militar, tais como o RDO, Fotocrim, cadastro de pessoas procuradas e desaparecidas, dados do Detran, bem como registro de veículos furtados, roubados e clonados, possibilita gerar alertas automáticos e em tempo real, utilizando, para tanto, a infraestrutura do Datacenter da Prodesp, em funcionamento ininterrupto.

Os alertas, também denominados de eventos, os quais podem ser vinculados ou desvinculados a um incidente, são gerados automaticamente pelo sistema a partir de fontes externas, como ligações realizadas às linhas 190 e 197, produzidas por sensores, como leitores de placas, ou mesmo um RDO. Assim, veda-se ao usuário criar um evento.

Quando o alerta válido é disparado, será apresentado no Painel de Controle e Monitoramento (Figura 10), agregado a outras informações como data, hora, localização no mapa, eventos ou alertas correlatos, assim como imagens de vídeos lindeiros à localização do incidente.

Figura 10. Painel de Controle e Monitoramento do Detecta.[67]

Tais informações, também, são apresentadas a outros usuários do sistema, os quais podem fazer uso de dispositivos informáticos portáteis, via-

---

67. Disponível em: <www.policiacivil.sp.gov.br/detecta>. Acesso em: 10 jan. 2017.

bilizando célere análise do incidente e disseminação da informação situacional aos agentes policias que estiverem em campo ou não, transmitidas diretamente, via aplicações de internet, rádio ou celulares. O sistema ainda permite diversas pesquisas, inclusive com utilização de filtros, como identificar data e horário de passagem de um veículo por sensores (leitores de placas), em período previamente selecionado na busca, assim como visualizar imagens pretéritas, armazenadas no Datacenter, captadas em face da gestão que câmaras de videomonitoramento situadas em locais públicos e particulares interligadas ao sistema, motivo pelo qual é apontado como o maior *big data* da América Latina.

Outra ferramenta bastante útil para fomentar a investigação criminal é o Sistema de Identificação Automático de Impressões Digitais (*Automated Fingerprint Identification System – AFIS*), o qual permite, dentre outras facetas, melhoria de imagem, cálculo da imagem direcional, redução de ruídos, segmentação e afinamento (JAIN et al., 1997 apud COSTA, 2002).

A identificação por meio de digitais é viabilizada pela leitura do desenho formado pelas papilas (elevações da pele), presentes nas polpas dos dedos das mãos, que são classificadas como arco plano, arco angular, presilha direita, presilha esquerda e verticilo (Figura 11).

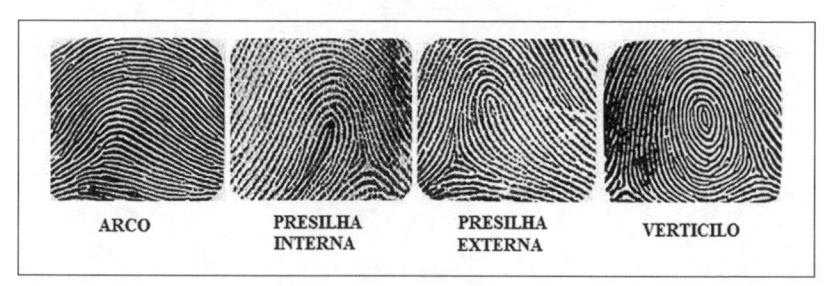

Figura 11. Sistema de Classificação de Vucetich.
Fonte: CROCE; CROCE JUNIOR, 2012.

Para se ter a prova de identidade, afora a classe, tem-se que ter ao menos 12 pontos característicos idênticos: ponto, ilha ou ilhota, cortada, extremidade de ilha, bifurcação, confluência, haste ou arpão, ponte ou anastomose, bem como lago ou encerro (Figura 12).

Essas impressões, formadas durante a gestação, são únicas em cada indivíduo e acompanham a pessoa até a morte. As impressões digitais são

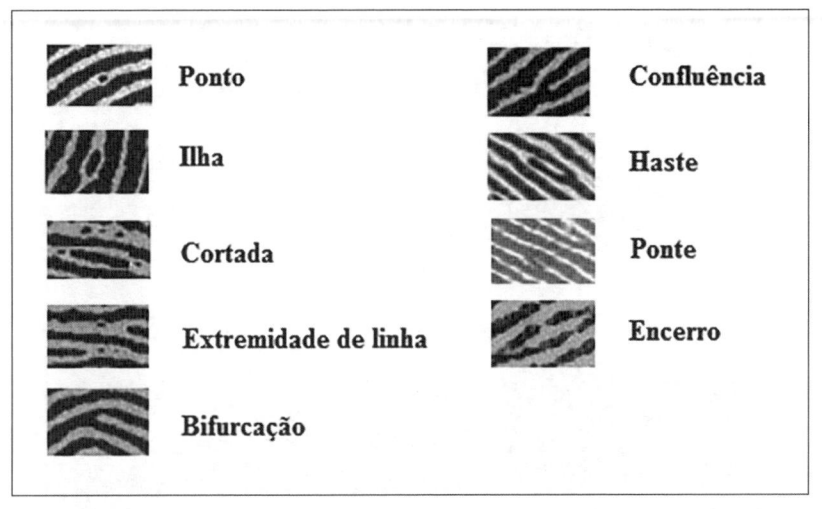

▨	Ponto	▨	Confluência
▨	Ilha	▨	Haste
▨	Cortada	▨	Ponte
▨	Extremidade de linha	▨	Encerro
▨	Bifurcação		

Figura 12. Pontos característicos na identificação por meio da impressão digital.
Fonte: CROCE; CROCE JUNIOR, 2012.

coletadas em formato digital (captura), oriundas de registros civis quanto criminais, processadas pelo sistema que utiliza o critério de classificação por classes, para, em seguida, armazenar as imagens e informações produzidas em um banco de dados digital.

Assim, a partir de uma impressão digital, total ou parcial, coletada, por exemplo, em local de crime, poder-se-á digitalizá-la para fins de captura pelo sistema, que realiza o processamento e a comparação com o acervo do banco de dados digital do AFIS (Figura 13). O sistema apresenta resposta negativa ou positiva. Sendo positiva, apresenta um rol de suspeitos e suas respectivas impressões para que o auxiliar de papiloscopia possa promover a análise individual, promovendo maior celeridade ao processo. Em decorrência, uma análise dactiloscópica que poderia durar dias, poderá ser feita em minutos.

O sistema AFIS também permite a análise de biometria palmar, (Figura 14), possibilitando potencializar a identificação da autoria do crime. Vale ressaltar, no entanto, ser indispensável que a coleta da impressão digital ou palmar, total ou fragmentada, em local de crime, seja realizada de forma acurada pelo perito criminal, sob pena de se perder o vestígio, não raras vezes, o único existente em um local de crime que possa levar ao esclarecimento da autoria da infração.

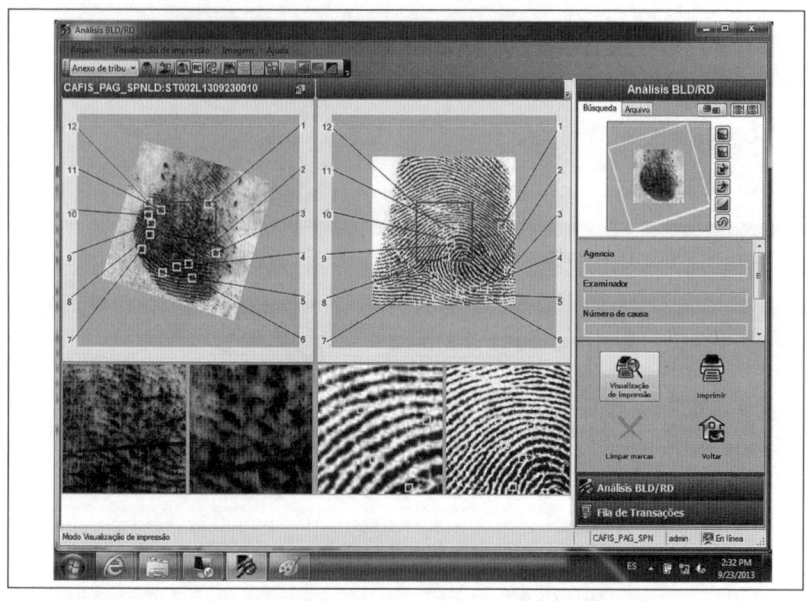

Figura 13. Destaque para a existência de 12 pontos característicos de confronto
(mínimo legal exigido). Fonte: BRANDINI JUNIOR, 2013.

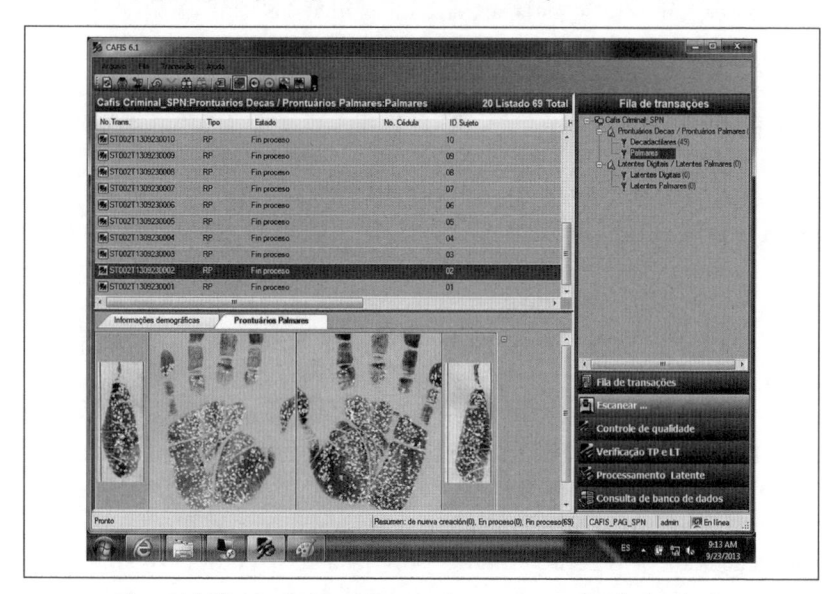

Figura 14. Biometria tipo palmar, muito comum em locais de crimes.
Fonte: BRANDINI JUNIOR, 2013.

Brandini Junior (2013) ressalva a possibilidade de o sistema AFIS ser empregado também em outros setores de prestações de serviços oferecidos pelo Governo, em cujo contexto se insere a expedição de CNH pelo Detran, não se descartando ainda a possibilidade de utilização do sistema pela Secretaria da Fazenda, no caso da Nota Fiscal Paulista (Nfe) e até mesmo por outras secretarias como as da Saúde e da Educação.

Verifica-se, portanto, a possibilidade de utilização das tecnologias da informação para investigar e solucionar, também, crimes *on-line*. Necessário agora fazer uma abordagem da influência das tecnologias da informação no inquérito policial eletrônico, nomeadamente no que tange ao indiciamento, à tramitação de cartas precatórias, à investigação policial, à coleta de provas, ao fluxo, sigilo e segurança das informações e ao relatório da autoridade policial.

5.2. ASPECTOS FORMAIS DO INQUÉRITO POLICIAL ELETRÔNICO

A discussão que se impõe quanto à adoção do inquérito policial eletrônico, em substituição ao modelo tradicional, está centrada na possibilidade de as novas tecnologias da informação virem a ferir as características que permeiam o inquérito policial, assim como ele é disciplinado pelo CPP.

Para fundamentar a resposta à indagação levantada, necessário se torna abordar alguns aspectos relacionados a atos probatórios a serem realizados na instrução do inquérito policial, bem como o fluxo, sigilo e segurança das informações no ambiente eletrônico.

Como é cediço, o inquérito policial visa a apurar o crime e todas as suas circunstâncias, bem como a autoria do delito. Assim, o Estado promove a persecução criminal pré-processual para oferecer subsídios probatórios para que o titular da ação penal possa dar início à persecução penal em juízo.

Etimologicamente, o termo prova origina-se do latim *probatio*, o qual tem o significado de "[...] prova, ensaio, verificação, e deriva do verbo *probare (probo, -as, -are)*. Vem de *probus*, que quer dizer bom, reto, honrado. O que resulta provado é, portanto, aquilo que é bom, é correto" (BADARÓ, 2003, p. 156). Para Nucci (2015b, p. 361), o verbo *probare* tem o significado de "[...] ensaiar, verificar, examinar, reconhecer por experiência, aprovar, estar satisfeito com algo, persuadir alguém a alguma coisa ou demonstrar".

Sob o ponto de vista jurídico, o conceito de prova não é abordado de forma unânime pela doutrina. Assim, verifica-se a existência de três vertentes: a prova como sinônimo de atividade probatória, como resultado da prova e como meio de prova (BADARÓ, 2003).

Segundo Badaró (2003, p. 158), como sinônimo de atividade probatória tem-se a "[...] ação de provar o conjunto de atos praticados pelas partes e pelo juiz para verificação da veracidade de uma afirmação de fato", permeando um liame com o ônus da prova. Na acepção do resultado como prova, identifica-se a prova com o "[...] convencimento que os meios de prova levaram ao juiz sobre a existência ou não de um determinado fato" (BADARÓ, 2003, p. 158), observando-se um elo com a livre convicção do juiz, enquanto que, como meio, pode-se verificar a prova como testemunhal, pericial etc.

O autor amplia a discussão ao salientar que o objeto da prova "[...] é a alegação de um fato e não o fato em si mesmo" (BADARÓ, 2003, p. 159). Em seu raciocínio, o fato em si mesmo é aquele com existência no mundo real. Ou aconteceu ou não, de forma que não pode ser verdadeiro ou falso, simplesmente existiu. Porém, os conhecimentos, percepções e juízos de valor advindos da existência do fato em si mesmo é que podem ser verdadeiros ou falsos, motivo pelos quais estes, sim, são passíveis de serem provados. "O que se prova são as alegações dos fatos feitas pelas partes, como fundamentos da acusação e da defesa" (BADARÓ, 2003, p. 160).

Sem embargo da discussão doutrinária quanto ao conceito de prova, Badaró (2003, p. 160) alerta que "[...] o conceito mais comum de prova, como meio para a descoberta da verdade, destaca a relação de meio a fim que usualmente liga a prova à verdade judicial", que, no processo penal, deve pautar pela busca da verdade real.

Exatamente visando a alcançar a verdade real é que a autoridade policial deverá atuar na presidência do inquérito policial, princípio que deverá permear a recognição do fato em si e dos conhecimentos, considerações e juízos de valor decorrentes.

Nesse aspecto, as tecnologias da informação podem trazer especial contribuição à busca da verdade real, dinamizando e potencializando a investigação criminal. O emprego de *softwares* especialistas como o guardião, o qual permite que os diálogos de interceptações telefônicas autorizadas judicialmente sejam gravados em áudio digital, com arquivos individualizados contendo data e horário, bem como o redirecionamento de chamadas (Siga-me), aliados à possibilidade de controle das relações de chamadas efetuadas e recebidas pelo telefone alvo, relação das Erbs e seus endereços físicos, transmitidas via e-mail pela operadora ao policial civil detentor de senha, permite desvendar os componentes de uma organização criminosa, delimitar o *modus operandi* e até balizar uma operação visando à prisão em flagrante dos autores do crime investigado.

Em caso de necessidade de exame pericial para comparação de vozes, o sistema *Phoenix* trará especial contribuição para armazenar os arquivos com o padrão de voz do suspeito, permitindo a conferência com aquele que foi gravado pelo sistema Guardião. Assim, os peritos poderão fazer a análise comparativa para identificar a autoria do diálogo de interesse para a investigação policial, o que se denomina de espectrografia de som (QUEIROZ, 2002).

Da mesma forma, olhos eletrônicos utilizados pela Força de Segurança Nacional nos Jogos Pan-Americanos do Rio de Janeiro, realizados em julho de 2007, com comunicação em tempo real via *palm's* e celulares aos policiais civis em operação, possibilitaram a dinamização da atuação, com um percentual maior de probabilidade de sucesso da operação planejada. Com a gravação do vídeo, pode-se anexar a imagem ao inquérito policial eletrônico, independentemente de perícia para transcrição e ilustração fotográfica quadro a quadro, exame que trouxe maior credibilidade à prova realizada, pois será capaz de corroborar a inexistência de montagem.

Pontos eletrônicos seriam indispensáveis para a realização de interceptações ambientes autorizadas judicialmente.

O emprego de *tablet's* por investigadores de polícia traria outra contribuição à investigação, pois permitiria a expedição de ordens de serviços *on-line*. No cumprimento da ordem de serviço, o policial civil poderia fazer as anotações imediatas, de forma a armazená-las em arquivos e inclusive fornecer seus relatórios conclusivos em tempo real. Os *tablet's* trariam mobilidade no acesso à informação, na medida em que permitiria ao investigador de polícia variadas pesquisas por meio da rede Infoseg, desafogando os meios de comunicações tradicionais (rádio).

Não se pode deixar de mencionar o controle de viaturas por *Global Positioning System* (GPS), sistema de posicionamento por satélite capaz de determinar a posição da viatura em terra, utilizado com sucesso pelo Departamento de Investigações sobre Narcótico (Denarc), e que traria dinamização às operações policiais.

No que tange à coleta de provas no inquérito policial eletrônico, a Lei de Informatização do Processo Judicial possibilita que os atos processuais sejam realizados integralmente em meio eletrônico, ou que, na impossibilidade, sejam digitalizados, de forma que os documentos digitalizados tenham o mesmo valor que o documento original.

Importa salientar, no entanto, que, em processos criminais e infracionais, os documentos originais deverão ser preservados, regra que também se aplica ao inquérito policial eletrônico. Não se pode esquecer que no âmbito do processo penal admite-se a revisão criminal *pro vivo* e *pro morto* tanto para restituir a liberdade quanto para resgatar a dignidade de alguém que tenha sido condenado injustamente por erro judiciário. Nessa seara, o erro pode ter ligação com o documento que foi digitalizado, motivo pelo qual se impõe que os documentos originais permaneçam em arquivo para que possam, a qualquer momento, ser objeto de prova em sede de justificação criminal, a qual servirá para instruir a ação de impugnação que buscará desconstituir o trânsito em julgado. Ademais, diferentemente do processo civil, em que se impõe prazo para a interposição da ação rescisória, a ação revisional pode ser intentada a qualquer momento, após o trânsito em julgado da sentença penal condenatória.

Assim, a título de exemplo, se um laudo pericial fosse fornecido em suporte papel, a autoridade policial poderia digitalizá-lo para instruir o inquérito policial eletrônico, porém o laudo original deveria ser mantido em arquivo e ser encaminhado ao juízo competente, ao término das investigações.

Outro meio de prova comumente utilizado no decorrer da investigação preliminar é o reconhecimento de pessoas ou objetos.

De acordo com Altavilla (1981, *apud* NUCCI, 2015b, p. 475), o "[...] reconhecimento é o resultado de um juízo de identidade entre uma percepção presente e uma passada. Reconhece-se uma pessoa ou uma coisa quando, vendo-a, se recorda havê-la visto anteriormente".

O CPP disciplina como meio de prova o reconhecimento de pessoas e coisas nos arts. 226 a 228.

Assim, quando houver necessidade de reconhecimento de pessoa, a autoridade policial determinará a pessoa que efetuará o reconhecimento que descreva o sujeito a ser reconhecido. Segundo Mirabete (2006), o fato de a pessoa não conseguir descrever o sujeito a ser reconhecido não invalida o auto de reconhecimento pessoal, pois, cientificamente, é possível justificar essa ausência de memória, ocasião em que a pessoa precisa ver novamente o sujeito para relembrar. Posteriormente, sempre que possível, deverá a autoridade policial perfilar pessoas que tenham algo de semelhança, de forma a convidar a pessoa a efetuar o reconhecimento.

No inquérito policial, a autoridade policial deverá providenciar que o reconhecimento pessoal seja feito de maneira que a pessoa que esteja fazendo o reconhecimento não seja vista pelas pessoas a serem reconhecidas.

Quando o indigitado não for localizado, tem-se admitido, na qualidade de prova inominada, a elaboração do reconhecimento fotográfico. Importa salientar, no entanto, que o reconhecimento fotográfico tem validade relativa, de forma que o juiz não poderá oferecer um decreto condenatório com base nessa prova. Deverá ponderar o valor do reconhecimento fotográfico em conjunto com as demais provas produzidas no decorrer da instrução processual. Assim, sempre que possível, deve a autoridade policial proceder ao reconhecimento pessoal, deixando o reconhecimento fotográfico apenas para a hipótese de o sujeito do crime não ter sido localizado.

No que tange ao reconhecimento de objetos, instrumentos do crime e produtos da infração, deve-se obedecer, sempre que possível, às regras previstas para o reconhecimento de pessoa.

Importa salientar que, sempre que mais de uma pessoa tiver que efetuar o reconhecimento de pessoa ou objeto, a autoridade policial deverá zelar para que cada uma faça isoladamente o reconhecimento, para que não haja influência de uma pessoa em relação ao outro reconhecedor.

De tudo, lavrar-se-á auto circunstanciado, o qual deverá ser assinado pela autoridade policial, pelo reconhecedor e por duas testemunhas presenciais.

Em se tratando de auto de reconhecimento eletrônico, como o documento seria assinado pelo reconhecedor e pelas testemunhas?

A solução talvez esteja no emprego da assinatura eletrônica por meio da biometria. Empresas têm investido em escâneres com função para reconhecimento biométrico de posição das veias do dedo, denominado de

Finger Vein Authentication Technology. Como se trata de uma leitura interna do organismo, o modelo é bem mais seguro do que o padrão de leitura das impressões digitais (Figura 15).

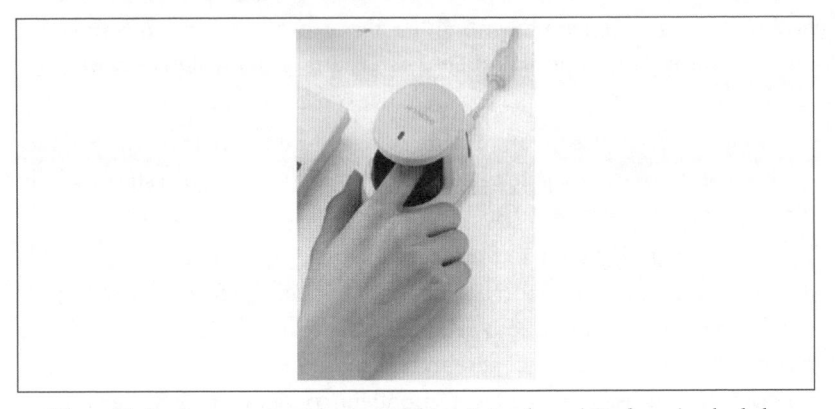

Figura 15. Escâner para reconhecimento biométrico da posição das veias do dedo.
Fonte: HITACHI, 2007.

O escâner das veias do dedo alimenta um banco de dados digital e serve para futuras identificações e emprego para assinaturas eletrônicas em outros documentos, como assentadas, declarações, auto de exibição e apreensão etc. Referido banco de dados, interligado diretamente ao IIRGD, permitiria a realização de pesquisas *on-line*, potencializando a investigação criminal.

Outra solução biométrica é a interligação dos sistemas IPe e AFIS. Assim, com a coleta digitalizada da impressão dactiloscópica da pessoa que participará do ato, o AFIS certifica sua identidade, agregando tal informação ao documento. Isso não impede que seja agregado ao documento a fotografia da pessoa ou das pessoas que participarem do ato de polícia judiciária.

Em certas ocasiões, no decorrer da instrução do inquérito policial, torna-se necessária a produção de provas a serem produzidas na circunscrição de outra unidade policial.

Para tanto, a autoridade policial que preside o inquérito policial deverá expedir carta precatória. Trata-se de uma solicitação feita pelo delegado de polícia que preside o inquérito policial, nomeado de autoridade deprecante, para que o delegado de polícia com atribuição na área circunscricional onde a prova deva ser produzida, nomeado de autoridade deprecada, faça-a.

Pela exegese do art. 355, § 1º, do CPP, a carta precatória tem caráter itinerante. Isso significa que, se a autoridade deprecada verificar que a diligência deva ser realizada na área circunscricional de outra unidade policial, para esta deverá remeter a carta precatória para que haja o cabal cumprimento da diligência deprecada. Segundo Nucci (2015b, p. 627), "[...] trata-se de medida que privilegia o princípio da economia processual". Deve, no entanto, a autoridade deprecada comunicar a providência tomada à autoridade deprecante.

No inquérito policial tradicional, a carta precatória é expedida por meio de suporte papel, enviada ou por correio ou por malote. Quando enviada por malote, chega a demorar até 15 (quinze) dias somente para atingir o seu destino. Porém, nos termos do art. 7º da Lei nº 11.419/2006, "[...] as cartas precatórias, rogatórias, de ordem e, de um modo geral, todas as comunicações oficiais que transitem entre órgãos do poder judiciário, bem como entre os deste e os dos demais poderes, serão feitas preferencialmente por meio eletrônico" (BRASIL, 2006b).

Assim, a novel lei permitiu o emprego do e-mail para a transmissão da carta precatória eletrônica. Evidentemente que, nesse processo, necessário se impõe a adoção de um sistema que confira autenticidade, integridade, validade jurídica e interoperabilidade da ICP-Brasil, calcada na criptografia assimétrica.

Cada autoridade policial poderia ter um *token* ou cartão inteligente para armazenar a sua chave (Figura 16). Assim, a carta precatória seria encriptada pela autoridade deprecante antes de sua expedição, enviada por e-mail corporativo à autoridade deprecada que, por sua vez, teria capacidade de decriptar o documento e cumprir a carta precatória. A autoridade deprecada adotaria o mesmo procedimento no ato de restituir a carta precatória devidamente cumprida. Com isso, teríamos garantido o sigilo da carta precatória, característica do inquérito policial.

Ademais, a adoção da carta precatória eletrônica possibilita que a autoridade deprecante interaja *on-line* com a autoridade deprecada, fazendo com que novos fatos possam ser esclarecidos em tempo real.

Em seu mister, quando a autoridade policial presidente do inquérito policial estiver convicta da autoria do delito, deverá deliberar pelo formal indiciamento do indigitado, visando a identificar o autor do ilícito penal.

Segundo Queiroz (2003, p. 373), trata-se de "[...] ato de exclusiva responsabilidade do Delegado de Polícia", o qual deve fundamentá-lo.

Figura 16. Exemplos de *Tokens*. Fonte: BURNETT; PAINE, 2002.

Em obediência irrestrita aos postulados constitucionais relacionados à cidadania e à dignidade da pessoa humana, a Portaria DGP-18, de 25 de novembro de 1998 (QUEIROZ, 2003), determina que, ao deliberar pelo indiciamento do investigado, a autoridade policial deverá fundamentar os motivos pelos quais determina a realização do ato, com base nas provas coligidas nos autos, devendo apontar, inclusive, o dispositivo legal supostamente infringido. Considerando que os civilmente identificados não serão identificados criminalmente, a fundamentação também deverá abarcar a questão da identificação criminal.

Vale lembrar que a identificação da pessoa humana é indispensável para a persecução criminal, de forma que a identificação criminal acaba por ser composta pela identificação fotográfica e pela dactiloscópica.

Segundo Queiroz (2003), a identificação dactiloscópica é um meio de identificação seguro e que não foi posto em dúvida pela Ciência, motivo pelo qual é a forma mais usual empregada pela Polícia Civil. Para tanto, utiliza-se o sistema de classificação de *Vucetich*.

Possui amparo no art. 6º, VIII, do CPP, o qual prescreve que a autoridade policial deverá "[...] ordenar a identificação do indiciado pelo processo dactiloscópico, se possível".

No entanto, a CF de 1988, em seu art. 5º, LVIII, prescreveu como garantia individual que o civilmente identificado não será identificado criminalmente, de maneira que coube ao legislador infraconstitucional, atualmente por meio da Lei Federal nº 12.037, de 1º de outubro de 2009 (BRASIL, 2009),[68] dispor sobre os casos em que a identificação criminal se torna obrigatória.

Inicialmente, o legislador infraconstitucional disciplinou ter força para a prova da identidade civil os seguintes documentos: carteira de identidade, carteira de trabalho, carteira profissional, passaporte, carteira de identidade funcional, bem como qualquer outro documento público que permita a identificação do indiciado. A título de exemplificação, no Estado de São Paulo, a carteira de habilitação tem o condão de substituir a carteira de identidade, por conter os requisitos necessários para identificar o seu portador. O legislador ainda equiparou os documentos de identificação militares aos de identificação civis.

Tornou-se obrigatória a identificação dactiloscópica do indigitado, ainda que identificado civilmente, em quaisquer procedimentos investigatórios levados a cabo pela Polícia Civil em que:

I – o documento apresentar rasura ou tiver indício de falsificação;

II – o documento apresentado for insuficiente para identificar cabalmente o indiciado;

III – o indiciado portar documentos de identidade distintos, com informações conflitantes entre si;

IV – a identificação criminal for essencial às investigações policiais, segundo despacho da autoridade judiciária competente, que decidirá de ofício ou mediante representação da autoridade policial, do Ministério Público ou da defesa;

V – constar de registros policiais o uso de outros nomes ou diferentes qualificações;

VI – o estado de conservação ou a distância temporal ou da localidade da expedição do documento apresentado impossibilite a completa identificação dos caracteres essenciais.

---

68. A Lei Federal nº 12.037/2009 revogou expressamente a Lei nº 10.054/2000, que até então disciplinava a matéria.

Importa salientar que além dos crimes e hipóteses em que a Lei nº 10.054/2000 exigia que o civilmente identificado fosse identificado criminalmente, a Lei Federal nº 9.034/1995, em seu art. 5º, encarregou-se de ampliar o rol de exigência obrigatória para a identificação criminal para aqueles que praticarem delitos envolvidos com ação praticada por organizações criminosas, independentemente da identificação civil (BRASIL, 1995). No entanto, o art. 1º da Lei nº 12.037/2009 revogou tacitamente o art. 5º da Lei nº 9.034/1995, ao estabelecer que o "civilmente identificado não será submetido à identificação criminal, **salvo nos casos previstos nesta Lei**" (Grifos nossos.), não deixando margens para a recepção de lei anterior. Nada impede, no entanto, que nova lei venha ampliar o rol de hipóteses que admitam a identificação criminal do civilmente identificado, inclusive no caso de organizações criminosas.

No aspecto formal do indiciamento, prevê o art. 6º, VIII, do CPP que a autoridade policial deva investigar a vida pregressa do indiciado. Tal medida é importante, inclusive, para que tanto a autoridade policial quanto o juiz possam fixar o valor da fiança. O juiz também leva em consideração as informações contidas na vida pregressa como "[...] uma melhor forma de individualização da pena" (QUEIROZ, 2003, p. 374).

O sistema *Phoenix* pode ser utilizado para a formalização do boletim de identificação criminal eletrônico. Vida pregressa, qualificação e interrogatório podem ser feitos normalmente no editor de texto, sendo referidos documentos assinados eletronicamente pelo indiciado. Nesse aspecto, a assinatura eletrônica por meio da biometria com base na posição das veias do dedo confere segurança jurídica ao documento. Posteriormente, os documentos devem ser assinados pela autoridade policial.

Importa salientar que o interrogatório deverá ser formalizado, sempre que possível, nos moldes previstos no art. 188 do CPP.

Ao finalizar o inquérito policial, a autoridade policial que o preside deverá fazer minucioso relatório, à luz do art. 10, § 1º, do CPP.

Sem emitir juízo de valores, a autoridade policial deverá relatar todas as providências que foram tomadas no decorrer da investigação, apontando se a autoria foi apurada ou não, demonstrando, assim, segundo Nucci (2015b, p. 93), "[...] transparência na atividade do Estado-investigação, comprobatória de que o princípio da obrigatoriedade da ação penal foi respeitado, esgotando-se tudo o que seria possível para colher provas destinadas ao Estado-acusação".

Excepcionalmente, mormente em caso de indigitado preso cautelarmente, poderá a autoridade policial indicar no relatório o nome de testemunhas que não foram inquiridas e o endereço onde podem ser encontradas, em face do exíguo prazo para a conclusão das diligências. Evidentemente que, em se tratando de indigitado solto, deverá a autoridade policial esgotar todos os meios para inquirir as testemunhas, já que lhe é permitida solicitar a dilação do prazo.

Concluído o inquérito policial com o relatório final, deverá o caderno policial ser encaminhado ao juiz competente.

O ajuizamento do IPe, cujo sistema está em desenvolvimento pela Polícia Civil do Estado de São Paulo, seja para fins de dilação de prazo, seja no caso de inquérito policial concluído, somente será possível após as peças produzidas no bojo do inquérito policial estarem assinadas digitalmente por meio de certificação digital. As peças podem ser assinadas individualmente ou por lote. O sistema possibilitará visualizar todas as peças assinadas digitalmente em um único arquivo PDF, o qual poderá ser visualizado pelo Poder Judiciário via sistema e-SAJ (Figura 17).

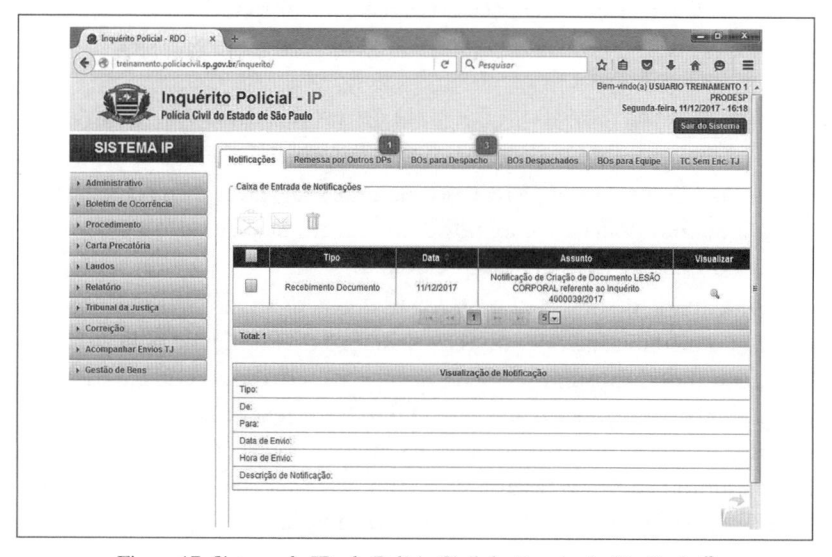

Figura 17. Sistema de IPe da Polícia Civil do Estado de São Paulo.[69]

---

69. A URL, acessada exclusivamente pela Intranet, refere-se ao ambiente de treinamento do sistema de IPe utilizado pela Academia da Polícia Civil do Estado de São Paulo para preparar os policiais civis a utilizar a ferramenta.

Em tema que envolve as questões que devem permear o inquérito policial eletrônico, não se pode deixar de debater o direito do advogado em examinar, mesmo sem procuração, autos de prisão em flagrante e de inquérito policial, findos e em andamento, ainda que conclusos à autoridade, podendo copiar peças e tomar apontamentos, nos termos do art. 7º, XIV, da Lei Federal nº 8.906/1994 (BRASIL, 1994).

Assim, poderá o advogado acessar eletronicamente e a qualquer momento os autos do inquérito policial? Como estamos diante de um procedimento inquisitivo e sigiloso, a melhor solução seria exigir dos advogados militantes na circunscrição policial cadastro prévio e pessoal, nos mesmos moldes do que exige a lei de informatização do processo judicial para que o advogado possa peticionar eletronicamente em juízo. Além do mais, o advogado terá que possuir um par de chaves do sistema da ICP-Brasil, de forma que assina digitalmente a petição solicitando vista e extração de cópias do inquérito policial, o qual deverá ser submetido a análise e deferimento por parte do delegado de polícia presidente do feito, que solicitará ao gestor da rede senha para acesso específico e por prazo certo ao inquérito policial respectivo, cujas cópias serão criptografadas para que não haja alteração do conteúdo.[70]

O sistema IPe permite acesso ao inquérito policial por parte do advogado via sistema e-SAJ, permanecendo o registro de acesso armazenado no sistema. Lógico que esse recurso somente será viável após o ajuizamento do inquérito policial como, por exemplo, em face de dilações de prazo ou quando finda a investigação preliminar.

Evidentemente que, na hipótese em que o sigilo das investigações for decretado pelo juiz, atendendo representação da autoridade policial ou requerimento do Ministério Público, somente o advogado constituído pelo réu poderá acompanhar o seu cliente durante a realização de um ato probatório. Esse é o posicionamento assente na doutrina, a qual interpreta em conjunto os termos do art. 7º, XIII a XV e § 1º da Lei nº 8.906/1994 (CAPEZ, 2015; NUCCI, 2015b; MIRABETE, 2006).

---

70. Essa solução é aventada para acesso ao inquérito policial por meio da internet. No entanto, caso o advogado esteja presente na repartição policial, a própria autoridade policial ou seus agentes poderiam acessar o documento para vista ao advogado, enviando as cópias requeridas, posteriormente, por e-mail, utilizando o sistema da ICP-Brasil, mediante prévio requerimento que pode ser anexado aos autos, após digitalização em formato pdf.

Ao prever, no art. 7º da Lei nº 11.419/2006, que as comunicações oficiais entre os órgãos do Poder Judiciário, bem como entre os destes e os dos demais poderes, serão feitas preferencialmente por meio eletrônico, a Lei de Informatização do Processo trouxe a possibilidade de maior agilidade e eficiência à investigação criminal, uma vez que, em um contexto de crimes informáticos, a autoridade policial terá em suas mãos uma ferramenta que lhe permitirá representar diretamente ao juiz competente para a autorização da produção da prova.

Como não há, por ora, lei federal que obrigue os provedores a manter os *logs* de seus clientes em arquivo, urge que a investigação seja rápida para que os vestígios eletrônicos não desapareçam. Assim, a requisição do juiz, que no meio tradicional (correio) leva dias para chegar ao provedor, poderá chegar na mesma data diante da representação eletrônica formulada pela autoridade policial e a requisição eletrônica formulada pelo juiz.

Com isso, a investigação criminal ganha eficiência e o Estado pode retribuir com a entrega da prestação jurisdicional mais célere.

5.3. PRESERVAÇÃO DA PROVA EM UM CONTEXTO DIGITAL: DO FURTO MEDIANTE FRAUDE

Levando-se em consideração que o *keylog* foi introduzido no HD (*hard disc*)[71] do internauta por meio de um e-mail indesejado, possibilitando ao *cracker*[72] obter informações preciosas como o número da conta bancária, agência e senha do *home banking*, um primeiro questionamento se impõe: assim que o internauta constatar que o seu computador foi invadido, deve imediatamente desligar a máquina?

Impõe-se a discussão dessa questão, pois, segundo pesquisa do CERT. br, a grande maioria dos ataques é reportada nas segundas e terças-feiras, quando o agente constata o desfalque de sua conta-corrente, enquanto a grande gama de e-mails contendo programas espiões é recebido nos finais de semana (Figura 18).

---

71. *Hard disc* é o disco rígido do computador, onde são armazenados os dados eletrônicos.

72. Paesani (2000) denomina o *cracker* ou *hacker* não ético como o "invasor destrutivo que tenta invadir na surdina os portões de entrada dos serviços internet".

TOTAL DE INCIDENTES REPORTADOS AO CERT.BR (POR DIA DA SEMANA)

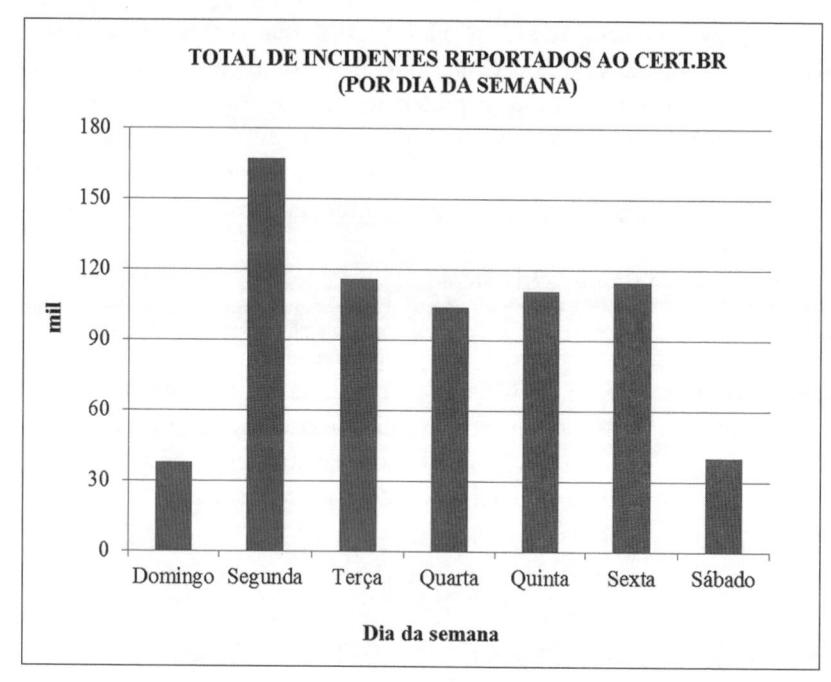

Figura 18. Total de incidentes reportados ao CERT.br por dia da semana no ano de 2015.
Fonte: CERT, 2016.

Em que pese desligar a máquina seja a conduta instintiva a ser tomada pelo internauta, mormente quando dotado de conhecimentos mínimos em informática, para Montanaro Barrales,[73] o ideal é desligar a internet, sem desligar o CPU, bem como interpelar o provedor para preservar os arquivos *logs*,[74] de forma que não perca dados importantes para o rastreamento. Assim, nesse contexto, a vítima tem papel fundamental para a preservação da prova material.

Com o advento da Lei nº 12.965/2014, "o provedor de aplicações de internet constituído na forma de pessoa jurídica e que exerça essa atividade

---

73. O autor, Domingo Martim Montanaro Barrales, é perito em segurança eletrônica e apresentou a classificação em palestra sob o título "Tecnologia da informação: a elucidação de crimes nos meios eletrônicos", apresentada no Fórum sobre Direito Eletrônico sob o título "A Internet e o Poder Judiciário", promovido pelo Instituto Paulista de Educação Continuada (IPEC), realizado em 20 de novembro de 2004, em São Paulo/SP.
74. Segundo Solha (1999), *logs* são "registros de atividade do sistema".

de forma organizada, profissionalmente e com fins econômicos", em cujo contexto se insere o *net banking*, "deverá manter os respectivos registros de acesso a aplicações de internet, sob sigilo, em ambiente controlado e de segurança, pelo prazo de 6 (seis) meses, nos termos do regulamento" (BRASIL, 2014).

Concomitantemente, deve ser acionada a Polícia Civil para que esta, juntamente com o perito oficial ou os louvados (nomeados), possa tomar as providências pertinentes.

Levando em conta que, provavelmente, o dispositivo informático da vítima foi invadido para a obtenção das informações necessárias para o acesso fraudulento ao *net banking* pelo autor do crime, é essencial que o equipamento seja alvo de perícia, objetivando a materialização dos vestígios deixados pela invasão.

Nessa linha de raciocínio, referida perícia pode ser feita no espelho do HD do dispositivo informático invadido. Para tanto, após a apreensão do aparelho e a autorização expressa da vítima para a realização da perícia, deve a autoridade policial requisitar que seja feito um espelhamento do HD, com o objetivo de restituir o dispositivo informático o mais rápido possível à vítima. Em regra, para garantir que os arquivos examinados correspondam aos arquivos originais, o Instituto de Criminalística utiliza algum algoritmo de autenticação, como *"algoritmo de hash MD5"*. O referido algoritmo gera uma chave alfanumérica única para cada arquivo, de forma que, em caso de eventual alteração, as chaves de ambos não coincidirão.

Deve a autoridade policial questionar o perito para que esclareça qual é o sistema operacional utilizado pelo dispositivo informático da vítima, se houve a invasão, quando isso ocorreu e qual o *modus operandi* utilizado pelo agente, em especial se foi instalada alguma vulnerabilidade ou cavalo de Troia, identificando-se e isolando o arquivo ou programa, assim como se é possível, via engenharia regressiva, estabelecer a qual IP o programa espião enviou as informações obtidas.

Vale frisar que o acesso ao *net banking* em redes wu-fi gratuitas, em que, em regra, o usuário não precisa se identificar, possibilita ao agente, conectado em um nó da rede, acessar as informações necessárias para a prática do crime por meio do golpe *men in the middle*. Nesse caso, o agente, fazendo emprego de "linguagem informática, estando em um nó da rede, monitora o tráfego da rede e emite comandos para aquele que vai abrir uma requisição, intitulando-se destinatário, obtendo, desse modo, a informação" [...], durante o seu trânsito, "[...] sem que tenha invadido o dispositivo informático" (SACARMANHÃ; FURLANETO NETO; SANTOS, 2014, p. 248).

Segundo o guia de melhores práticas para apreensão de evidências publicado pelo Departamento de Segurança Interna e o Serviço Secreto dos EUA, quando o policial civil chegar a um lugar de crime e verificar que o computador pessoal ou doméstico está ligado, deve inicialmente verificar se está conectado a uma rede. Caso não esteja, impõe-se que, preliminarmente, fotografe o local com ilustração da tela e dos cabos conectados à CPU. Caso a imagem da tela esteja em módulo de descanso, a única providência a ser tomada será o deslocamento do mouse ou o acionamento da tecla de espaço, visando recuperar a imagem ativa da tela para ilustração fotográfica. Em seguida, deve ser retirado o cabo de força da parte de trás da torre, operação que visa a impedir o perdimento da memória *ram*. Assim, o perito poderá recuperar dados eletrônicos da última operação feita pelo suspeito.

Em palestra proferida durante o Curso de Crimes Cibernéticos, evento ocorrido nos dias 19 e 20 de fevereiro de 2009, no Teatro do Sesi, em São Paulo, onde se promoveu o intercâmbio entre os órgãos de repressão aos crimes informáticos dos EUA e Brasil, agentes do Serviço Secreto dos EUA defenderam a hipótese de realizar uma imagem do HD do computador do investigado para um HD externo, antes de desligar a fonte de energia. Como a imagem reflete uma cópia fiel dos dados armazenados no HD do computador do suspeito, isso somente seria possível com a adoção de *software* especialista, sob pena de alteração dos registros e contaminação da prova. Essa providência teria duas funções: a de dar segurança na produção da prova com o *backup*, já que os dados contidos no HD do computador da pessoa investigada estão sujeitos a danos em caso de transporte inadequado, bem como a de evitar a apreensão do computador da pessoa indigitada, já que os dados do HD já foram objeto de busca e apreensão. Essa segunda hipótese é adequada a uma investigação garantista, minimizando o constrangimento causado à pessoa investigada em face da eventual constricção de seu computador. No entanto, tal providência dificilmente será implementada no Brasil, em face do custo a ser suportado pelo Estado, com o suprimento do HD externo, o qual, após ser periciado, deverá instruir o processo crime. De qualquer forma, em caso de adoção dessa metodologia investigativa, seria importante que o perito requisitado pela autoridade policial providenciasse a imagem do HD no próprio local da busca e apreensão.

Vale lembrar que tal providência se torna desnecessária em caso de delitos que prevê o perdimento do bem, como, por exemplo, o crime de violação de direitos autorais, previsto no art. 184 do Código Penal.

Na hipótese de o computador estar conectado a uma rede doméstica, impõe-se que seja desconectado o cabo de força do roteador ou do modem, antes de se proceder à ilustração fotográfica do local e apreensão do equipamento, conforme descrito no parágrafo antecedente.

Em hipótese alguma o policial deverá ligar o computador caso o encontrar desligado, tampouco poderá manuseá-lo à procura de evidências.

Desligar o computador pelos comandos de seu sistema operacional fará com que os dados constantes na máquina sejam alterados. O manuseio do computador do suspeito à procura de provas somente deverá ser realizado por perito requisitado pela autoridade policial, o qual deverá laborar com adoção de aplicativos forenses próprios, tais como o *encase*, *autopsy* ou o *Forensic Tool Kit* (FTK), pois, caso contrário, sua conduta também alterará os dados eletrônicos constantes na máquina e maculará a prova.

Aliás, a presença do perito em local de crime com o levantamento adequado da prova da materialidade do crime poderá viabilizar a prisão em flagrante do agente, como nas hipóteses de posse de material pornográfico infantojuvenil em dispositivos informáticos e o compartilhamento via redes P2P[75] – *peer to peer* – de vídeos de sexo explícito e/ou pornográfico infantojuvenil.

O emprego de *softwares* de especialidade permite a padronização de metodologia de trabalho visando à preservação da prova material.

Vale lembrar que os dados armazenados em equipamentos informáticos estão tutelados pelo sigilo esculpido no art. 5°, incisos X e XII, da CF, cuja quebra exige autorização judicial, nos termos do art. 1°, parágrafo único, da Lei n° 9.296/1996. Assim, a perícia em um HD, com o objetivo de revelar o seu conteúdo, somente poderá ser realizada com prévia autorização do juiz competente ou autorização expressa do possuidor ou proprietário de um dispositivo informático. Ademais, impõe-se que a requi-

---

75. As aplicações de Internet Kaaza e BitTorrent são exemplos de redes *peer to peer*.

sição contenha quesitos específicos, evitando-se, assim, revelar conteúdos que não tenham a ver com o objeto da investigação, o que poderá violar a privacidade e intimidade da pessoa investigada.

Em que pesem os comandos do artigo 6º, incisos II, III e VII, do CPP, deliberarem o dever da autoridade policial de apreender os objetos que tiverem relação com o fato, após liberados pelos peritos criminais, colher todas as provas que servirem para o esclarecimento do fato e suas circunstâncias, assim como determinar, se for o caso, que se proceda a exame de corpo de deito e a quaisquer outras perícias, recente decisão da 6ª Turma do STJ, sob relatoria do Ministro Nefi Cordeiro, em sede do HC 51531, estipulou que a Autoridade Policial não poderá acessar conversas contidas no aplicativo Whatsapp, armazenadas em dispositivo informático (celular), sob pena de violar a privacidade, a intimidade, dentre outros princípios e garantias constitucionais. Nesse contexto, firmou entendimento que, sem prévia autorização judicial, são nulas as provas obtidas pela polícia por meio da extração de dados e de conversas registradas no Whatsapp presentes no celular do suposto autor de fato delituoso, ainda que o aparelho tenha sido apreendido no momento da prisão em flagrante. Assim, é ilícita a devassa de dados, bem como das conversas de Whatsapp, obtidos diretamente pela polícia em celular apreendido no flagrante, sem prévia autorização judicial.[76]

Assim, mesmo na hipótese de flagrante delito, ainda que seja dispensável ordem judicial para a apreensão do dispositivo informático (telefone celular), as mensagens armazenadas no aparelho estão protegidas pelo sigilo telefônico, que compreende igualmente a transmissão, a recepção ou a emissão de símbolos, caracteres, sinais, escritos, imagens, sons ou informações de qualquer natureza, por meio de telefonia fixa ou móvel ou, ainda, por meio de sistemas de informática e telemática.[77]

---

76. Atualmente, o celular deixou de ser apenas um instrumento de conversação pela voz à longa distância, permitindo, diante do avanço tecnológico, o acesso de múltiplas funções, incluindo, no caso, a verificação da correspondência eletrônica, de mensagens e de outros aplicativos que possibilitam a comunicação por meio de troca de dados de forma similar à telefonia convencional. Deste modo, ilícita é tanto a devassa de dados, como das conversas de Whatsapp obtidos de celular apreendido, porquanto realizada sem ordem judicial. (STJ, 6ª Turma, RHC 51.531-RO, Rel. Min. Nefi Cordeiro, j. em 19.4.2016 – *Info* 583.)

77. STJ, 5ª Turma, RHC 67.379-RN, Rel. Min. Ribeiro Dantas, j. em 20.10.2016 (*Info* 593).

A respeito do tema, Souza (2007) discorre sobre a busca e apreensão digital enquanto prova penal atípica. Segundo o autor, a prova atípica ou inominada se posiciona de forma antagônica à prova típica. Esta, catalogada ou arrolada por lei como meio de prova, enquanto aquela, não prevista em lei, mas cuja produção não é proibida. Para o autor, com a busca e apreensão digital procura-se a coleta de dados em mídias informatizadas sem a necessidade de apreensão física do *hardware* ou do suporte físico onde estão armazenadas as informações de interesse para a prova do crime investigado.

Vale lembrar, no entanto, que o art. 158 do CPP estabelece a necessidade de realização de prova pericial quando o crime deixar vestígios. No caso da criminalidade informática, em regra, o crime deixa vestígios eletrônicos, os quais devem ser objeto de perícia.

Assim, dentro de um contexto investigatório onde se busca a maior gama de provas com o mínimo constrangimento à pessoa indigitada, *softwares* de especialidade ou aplicativos forenses permitem ao órgão investigatório avaliar de plano pela necessidade ou não de apreender o *hardware*, sem a contaminação da prova com as alterações de registros. O ideal é que o perito oficial acompanhe a autoridade policial e seus agentes no cumprimento do mandado de busca e apreensão digital, realizando, assim, a perícia no próprio local onde estiver o equipamento informático. Como, nos termos do art. 6º, II, do CPP, é dever da autoridade policial apreender os objetos que tenham relação com o fato, após liberação pelo perito, o *hardware* pode ser apreendido, sem a necessidade de apreensão de todo o equipamento informático. Assim, efetiva-se o justo processo e uma investigação humanitária, com a coleta de provas acarretando o mínimo de constrangimento ao investigado.

Souza (2007) ainda aborda a possibilidade de monitoramento de dados informáticos mediante acesso virtual. Importa salientar, outrossim, que nesta hipótese estamos diante da interceptação do fluxo de comunicações em sistemas de informática e telemática, cujo embasamento jurídico para sua admissão encontra-se esculpido no art. 1º, parágrafo único, da Lei nº 9.296/1996.

Quando se tratar de crime perpetrado por meio de e-mail, situação que poderá estar inserida no *iter criminis* do furto mediante fraude, necessário se torna buscar a leitura completa do cabeçalho da correspondência eletrônica, onde será possível obter o número do IP da máquina que o agente utilizou, bem como o horário em que a mensagem foi expedida.

Ressalte-se que nem sempre há, em um primeiro momento, a necessidade de autorização judicial para se chegar ao protocol internet – IP do suspeito, diante desse dado ser de domínio público e ser acessado por qualquer um que tenha conhecimento técnico para tal. A leitura do cabeçalho completo de um e-mail, por exemplo, pode possibilitar tal identificação (Figura 19).

```
Delivered-To: mariofur@univem.edu.br
Received: by 10.129.110.2 with SMTP id j2csp207747ywc;
        Mon, 20 Feb 2017 15:18:15 -0800 (PST)
X-Received: by 10.233.220.134 with SMTP id q128mr21175269qkf.220.1487632695633;
        Mon, 20 Feb 2017 15:18:15 -0800 (PST)
Return-Path: <notification+kr4nanwnmnwn@facebookmail.com>
Received: from mx-out.facebook.com (66-220-155-157.outmail.facebook.com. [66.220.155.157])
        by mx.google.com with ESMTPS id w37si2787948qtg.323.2017.02.20.15.18.15
        for <mariofur@univem.edu.br>
        (version=TLS1 cipher=ECDHE-RSA-AES128-SHA bits=128/128);
        Mon, 20 Feb 2017 15:18:15 -0800 (PST)
Received-SPF: pass (google.com: domain of notification+kr4nanwnmnwn@facebookmail.com designates 66.220.155.157 as permitted sender) client-ip=66.220.155.157;
Authentication-Results: mx.google.com;
        dkim=pass header.i=@facebookmail.com;
        spf=pass (google.com: domain of notification+kr4nanwnmnwn@facebookmail.com designates 66.220.155.157 as permitted sender) smtp.mailfrom=notification+kr4nanwnmnwn@facebookmail.com;
        dmarc=pass (p=REJECT sp=REJECT dis=NONE) header.from=facebookmail.com
DKIM-Signature: v=1; a=rsa-sha256; c=relaxed/simple; d=facebookmail.com; s=s1024-2013-q3; t=1487632694;
        bh=PJ415y+4YrXKjKbzkATb0mBfl+5eDLVOmkTCfXGlEnI=; h=Date:To:Subject:From:MIME-Version:Content-Type;
        b=vGEGv1TYDPQOLgaFRsUTL6OHrqVv6gxLJxrS/qwtqgyr9AkTiuW69gRKO3ikwBN7jn
        DqMStU6HpJQHb/BupGxUlfx+BLVra0hg35HoBjLhQvOP+067X4hWnRGGaJGZQ8BtFL
        y2TCLu4onMYdcfk1hAkr6T3vGupWfLF/PX1LeQ39=
Received: from facebook.com (2JOZIAc67Md8rAtxCwEP8GuC0y99mTdD6TF5/+84N9Tnhq2QLi56WbSnHGiLU+aW 10.222.219.33) by
facebook.com with Thrift id dae943e6f7c211e68eb124be05902790-69fca00; Mon, 20 Feb 2017 15:18:14 -0800
X-Facebook: from 2401:db00:2060:9132:face:0:95:0 ([MTI3LjAuMC4x]) by async.facebook.com with HTTP (ZuckMail);
Date: Mon, 20 Feb 2017 15:18:14 -0800
To: Nepi Pesquisas <mariofur@univem.edu.br>
Subject: Nepi, você tem 12 novas notificações e 11 mensagens
X-Priority: 3
X-Mailer: ZuckMail [version 1.00]
Return-Path: notification+kr4nanwnmnwn@facebookmail.com
From: Facebook <notification+kr4nanwnmnwn@facebookmail.com>
Reply-to: noreply <noreply@facebookmail.com>
Errors-to: notification+kr4nanwnmnwn@facebookmail.com
X-Facebook-Notify: stale_notifications; mailid=548fe30aad5beG5af63d5d2a2eG548fe7a40d890G32b
List-Unsubscribe: <https://www.facebook.com/o.php?k=AS28xY9yELGsdqtu&u=100013637970478&mid=548fe30aad5beG5af63d5d2a2eG548fe7a40d890G32b>
X-FACEBOOK-PRIORITY: 1
```

Figura 19. Cabeçalho completo de um e-mail.

O acesso ao cabeçalho completo dependerá da configuração de cada aplicação de internet.[78] A leitura do cabeçalho completo se opera de baixo para cima, a partir da identificação dos campos *Date* (Data), *From* (Remetente), *To* (destinatário) e *Subject* (assunto). As referidas informações nem sempre serão exibidas nessa mesma ordem. O campo *Date* é primordial para saber o exato momento em que o remetente enviou a mensagem. No caso da Figura 19, identifica-se que a mensagem foi enviada no 20 de fevereiro de

---

78. O acesso ao *header* ou cabeçalho completo dependerá da configuração da aplicação de internet. Assim, tais informações podem estar, por exemplo, nos campos "mostrar original" ou "cabeçalho completo". O policial que for atender inicialmente a ocorrência deverá estar atento a tal aspecto.

2017, às 15h18min14s, a ser observado o fuso horário -800. A identificação do fuso horário é primordial para que, posteriormente, o provedor forneça os dados cadastrais do cliente a que atribuiu o referido IP.

Blatt (2016, p. 71) ressalva que a hora mundial tem por base o "meridiano de Greenwich GMT (*Greecwich Mean Time*), ou relógios atômicos que registram o IAT (*Internacional Atomic Time*)", porém, contemporaneamente, tem-se utilizado o "UTC (*Universal Time Coordinated*) para indicar fusos horários", enfatizando que o UTC "é o tempo registrado nos relógios atômicos e todos os demais 23 fusos horários do globo são relativos a ele".

O autor aduz ainda que no Brasil existem três UTCs: o de Brasília (UTC -0300), pois está a três horas do meridiano de Greenwich, mas que se torna UTC -0200 no horário de verão; o de Fernando de Noronha e ilha da Trindade (UTC -0200), por estar a duas horas do meridiano de Greenwich; o dos Estados de Mato Grosso, Mato Grosso do Sul, Amazonas, Rondônia, Roraima e Acre (UTC -0400), por estarem a quatro horas do meridiano de Greenwich (BLATT, 2016).

O número do IP do remetente da mensagem poderá ser identificado no campo *"From"*, como exposto na Figura 20.

```
Delivered-To: mariofur@univem.edu.br
Received: by 10.129.110.2 with SMTP id j2csp207747ywc;
        Mon, 20 Feb 2017 15:18:15 -0800 (PST)
X-Received: by 10.233.220.134 with SMTP id ql28mr21175269qkf.220.1487632695633;
        Mon, 20 Feb 2017 15:18:15 -0800 (PST)
Return-Path: <notification+kr4nanwnmnwn@facebookmail.com>
Received: from mx-out.facebook.com (66-220-155-157.outmail.facebook.com. [66.220.155.157])
        by mx.google.com with ESMTPS id w37si278794@qtg.323.2017.02.20.15.18.15
        for <mariofur@univem.edu.br>
        (version=TLS1 cipher=ECDHE-RSA-AES128-SHA bits=128/128);
Received-SPF: pass (google.com: domain of notification+kr4nanwnmnwn@facebookmail.com designates 66.220.155.157 as permitted sender) client-ip=66.220.155.157;
Authentication-Results: mx.google.com;
        dkim=pass header.i=@facebookmail.com;
        spf=pass (google.com: domain of notification+kr4nanwnmnwn@facebookmail.com designates 66.220.155.157 as permitted sender) smtp.mailfrom=notification+kr4nanwnmnwn@facebookmail.com;
        dmarc=pass (p=REJECT sp=REJECT dis=NONE) header.from=facebookmail.com
DKIM-Signature: v=1; a=rsa-sha256; c=relaxed/simple; d=facebookmail.com; s=s1024-2013-q3; t=1487632694;
bh=PJ415y+4YrXKjKbzkATb0mBfl+5mDLVOmkTCfXGlEnI=; h=Date:To:Subject:From:MIME-Version:Content-Type;
b=vGEGv1TYDPQOLgaFRsUTL6OHrqVv6gzLJxr5/qwtqyr9AkTiuW69gRKO3ikwBN7jn
    DqMStU6HpJQHb/BupGxUlfx+BLVra0hg35HoBjLhQvOP+067X4hWnRGGsJGZQ8BtFL
    y2TCLu4onMYdcfklAnkr6T3vGupWfLF/PX1LeQ38=
Received: from facebook.com (2JOSIAc67Md8rAtxCwEP8GucOy99mTdD6TF5/+84N9Tnhq2QLi56WbSnHGiLU+aW 10.222.219.33) by
facebook.com with Thrift id dae943e6f7c211e68eb124be05902790-69fca00; Mon, 20 Feb 2017 15:18:14 -0800
X-Facebook: from 2401:db00:2060:9132:face:0:95:0 ([MTI3LjAuMC4x]) by async.facebook.com with HTTP (ZuckMail);
Date: Mon, 20 Feb 2017 15:18:14 -0800
To: Nepi Pesquisas <mariofur@univem.edu.br>
Subject: Nepi, você tem 12 novas notificações e 11 mensagens
X-Priority: 3
X-Mailer: ZuckMail [version 1.00]
Return-Path: notification+kr4nanwnmnwn@facebookmail.com
From: Facebook <notification+kr4nanwnmnwn@facebookmail.com>
Reply-to: noreply <noreply@facebookmail.com>
Errors-To: notification+kr4nanwnmnwn@facebookmail.com
X-Facebook-Notify: stale_notifications; mailid=548fe30aad5beG5af63d5d2a2eG548fe7a40d890G32b
List-Unsubscribe: <https://www.facebook.com/o.php?k=AS28xY9yELGsdqtu&u=100013637970478&
mid=548fe30aad5beG5af63d5d2a2eG548fe7a40d890G32b>
X-FACEBOOK-PRIORITY: 1
```

Figura 20. Número do IP do remetente da mensagem poderá ser identificado no campo *"From"*.

Blatt (2016, p. 73) aduz que o "principal campo a ser analisado no cabeçalho de um e-mail é o *Received*, pois é muito difícil de ser adulterado e indica a trajetória da mensagem", com informações ou subcampos como: "*From*, que indica o servidor que enviou a mensagem; *by*, que indica o caminho físico da mensagem; *With*, que indica o protocolo de comunicação utilizado; *Message-ID*, com uma identificação única da mensagem, e o compo *For*, com o e-mail do destinatário".

Na Figura 20 há o apontamento de que o IP foi atribuído pelo *facebook.com*, porém, para confirmar tal assertiva, pode-se acessar a aplicação de internet meu ip (www.meuip.com.br), em especial o *link* localizar IP. Após digitar o número do IP obtido em face da análise do *header* e solicitar a pesquisa, a aplicação fornece o nome do provedor, bem como o país, Estado e cidade de sua sede, juntamente com um mapa de geolocalização (Figura 21).

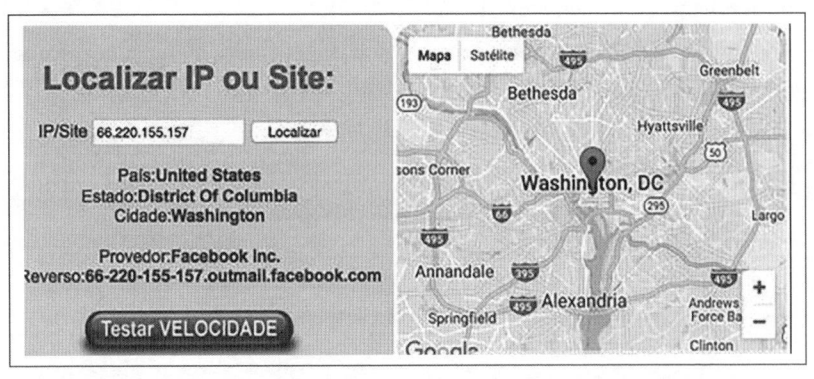

Figura 21. Pesquisa referente à localização do nome do provedor, país, estado e cidade de sua sede, juntamente com um mapa de geolocalização.

Após a identificação do IP, com esteio no artigo 10, § 3º, da Lei Federal nº 12.965/2014, a autoridade administrativa com poder de investigação poderá obter, independentemente de ordem judicial, mediante requisição, os dados cadastrais do cliente do provedor de conexão ou de aplicação de internet, que informem qualificação pessoal, filiação e endereço. Ressalva-se, no entanto, que o acesso aos arquivos *logs* mantidos pelos provedores depende de prévia ordem judicial, nos termos dos artigos em decorrência do disposto no art. 10, § 1º, da Lei em comento.

No que tange ao descobrimento da origem do e-mail, Montanaro Barrales classifica a investigação em linear e não linear.

A investigação linear se dá por meio de informações obtidas junto ao provedor, no que tange ao cadastro do cliente que utilizou determinado IP. Processo mais complexo, porém, muito mais eficiente, se dá por meio da investigação não-linear. Por meio de uma engenharia regressiva, busca-se a localização de onde o IP originário está instalado, sem que haja invasão da privacidade ou violação a direito e garantia fundamental. A engenharia regressiva ou engenharia social é realizada por meio de mecanismos disponíveis na própria rede mundial de computadores.

Importa salientar que a engenharia regressiva poderá levar a um computador instalado em cybercafés, escolas de informáticas ou espaços públicos, o que imporá em um empecilho para a identificação da autoria, em face de, em regra, não haver controle de acesso e uso por parte dos responsáveis.

Em 12 de janeiro de 2006 foi publicada no *Diário Oficial do Estado de São Paulo* a Lei Estadual nº 12.228, de 11 de janeiro de 2006, a qual entrou em vigor após um período de *vacatio legis* de 30 dias, obrigando as lan houses, cybercafés e cyber offices a manterem arquivados os dados cadastrais dos clientes que fizerem uso dos computadores ali instalados pelo prazo mínimo de 60 meses.

Os dados cadastrais deverão conter nome e endereço completos, data de nascimento, telefone e o número do documento de identidade do cliente. Deverão ser anotados, ainda, a data e horário do início e fim de cada acesso, com a identificação do usuário e do equipamento por ele utilizado, informações estas que poderão ser armazenadas em meio eletrônico.

A Lei Estadual em comento foi regulamentada pelo Decreto nº 50.658, de 30 de março de 2006 e incumbiu a fiscalização e imposição de penalidades por infringências das regras previstas, à Fundação de Proteção e Defesa do Consumidor – PROCON.

A título de curiosidade, o Decreto prevê como infrações leves o fato de o consumidor deixar de registrar a hora inicial e final de cada acesso, com a identificação do usuário e do equipamento, bem como o de não manter as informações em arquivo os dados cadastrais do cliente pelo prazo mínimo de 60 meses.

Impõem-se penalidades administrativas de multa, suspensão de atividades e fechamento definitivo do estabelecimento. Em caso de infração de natureza leve a multa será de R$ 3.000,00.

Tais normatizações não foram recepcionadas pelo Marco Civil da Internet, que prevê o prazo de seis meses para o armazenamento do registros de acesso a aplicações de internet por quem as provem, bem como de um ano para o armazenamento de registros de conexão de internet por parte do provedor de conexão, vedado a este armazenar registros de aplicações de internet, salvo de também prover tal serviço pela rede mundial de computador (FURLANETO NETO; GARCIA, 2014).

No caso específico do provedor do *net banking*, seu representante legal detém todos os registros das operações tidas enquanto fraudulentas. A vítima pode esclarecer exatamente quais são as operações questionadas, as respectivas datas e os valores subtraídos, descriminados no extrato de sua conta bancária.

Visando à obtenção dos registros da aplicação da internet, a autoridade policial deve representar ao juiz de direito competente para que este requisite ao representante legal do provedor do *net banking* os registros de todas as operações fraudulentas apontadas pela vítima. Tais informações devem esclarecer qual o número do IP da máquina que acessou o *net banking* para fazer a operação, data, horário e fuso horário em que isso aconteceu e se o horário do provedor da aplicação está sincronizado com o Relógio Atômico do Observatório Nacional. Levando em conta que a grande maioria dos IPs utilizados no Brasil ainda são da versão 4 e, portanto, são dinâmicos, com o horário do provedor de aplicação do banco sincronizado com o Relógio Atômico ou até mesmo a existência de certificação de carimbo de tempo no transcurso da operação, tem-se credibilidade da informação. Caso não haja sincronização do horário com o Relógio Atômico do Observatório Nacional, a informação perde credibilidade, pois, em uma fração de segundos, o mesmo IP pode ter sido atribuído a mais de um cliente do mesmo provedor.

Importante consignar que o *net banking* se enquadra no contexto do provedor de aplicação de internet e deve armazenar os registros de acesso pelo prazo de seis meses, nos termos do art. 15 da Lei Federal nº 12.965/2014 (FURLANETO NETO; GARCIA, 2014).

O representante legal do *net banking* também poderá esclarecer a natureza das operações fraudulentas, ou seja, se foram realizadas transferências eletrônicas, identificando-se as agências e contas-correntes dos destinatários dos valores subtraídos, ou até mesmo se foram realizados pagamentos de tributos ou títulos de linhas digitáveis, identificando-se beneficiários, quando clientes da mesma instituição financeira, ou fornecendo informações que viabilizem, posteriormente, as respectivas identificações.

Medida salutar é postular ao juízo competente que se requisite ao representante legal da Instituição Financeira que forneça cópia da ficha de abertura da conta-corrente, juntamente com cópia de todos os documentos apresentados pelo cliente que tenha sido eventualmente beneficiado pelas transferências eletrônicas fraudulentas, tais como RG, CPF/MF, comprovante de residência etc.

Deve-se ainda buscar a quebra do sigilo bancário por período razoável, de acordo com o caso concreto, e o sequestro do valor subtraído, esclarecendo a forma e circunstâncias de como foi efetuado eventual saque, inclusive com o fornecimento de imagens, caso houver.

A aplicação de internet meuIP.com.br viabiliza obter a identificação do provedor que atribuiu o IP em qualquer lugar do mundo. Por sua vez, a pesquisa Whois no site www.registro.br possibilita obter dados completos do provedor que alocou o IP,[79] desde que o IP tenha sido alocado em um provedor brasileiro. Em caso contrário, necessário se torna que o investigador procure outras ferramentas de pesquisa que prestam os serviços em outras regiões do planeta.

Para tanto, com o propósito de empreender atividades em comum com cinco RIRs – *Regional Internet Registries*, em outubro de 2003 foi criada a NRO (*Number Resource Organization*), instituição que agrega a AfriNIC (*Regional Registry for Internet Number Resources for Africa*), ARIN (*American Registry for Internet Numbers*), LACNIC (*Latin American and Caribbean Internet Addresses Registry*), APNIC (– *Asia Pacific Network Information Centre*), e a

---

79. No site registro.br, o *link* "tecnologia" permite acessar o de "ferramentas" que, por sua vez, viabiliza pesquisa no "serviço de diretório whois". Ao clicar no *link* "versão com informações de contato", situada logo abaixo da caixa de diálogo, a aplicação leva o pesquisador a uma nova caixa de diálogo que permite inserir o número do IP e fazer a pesquisa. Caso o provedor seja brasileiro, a aplicação fornece o nome, CNPJ, bem como endereço e telefone de contato do representante legal, dentre outras informações.

Ripe NCC (*Ripe Network Coordination Centre*), servindo a Europa Central, Ásia Central e Oriente Médio[80] (Figura 22).

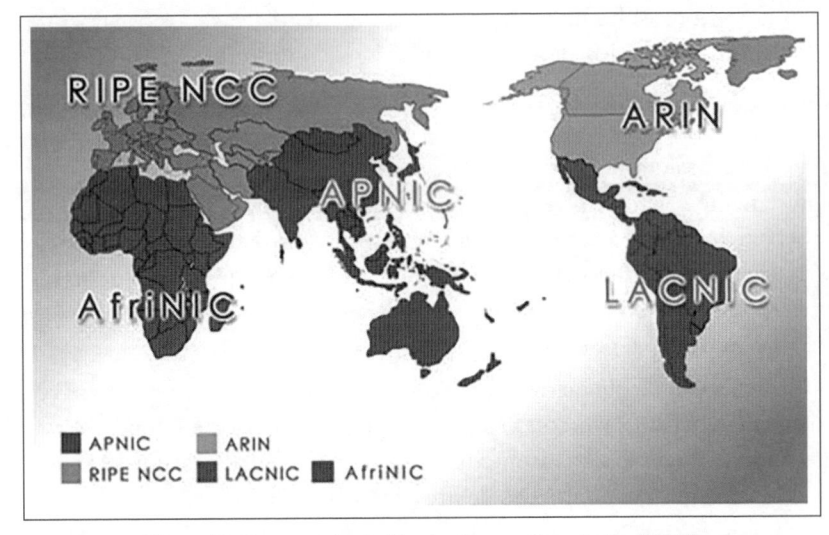

Figura 22. Composição da *Number Resource Organization (NRO)*.
Fonte: <http://www.afrinic.net/about.htm>. Acesso em: 2 dez. 2016.

Todas essas organizações que compõem a NRO são não governamentais e disponibilizam gratuitamente pesquisas para se obter em cada área de atuação das RIRs a qual provedor está alocado o IP.

Uma fez identificado o cliente a que o provedor atribuiu o IP ao dispositivo informático utilizado para a realização das operações fraudulentas, necessário se torna que a autoridade policial diligencie visando à apreensão do equipamento para fins de perícia. Tal providência é salutar, inclusive para fins de buscar provas periciais que identifiquem que o ataque partiu do dispositivo informático apreendido ou até mesmo para descartar a autoria, pois pode ocorrer de o verdadeiro autor ter invadido o referido dispositivo informático e a partir dele promovido a ação criminosa.

---

80. As organizações que compõem a NRO (www.nro.net) podem ser encontradas nos seguintes sítios: <www.afrinic.net>, <www.apnic.net>, <www.arin.net>, <lacnic.net> e <www.ripe.net>. Afora estes sítios, existem várias outras organizações que disponibilizam tal serviço na internet, a exemplo da Iana (*Internet Assigned Numbers Authority*), a qual poderá ser localizada no endereço eletrônico <www.iana.net>.

Dentro desse contexto, os quesitos a serem formulados ao perito criminal devem contemplar, dentre outros, de um lado, a busca por programas que possam ser utilizados para promover vulnerabilidades em outros dispositivos informáticos ou até mesmo programa espião, assim como por vestígios de que a partir do computador periciado se tenha realizado acesso ao *net banking* e conta-corrente da vítima. De outro lado, deve-se questionar a existência de programa malicioso oculto no sistema operacional que permita remotamente acessar o dispositivo informático periciado e a partir dele promover o ataque. Se detectada esta última hipótese, a autoria do crime, em tese, passa a ser duvidosa, havendo a necessidade de se comprovar outros fatos, como o vínculo do agente com outras etapas do *iter criminis* como sua participação no lucro do crime.

Com isso, buscou-se evidenciar um protocolo de atendimento de crime praticado por meio da internet, no caso em específico, o furto mediante fraude, em que pese se reconhecer a necessidade de adaptação do método de acordo com o caso concreto e o *modus operandi* utilizado pelo agente.

Ao se postular o fornecimento dos dados cadastrais do correntista beneficiário pela transferência eletrônica, mister se faz postular ao juízo competente que o representante legal forneça a ficha de abertura de conta-corrente, bem como cópia dos documentos apresentados pelo correntista para abertura da conta, tais como RG, CPF/MF, comprovante de residência etc.

Caso a conta-corrente do beneficiário pela transferência não pertença à mesma instituição bancária, imperioso se torna que nova representação seja formulada ao juízo competente para que o representante legal da instituição bancária para onde o dinheiro foi transferido forneça os dados cadastrais do titular da conta, bem como informe se o dinheiro foi sacado ou não. Caso ainda não tenha sido sacado, necessário se torna que o valor seja bloqueado. Deve ser postulado, ainda, que o representante legal da instituição bancária forneça toda a documentação fornecida pelo correntista para a abertura da conta.

Ao mesmo tempo, em que pese o nosso entendimento de que os dados cadastrais do cliente do provedor de internet não estão acobertados pelo sigilo a que faz alusão o parágrafo único do art. 1º da Lei nº 9.296/1996, a fim de se evitar morosidade no atendimento e até que os tribunais firmem jurisprudência pacífica a respeito, impõe-se que seja representado ao juiz competente para que seja oficiado ao provedor no sentido de que este informe os dados cadastrais do cliente que fez uso do IP informado pelo banco, na data e horário apontados. Logicamente, a autoridade policial deverá informar ao juízo a qual provedor deve ser oficiado. Para tanto, tratando-se de IP alocado a algum provedor brasileiro, o site registro.br nos fornecerá o nome do provedor, bem como endereço do seu responsável legal.

CONCLUSÃO

Pode-se concluir, diante do estudo realizado, que o furto mediante fraude praticado por meio da internet é um crime comum, em que a rede mundial de computadores é apenas um instrumento para a sua perpetração, motivo pelo qual não há necessidade de interferência do poder legiferante para modificar a lei penal. Aliás, os tipos penais abertos podem ser praticados por qualquer meio eleito pelo sujeito ativo, em cujo contexto se insere a internet, a exemplo dos crimes contra a honra, estelionato, dentre outros estudados na presente obra.

No entanto, há de se reconhecer a existência de algumas lacunas legais, igualmente responsáveis por eventuais insucessos na persecução criminal.

Sob o ponto de vista do direito material, Pierangelli (2000) defende a tese da alteração da parte geral do Código Penal para fins de inserção de uma causa geral de aumento de pena ao agente que perpetrar o crime com o emprego de computador. Leva-se em conta o efeito potencializador da rede mundial de computadores e o maior desvalor da conduta, viabilizar-se-ia que em sede de dosimetria da pena pudesse o juiz arbitrar a pena acima do patamar mínimo legal.

Sob o prisma do direito processual penal, a vigência do Marco Civil da internet supriu a ausência de uma legislação brasileira que obrigasse os provedores de conexão e de aplicações de internet a arquivarem os *logs* de seus clientes por prazo certo, lacuna esta que era um entrave para a persecução criminal.

Porém, ainda restam lacunas, como na hipótese de oferecimento de sinal de internet via rede *wi-fi* gratuita em estabelecimentos comerciais, pois a pessoa jurídica que está disponibilizando o sinal da rede mundial de computadores não se enquadra no conceito de provedor de conexão e nem de aplicação de internet, não sendo, assim, obrigada a armazenar os registros de acesso. Ao se identificar o IP da máquina utilizada pelo agente que perpetrou o crime fazendo uso de uma rede *wi-fi* gratuita, chegar-se-á à identificação da pessoa jurídica que ofertou o sinal, mas não à pessoa física que praticou o ilícito.

Vale frisar que boa parte dos crimes em que os agentes empregam a rede mundial de computadores para perpetrar os delitos são transnacionais. Isso significa dizer que uma fase do *iter criminis* ocorreu fora do território brasileiro.

Nessa linha de raciocínio, tem-se enquanto medida imprescindível que o Governo brasileiro entabule acordos de cooperações internacionais para viabilizar o acesso à informação, enquanto medida indispensável para o cabal esclarecimento do crime.

Segundo Silva e Rodrigues (2012), a cooperação internacional pode ser operar de duas maneiras: com a cooperação recíproca dos Estados, independentemente de tratos ou acordos internacionais, ou após o comprometimento formal de cooperação materializado em tratados ou acordos

De acordo com Toffoli e Cestari (2008), o Brasil deve reger suas relações internacionais calcadas em princípios esculpidos no art. 4º da CF, em cujo contexto se insere a cooperação entre os povos para o progresso da humanidade, motivo pelo qual não se trata de um mero compromisso moral, mas jurídico.

Vasconcelos (2013) enfatiza o papel preponderante da INTERPOL (*International Criminal Police Organization*) e seu banco de dados com informações de procurados, em uma rede que conta com 186 países membros, assim como aponta a Rede 24/7, composta pela participação de mais de 50 países, constituída com a finalidade de apurar crimes praticados por meio da rede mundial de computadores.

O fortalecimento da cooperação internacional é medida imprescindível para a repressão de crimes praticados por meio da internet, nomeadamente em face do caráter de transnacionalidade que se reveste boa parte das infrações praticados com emprego de tal recurso.

Nesse compasso, o Artigo 23 da Convenção de Budapeste (2001) estabelece o princípio geral relativo à cooperação internacional:

> as partes cooperarão entre si, em conformidade com as disposições do presente capítulo e com observância dos instrumentos internacionais pertinentes à cooperação internacional em matéria penal, nos termos de legislações uniformes ou recíprocas e do direito nacional, de forma mais ampla possível, para efeitos de investigações ou procedimentos relativos a infrações penais relacionadas com sistemas e dados informáticos, ou para obter provas sob a forma eletrônica de uma infração penal.[81] (Tradução nossa)

A Convenção de Budapeste (2001) também prevê princípios gerais para fins de investigação de infrações penais e a obtenção de prova, a serem observados em face do auxílio mútuo entre os países signatários. Nesse sentido, o auxílio mútuo deve ser amplo, de forma que cada parte signatária deverá legiferar no sentido de viabilizar procedimentos relativos ao pedidos de auxílio mútuo na ausência de acordos internacionais aplicáveis, confidencialidade e restrição da utilização das informações, auxílio mútuo em caso de medidas preventivas, auxílio mútuo a respeito de poderes de investigação, em cujo contexto se insere o acesso a dados informáticos armazenados, acesso transfronteiriço a dados informáticos armazenados, com consentimento ou quando não acessível ao público, auxílio mútuo para fins de obtenção de dados e interceptação de conteúdo, em tempo real, durante o tráfego, bem como a implementação da Rede 24/7, em que cada país signatário deverá implementar um ponto de contato funcionando em tempo integral a fim de assegurar a prestação da assistência imediata ao solicitando e viabilizar a investigação ou procedimento respectivo relacionado à infração penal praticada que necessite a análise e a obtenção de dados e sistemas informáticos.

Assim, em que pese as recentes alterações legislativas brasileiras irem ao encontro do pactuado na Convenção de Budapeste (2001), a exemplo do Marco Civil da internet que, inclusive, prevê enquanto fundamento do

---

81. Texto original: As Partes cooperarão entre si, em conformidade com as disposições do presente capítulo, em aplicação dos instrumentos internacionais pertinentes sobre a cooperação internacional em matéria penal, de acordos celebrados com base nas legislações uniformes ou recíprocas, e do seu direito nacional, na medida mais ampla possível, para efeitos de investigações ou de procedimentos relativos a infracções penais relacionadas com sistemas e dados informáticos, ou para recolher provas sob a forma electrónica de uma infracção penal.

uso da internet no Brasil o respeito à abertura e à colaboração, e da lei que criminalizou a violação de dispositivo informático, a celebração de acordos de cooperações internacionais trata-se de medida imprescindível para a repressão do crime praticado por meio da internet como tratou, especificamente, a Convenção de Budapeste.

Vale lembrar que, em face da transnacionalidade, uma das características dos crimes informáticos, a própria ONU já reconheceu a necessidade de legislação uniforme em âmbito mundial para a sua repressão, porém, no que se refere à Convenção de Budapeste, por se tratar de cooperação estabelecida pelo Conselho Europeu sobre o Cibercrime, o Brasil somente poderia firmá-la se fosse convidado pelo Conselho de Ministros do Conselho Europeu. Ao que consta, apenas os Estados Unidos da América firmaram a Convenção, afora os países que compõem o bloco da Comunidade Europeia.

Em abordagem prática sobre a cooperação internacional no combate aos crimes cibernéticos, Versianni (2016, p. 157) salienta a necessidade de se postular, de um lado, dados usualmente fornecidos pelos usuários para "identificação e cadastro, quais sejam, endereço de e-mail e outros dados pessoais e de contato e, em alguns casos, dados de conexão do usuário, também chamados de 'logs' ('registros' em tradução livre)", em outras palavras, além dos dados cadastrais, os registros de conexão inicial da aplicação da internet, gerados quando da criação da conta pelo usuário, bem como os registros de acesso posteriores à referida aplicação. Em relação ao conteúdo, "que contém a efetiva comunicação do usuário", tais como vídeos, fotos e teores de mensagens, o autor enfatiza que estes são geralmente fornecidos "mediante solicitação efetuada com base em Acordo de Cooperação Jurídica Internacional ou MLAT (*Mutual Legal Assistance Treaty*) entre o Brasil e o país em que está sediada a empresa demandada".

Para tanto, é necessário observar a legislação brasileira, nomeadamente o Marco Civil da internet e a Lei de Interceptação Telefônica para que não se crie obstáculo à aceitação e à legalidade da prova no processo penal brasileiro.

Versianni (2016) aduz ser o Departamento da Polícia Federal, por intermédio da Coordenação Geral de Cooperação Internacional (CGCI), o representante das polícias brasileiras na cooperação internacional para repressão aos crimes cibernéticos.

O autor ressalta que, em caso de necessidade de se valer do MLAT, o primeiro passo é "solicitar a preservação das informações desejadas, haja vista que o tempo necessário para que tal pedido tramite entre os países pode ser maior do que a política de preservação de dados dessa empresa, próprio ou por exigência legislação local" (VERSIANNI, 2016, p. 159).

O Departamento de Recuperação de Ativos e Cooperação Jurídica Internacional – DRCI, do Ministério da Justiça é o órgão encarregado de receber a requisição do MLAT, bem como efetuar e tramitar o pedido (VERSIANNI, 2016).

De acordo com o art. 12 do Anexo I do Decreto nº 9.150/2017 (BRASIL, 2017), compete ao Departamento de Recuperação de Ativos e Cooperação Jurídica Internacional:

I – articular, integrar e propor ações entre os órgãos dos Poderes Executivo e Judiciário e o Ministério Público para o enfrentamento da corrupção, da lavagem de dinheiro e do crime organizado transnacional, inclusive no âmbito da ENCCLA;

II – coordenar a Rede Nacional de Laboratórios de Tecnologia Contra Lavagem de Dinheiro – Rede-Lab;

III – estruturar, implementar e monitorar ações de governo, além de promover a articulação dos órgãos dos Poderes Executivo e Judiciário e do Ministério Público nas seguintes áreas:

a) cooperação jurídica internacional em matéria civil e penal, inclusive em assuntos de prestação internacional de alimentos, subtração internacional de crianças, adoção internacional, extradição, transferência de pessoas condenadas e transferência da execução da pena; e

b) recuperação de ativos;

IV – exercer a função de autoridade central, por meio da coordenação e da instrução de pedidos ativos e passivos de cooperação jurídica internacional nas áreas a que se refere o inciso III, por delegação do Ministro de Estado, exceto se houver designação específica que disponha de maneira diversa;

V – exercer a função de autoridade central federal em matéria de adoção internacional de crianças, nos termos da Lei nº 8.069, de 13 de julho de 1990;

VI – negociar acordos de cooperação jurídica internacional nas áreas a que se refere o inciso III e aqueles relacionados com os demais temas de sua competência, além de exercer as funções de ponto de contato, enlace e similares nas redes de cooperação internacional e de recuperação de ativos; e

VII – atuar nos procedimentos relacionados com a ação de indisponibilidade de bens, de direitos ou de valores em decorrência de resolução do Conselho de Segurança das Nações Unidas, nos termos da Lei nº 13.170, de 16 de outubro de 2015.

De acordo com o Departamento de Recuperação de Ativos e Cooperação Jurídica Internacional, o Brasil possui os seguintes acordos de cooperação multilaterais em matéria penal:

O Brasil também possui acordos bilaterais em matéria criminal assinados com:

a) CANADÁ: Acordo de Assistência Mútua em Matéria Penal entre o Governo da República Federativa do Brasil e o Governo do Canadá, celebrado em Brasília, em 27 de janeiro de 1995 (Decreto nº 6.747/2009);

b) CHINA: Acordo entre a República Federativa do Brasil e a República Popular da China sobre Assistência Jurídica Mútua em Matéria Penal (Decreto nº 6.282/2007);

c) COLÔMBIA: Acordo de Cooperação Judiciária e Assistência Mútua em Matéria Penal entre o Governo da República Federativa do Brasil e o Governo da República da Colômbia em Matéria Penal (Decreto nº 3.895/2001);

d) COREIA DO SUL: Acordo entre a República Federativa do Brasil e a República da Coreia sobre Assistência Judiciária Mútua em Matéria Penal (Decreto nº 5.721/2006);

e) CUBA: Acordo de Cooperação Judicial em Matéria Penal entre o Governo da República Federativa do Brasil e o Governo da República de Cuba (Decreto nº 6.462/2008);

f) ESPANHA: Acordo de Cooperação e Auxílio Jurídico Mútuo em Matéria Penal entre a República Federativa do Brasil e o Reino da Espanha (Decreto nº 6.681/2008); Convênio sobre Cooperação em Matéria de Combate à Criminalidade entre a República Federativa do Brasil e o Reino da Espanha (Decreto nº 8.048/2013);

g) ESTADOS UNIDOS DA AMÉRICA: Acordo de Assistência Judiciária em Matéria Penal entre o Governo da República Federativa do Brasil e o Governo dos Estados Unidos da América (Decreto nº 3.810/2001);

h) FRANÇA: Acordo de Assistência Judiciária em Matéria Penal entre o Governo da República Federativa do Brasil e o Governo da República Francesa (Decreto nº 3.324/1999);

i) HONDURAS: Tratado entre o Governo da República Federativa do Brasil e o Governo da República de Honduras sobre Auxílio Jurídico Mútuo em Matéria Penal (Decreto nº 8.046/2013);

j) ITÁLIA: Acordo de Assistência Judiciária em Matéria Penal entre o Governo da República Federativa do Brasil e o Governo da República Italiana (Decreto nº 862/1993);

k) MÉXICO: Acordo de Assistência Jurídica Internacional em Matéria Penal entre a República Federativa do Brasil e os Estados Unidos Mexicanos (Decreto nº 7.595/2011);

l) NIGÉRIA: Acordo de Assistência Jurídica Mútua em Matéria Penal entre o Governo da República Federativa do Brasil e o Governo da República Federal da Nigéria (Decreto nº 7.582/2011);

m) PANAMÁ: Acordo de Assistência Jurídica Mútua em Matéria Penal entre a República Federativa do Brasil e a República do Panamá sobre Auxílio Jurídico Mútuo em Matéria Penal (Decreto nº 7.596/2011);

n) PERU: Acordo de Assistência Judiciária em Matéria Penal entre o Governo da República Federativa do Brasil e o Governo da República do Peru (Decreto nº 3.988/2001);

o) PORTUGAL: Acordo de Assistência Judiciária em Matéria Penal entre o Governo da República Federativa do Brasil e o Governo da República Portuguesa (Decreto nº 1.320/1994);

p) REINO UNIDO DA GRÃ-BRETANHA E IRLANDA DO NORTE: Tratado de Assistência Jurídica Mútua em Matéria Penal entre o Governo da República Federativa do Brasil e o Governo do Reino Unido da Grã-Bretanha e Irlanda do Norte (Decreto nº 8.047/2013);

q) SUÍÇA: Acordo de Assistência Judiciária em Matéria Penal entre o Governo da República Federativa do Brasil e o Governo da Confederação Suíça (Decreto nº 6.974/2009);

r) SURINAME: Acordo de Assistência Judiciária em Matéria Penal entre o Governo da República Federativa do Brasil e o Governo da República do Suriname (Decreto nº 6.832/2009);

s) UCRÂNIA: Acordo de Assistência Judiciária em Matéria Penal entre o Governo da República Federativa do Brasil e o Governo da Ucrânia (Decreto nº 5.984/2006);

O DRCI atua como Autoridade Central para fins de acordos de cooperação internacional, salvo na hipótese do acordo entre Brasil e o Governo do Canadá, onde se prevê a Procuradoria Geral da República enquanto Autoridade Central, nos termos do Decreto nº 6.747/2009.

Há de se salientar que ainda existe a possibilidade de cooperação internacional em face da promessa de reciprocidade, em que os Estados, mesmo sem precedente tratado ou acordo internacional de cooperação, assumem mutuamente o compromisso de cooperação em caso concreto e específico.

Afora a cooperação penal internacional e a cooperação policial internacional, ambas previstas na Convenção de Budapeste (2011), Sobral e Bezerra (2015) enfatizam outros aspectos que devem desafiar os agentes que atuam na repressão dos crimes cibernéticos, em especial as dimensões da prova digital, em cujo contexto se insere a busca e apreensão digital, bem como a especialização da Polícia Judiciária, do Ministério Público e da Magistratura, enquanto atores que atuam na repressão criminal.

Nessa linha de raciocínio, impõe-se a especialização dos operadores do Direito que atuam na repressão criminal, assim como a dotação de recursos legais e tecnológicos para viabilizar a eficiente atuação do Estado na construção de uma internet mais justa.

REFERÊNCIAS

ANDREUCCI, Ricardo Antonio. *Legislação Penal Especial*. 11. ed. São Paulo: Saraiva, 2016.

ANSELMO, Márcio Adriano. Colaboração premiada: o novo paradigma do processo penal brasileiro. In: BEZERRA, Clayton da Silva; AGNOLETTO, Giovani Celso (Orgs.). *Combate ao crime cibernético*: doutrina e prática. Rio de Janeiro: Mallet, 2016.

BADARÓ, Gustavo Henrique Righi Ivahy. *O ônus da prova no Processo Penal*. São Paulo: Revista dos Tribunais, 2003.

BALIEIRO, Silvia. Kbps nas ondas do rádio. *Infoexame*, São Paulo: Abril, n. 231, p. 90-1, jun. 2005a.

———. Os guardiões do e-commerce. *Infoexame*, São Paulo: Abril, n. 230, p. 67-72, maio 2005b.

———. Brasil é o 7º em internautas. *Infoexame*, São Paulo: Abril, n. 252, p. 34, jun. 2007.

BITENCOURT, Cezar Roberto. *Tratado de Direito Penal* – Parte Especial. 15. ed. São Paulo: Saraiva, 2015.

———. *Código Penal Comentado*. 5. ed. São Paulo: Saraiva, 2009.

BLATT, Erick Ferreira. Ferramentas de investigação nos crimes cibernéticos utilizadas pela Polícia Federal. In: BEZERRA, Clayton da Silva; AGNOLETTO, Giovani Celso (Orgs.). *Combate ao crime cibernético*: doutrina e prática. Rio de Janeiro: Mallet, 2016.

BONFIM, Edílson Mougenot. *Curso de Processo Penal*. 5. ed. São Paulo: Saraiva, 2015.

BRANDINI JUNIOR, José. *Compartilhamento de bancos de dados civil e criminal*: do risco de vulnerabilidade à gestão de informações. Trabalho de Conclusão de Curso de Especialização em Polícia Judiciária e

Sistema de Justiça Criminal. Academia de Polícia "Dr. Coriolano Nogueira Cobra" – Centro de Estudos Superiores da Polícia Civil "Prof. Maurício Henrique Guimarães Pereira", São Paulo, 2013.

BRASIL. Constituição (1988). Constituição da República Federativa do Brasil. 1988. Disponível em: <http://www.senado.gov.br>. Acesso em: 1 ago. 2017.

──────. Decreto-Lei n° 2.848, de 7 de dezembro de 1940. Código Penal. 1940. Disponível em: <http://www.senado.gov.br>. Acesso em: 1 ago. 2017.

──────. Decreto-Lei n° 3.689, de 2 de outubro de 1941. Código de Processo Penal. 1941. Disponível em: <http://www.senado.gov.br>. Acesso em: 1 ago. 2017.

──────. Lei n° 1.521, de 26 de dezembro de 1951. Altera dispositivos da legislação vigente sobre crimes contra a economia popular. Disponível em: <http://www.senado.gov.br>. Acesso em: 1 ago. 2017.

──────. Lei n° 5.010, de 30 de maio de 1966. Organiza a Justiça Federal de primeira instância, e dá outras providências. 1966. Disponível em: <http://www.senado.gov.br>. Acesso em: 1 ago. 2017.

──────. Lei n° 6.815, de 19 de agosto de 1980. Define a situação jurídica do estrangeiro no Brasil, cria o Conselho Nacional de Imigração e dá outras providências. 1980. Disponível em: <http://www.senado.gov.br>. Acesso em: 1 ago. 2017.

──────. Lei n° 8.906, de 4 de julho de 1994. Dispõe sobre o Estatuto da Advocacia e a Ordem dos Advogados do Brasil – OAB. 1994. Disponível em: <http://www.senado.gov.br>. Acesso em: 1 ago. 2017.

──────. Lei n° 9.034, de 3 de maio de 1995. Dispõe sobre a utilização de meios operacionais para a prevenção e repressão de ações praticadas por organizações criminosas. 1995. Disponível em: <http://www.senado.gov.br>. Acesso em: 1 ago. 2017.

──────. Lei n° 10.054, de 7 de dezembro de 2000. Dispõe sobre a identificação criminal e dá outras providências. 2000. Disponível em: <http://www.senado.gov.br>. Acesso em: 1 ago. 2017.

──────. Lei n° 11.343, de 23 de agosto de 2006. Institui o Sistema Nacional de Políticas Públicas sobre Drogas – Sisnad; prescreve medidas para prevenção do uso indevido, atenção e reinserção social de usuários e dependentes de drogas; estabelece normas para repressão à produção não autorizada e ao tráfico ilícito de drogas; define crimes e dá outras providências. 2006a. Disponível em: <http://www.senado.gov.br>. Acesso em: 1 ago. 2017.

——. Lei nº 11.419, de 19 de dezembro de 2006. Dispõe sobre a informatização do processo judicial; altera a Lei nº 5.869, de 11 de janeiro de 1973 – Código de Processo Civil, e dá outras providências. 2006b. Disponível em: <http://www.senado.gov.br>. Acesso em: 1 ago. 2017.

——. Medida Provisória nº 2.200-2, de 24 de agosto de 2001. Institui a Infraestrutura de Chaves Públicas brasileira – ICP-Brasil, transforma o Instituto Nacional de Tecnologia da Informação em autarquia, e dá outras providências. 2001. Disponível em: <http://www.senado.gov.br>. Acesso em: 1 ago. 2017.

——. Lei nº 12.037, de 2 de outubro de 2009. Dispõe sobre a identificação criminal do civilmente identificado, regulamentando o art. 5, inciso LVIII, da Constituição Federal. 2009. Disponível em: <http://www.senado.gov.br>. Acesso em: 1 ago. 2017.

——. Decreto nº 9.150, de 4 de setembro de 2017. Aprova a Estrutura Regimental e o Quadro Demonstrativo dos Cargos em Comissão e das Funções de Confiança do Ministério da Justiça e Segurança Pública, remaneja cargos em comissão e funções de confiança e substitui cargos em comissão do Grupo-Direção e Assessoramento Superiores – DAS por Funções Comissionadas do Poder Executivo – FCPE. Disponível em: <http://www.planalto.gov.br/ccivil_03/_ato2015-2018/2017/Decreto/D9150.htm#art12>. Acesso em: 11 dez. 2017.

——. Lei nº 13.441, de 8 de maio de 2017. Altera a Lei nº 8.069, de 13 de julho de 1990 (Estatuto da Criança e do Adolescente), para prever a infiltração de agentes de polícia na internet com o fim de investigar crimes contra a dignidade sexual de criança e de adolescente. 2017. Disponível em: <http://www.senado.gov.br>. Acesso em: 1 ago. 2017.

BURNETT, Steve; PAINE, Stephen. *Criptografia e segurança*: o guia oficial RSA. Tradução Edson Fumankiewicz. Rio de Janeiro: Elsevier, 2002.

BUSATO, Paulo César. *Direito Penal*: Parte especial. São Paulo: Atlas, 2014.

CABETTE, Eduardo Luiz Santos. *Estelionato contra idosos*: majorante prevista pela Lei nº 13.228/2015. Disponível em: <https://eduardocabette.jusbrasil.com.br/artigos/284340900/estelionato-contra-idosos-majorante-prevista-pela-lei-13228-15>. Acesso em: 27 jul. 2017.

CALMON, Petrônio. *Comentários à Lei de Informatização do Processo Judicial*: Lei nº 11.419, de 19 de dezembro de 2006. Rio de Janeiro: Forense, 2007.

CAPEZ, Fernando. *Curso de Processo Penal*. 22. ed. São Paulo: Saraiva, 2015.

CARRASCOSA LÓPEZ, Valentin. La regulación jurídica del fenómeno informático. *Revista Iberoamericana Informática y Derecho*, Mérida, v. 19-22, p. 33-55, 1998.

CASTELLS, Manuel. *A Galáxia da Internet*: Reflexões sobre a internet, os negócios e a sociedade. Tradução Maria Luiza de A. Borges. Rio de Janeiro: Jorge Zahar, 2003.

CASTRO, Carla Rodrigues Araújo de. *Crimes de Informática e seus Aspectos Processuais*. 2. ed. Rio de Janeiro: Lumen Juris, 2003.

CERT.br. Centro de Estudos, Respostas e Tratamentos de Incidentes de Segurança no Brasil. Estatística dos incidentes reportados ao Cert.br. Disponível em: <http://www.cert.br>. Acesso em: 8 jan. 2017.

CLAUS, Roxin. Reflexões sobre a construção do sistema jurídico-penal. In: BRITO, Alexis Couto et al. *Direito Penal Brasileiro*: Parte geral – princípios fundamentais e sistema. São Paulo: Saraiva, 2017.

COELHO, Rodrigo Durão. *Fraude on-line cresce e vira epidemia mundial*. Disponível em: <www.informatica.terra.com.br/553>. Acesso em: 24 set. 2016

COMUNIDAD EUROPEA. Directiva 95/46/CE del Parlamento Europeo y el Consejo de la Unión Europea. Disponível em: <http://eur-lex.europa.eu/CELEX>. Acesso em: 28 out. 2016.

―――. Directiva 2002/58/CE del Parlamento Europeo y del Consejo de 12 de Julio de 2002. [*Diario Oficial de las Comunidades Europeas*], Bruselas, L 201, p. 37-47, 31 jul. 2002.

CORRÊA, Gustavo Testa. A questão da tributação na internet. In: ROVER, Aires José (Org.). *Direito, sociedade e informática*: limites e perspectivas da vida digital. Florianópolis: Boiteaux, 2000.

———. *Aspectos Jurídicos da Internet*. 5. ed. São Paulo: Saraiva, 2010.

CORTIZO SOBRINHO, Raymundo. Cabimento da ação penal privada subsidiária da pública no arquivamento de inquérito policial. *Boletim IBCCrim*, São Paulo, p. 183-5, 2005.

COSTA, Ana Maria Nicolai da. A revolução digital e o novo homem. In: GITAHY, Raquel Rosan Christino. *A moral na era do virtual*. Marília. 197 f. Tese (Doutorado em Educação) – Faculdade de Filosofia e Ciências, Universidade Estadual Paulista, Marília, 2002. Disponível em: <http://www.psicologia-online.org.br/trabpsicoinfo.html>. Acesso em: 24 ago. 2016.

COSTA, Marco Aurélio Rodrigues da. Crimes de informática. *Jus navigandi*, Teresina, ano 1, n. 12, maio 1997. Apud PINHEIRO, Reginaldo César. Os crimes virtuais na esfera jurídica brasileira. *IBCCrim*, São Paulo, ano 8, v. 101, p. 18-19, abr. 2001. (Separata). Disponível em: <http://www.jus.com.br/doutrina/crinfo/html>.

COSTA JÚNIOR, Paulo José da. *Direito Penal* – Curso completo. 5. ed. São Paulo: Saraiva, 2011.

CRETELLA JÚNIOR, José. *Comentários à Constituição Brasileira de 1988*. Rio de Janeiro: Forense Universitária, 1988. v. 1. p. 9.

CROCE, Delton; CROCE JUNIOR, Delton. *Manual de Medicina Legal*. 8. ed. São Paulo: Saraiva, 2012.

CROZE, Hervé; BISMUTH, Yves. *Droit de i'element de droit à i'usage des informaticiens*. Paris: Economia, 1986, p. 207. Apud FERREIRA, Ivette Senise. A criminalidade informática. In: LUCCA, Newton de; SIMÃO FILHO, Adalberto (Coord.). *Direito & Internet:* Aspectos Jurídicos Relevantes. São Paulo/Bauru: Edipro, 2000.

DAVARA RODRÍGUEZ, Miguel Angel. *Manual de Derecho Informático*. 9. ed. Navarra: Aranzadi, 2007.

DELMANTO, Celso et al. *Código Penal Comentado*. 6. ed. atual. e ampl. Rio de Janeiro: Renovar, 2002.

DIAS, Jorge de Figueiredo. *Questões fundamentais do Direito Penal revisitadas*. São Paulo: Revista dos Tribunais, 1999.

DINAMARCO, Cândido Rangel. *A Instrumentalidade do processo*. São Paulo: Malheiros, 1987.

DINIZ, Maria Helena. *Lei de Introdução ao Código Civil Brasileiro Interpretada*. São Paulo: Saraiva, 2011.

ERENBERG, Jean Jacques. Publicidade patológica na internet. *Caderno Jurídico*, São Paulo. v. 2, n. 4, p. 109-32, jul. 2002.

ESPAÑA. Ley Orgánica n° 10, de 23 de novembro de 1995. Disponível em: <https://legislacion.vlex.es/vid/ley-organica-codigo-penal-126987?_ga=2.39802214.49788247.1513017331-1083916959.1513017331>. Acesso em: 11 dez. 2017.

———. Ley Orgánica n° 11, de 30 de abril de 1999, de modificación del Título VIII del Libro II del Código Penal, aprobado por Ley Orgánica 10/1995, de 23 de noviembre. Disponível em: <https://boe.vlex.es/vid/organica-viii-libro-penal-aprobado-17648248?_ga=2.95460953.49788247.1513017331-1083916959.1513017331>. Acesso em: 11 dez. 2017.

———. Ley Orgánica n° 15, de 13 de dezembro de 1999, de Protección de Datos de CarácterPersonal. B.O.E. n° 298. Martes 14 de diciembre de 1999. Disponível em: <https://legislacion.vlex.es/vid/organica-proteccion-datos-caracter-127398?_ga=2.35478884.49788247.1513017331-1083916959.1513017331>. Acesso em: 11 dez. 2017.

———. Ley Orgánica n° 34, de 11 de julho de 2002, de servicios de la sociedad de la información y de comercio electrónico. BOE n° 166, de 12 julho de 2002. p. 25388-25403. Disponível em: <https://legislacion.vlex.es/vid/ley-servicios-sociedad-electronico-172670?_ga=2.35083876.49788247.1513017331-1083916959.1513017331>. Acesso em: 11 dez. 2017.

FERNEDA, Edberto. *Recuperação de informação*: análise da contribuição da Ciência da Computação para a Ciência da Informação. 2003. 147 f. Tese (Doutorado em Ciência da Informação) – Escola de Comunicação e Artes, Universidade de São Paulo, São Paulo, 2003.

FERRACINI, Luiz Alberto. *Do Crime de Estelionato e outras Falcatruas*. São Paulo: LED, 1996.

FERREIRA, Ivette Senise. A criminalidade informática. In: LUCCA, Newton de; SIMÃO FILHO, Adalberto (Coord.). *Direito & Internet*: Aspectos Jurídicos Relevantes. Bauru: Edipro, 2000. p. 207-37.

FORTES, Débora. O mesh faz a rede. *Infoexame*, São Paulo: Abril, n. 237, p. 49-51, dez. 2005.

FRAGOSO, Heleno Cláudio. *Lições de Direito Penal*: Parte Geral. 17. ed. Rio de Janeiro: Forense, 2006.

FREITAS, Vinicius Pimentel de; LOEBENS, João Carlos. *Contratos eletrônicos e o comércio internacional*: uma proposta. [S.l.]: Toledo, 2004. Disponível em: <http://www.inap.map.es/NR/rdonlyres/A5C36CFD-8617-4703-8759-6D02BB34FF3B/0/8sem_pn3.pdf>. Acesso em: 6 set. 2016.

FURLANETO NETO, Mário. *Pornografia infantil na internet*: elementos diplomáticos como subsídio à caracterização do delito. 2003. 144 f. – Dissertação (Mestrado em Ciência da Informação) – Faculdade de Filosofia e Ciências, Universidade Estadual Paulista, Marília, 2003.

―――. et al. A petição eletrônica: co-assinatura digital e a importância de requisitos temporais. In: CONGRESSO IBEROAMERICANO DE INVESTIGADORES Y DOCENTES DE DERECHO E INFORMÁTICA. Anais... Florianópolis: UFSC, v. 2. p. 1-25, 2013.

―――. et al. Invasão de dispositivo informático. *Revista Em Tempo*, v. 13, p. 231-7, 2014.

GAGLIARDI, Pedro Luiz Ricardo. *Crimes cometidos com uso de computador*. 1994. 137 f. Tese (Doutorado em Direito Penal) – Faculdade de Direito, Universidade de São Paulo, São Paulo, 1994.

GALDINO, Any Karolyne. Primeira cidade inteligente do Brasil será inaugurada ainda este ano. *Caderno Tecnologia*. Disponível em: <http://www.engenhariae.com.br>. Acesso em: 17 jan. 2017.

GARCIA, André Pinto. *Curso de direito da certificação digital*: com novo manual de perguntas e respostas jurídicas da ICP-Brasil. Brasília: Ed. do autor, 2016. Disponível em: <http://www.iti.gov.br/noticias/2016/CursodeDireitoDigital.pdf>. Acesso em: 25 jan. 2016.

GITAHY, Raquel Rosan Christino. *A moral na era do virtual*. 2002. 197 f. Tese (Doutorado em Educação) – Faculdade de Filosofia e Ciências, Universidade Estadual Paulista, Marília, 2002.

GOMES, Luiz Flávio. *Direito Processual Penal*. São Paulo: Revista dos Tribunais, 2005.

―――. *Crimes informáticos*. 10 dez. 2000. Disponível em: <http://www.ibccrim.org.br>. Acesso em: 26 nov. 2016.

―――. *A CPI e a quebra do sigilo telefônico*. Disponível em: <http://campus.fortunecity.com/clemson/493/jus/m05-010.htm>. Acesso em: 15 dez. 2016.

GRECO FILHO, Vicente. *Interceptação Telefônica*: considerações sobre a Lei nº 9.269, de 24 de julho de 1996. 3. ed. São Paulo: Saraiva, 2015.

GRINOVER, Ada Pelegrini. *Novas Tendências no Direito Processual*. Rio de Janeiro: Forense Universitária, 1990.

——. Apud GOMES, Luiz Flávio. *A CPI e a quebra do sigilo telefônico*. Disponível em: <http://campus.fortunecity.com/clemson/493/jus/m05-010.htm>. Acesso em: 25 nov. 2016.

GUASTI, Pedro. *Sem crise no comércio eletrônico*. Disponível em: <http://www.ebi tempresa.com.br/artigo_sem_crise_comercio.asp>. Acesso em: 21 dez. 2016.

HITACHI. *Finger vein authentication technology*. 2007. Disponível em: <http://www.hitachi.co.jp/Prod/comp/fingervein/global/>. Acesso em: 14 set. 2016.

HOESCHL, Hugo César. Alguns aspectos constitucionais da Lei nº 9.296/1996. In: ROVER, Aires José (Org.). *Direito, Sociedade e Informática*: limites e perspectivas da vida digital. Florianópolis: Boiteux, 2000.

INELLAS, Gabriel César Zaccaria de. *Crimes na Internet*. São Paulo: Juarez de Oliveira, 2009.

JALIL, Maurício Schaun, GRECO FILHO, Vicente. *Código Penal Comentado*: doutrina e jurisprudência. Barueri, São Paulo: Manole, 2016.

JESUS, Damásio Evangelista de. *Direito Penal*: Parte Geral. 36. ed. São Paulo: Saraiva, 2015.

KAKU, Willian Smith. Internet e comércio eletrônico: pequena abordagem sobre a regulação da privacidade. In: ROVER, Aires José (Org.). *Direito, Sociedade e Informática*: limites e perspectivas da vida digital. Florianópolis: Boiteux, 2000.

LEVENE, Ricardo; CHIARAVALLOTI, Alicia. Delitos informáticos. In: CONGRESSO IBEROAMERICANO DE DERECHO E INFORMÁTICA, 6, 1998, Montevideo. *Anais...* p. 123-46. Montevideo: Ponencias, 1998.

LÉVY, Pierre. O que é o virtual? Apud GITAHY, Raquel Rosan Christino. *A moral na era do virtual*. 2002. 197 f. Tese (Doutorado em Educação) – Faculdade de Filosofia e Ciências, Universidade de São Paulo, Marília, 2002.

LIMA, Paulo Marco Ferreira. *Crimes de Computador e Segurança Computacional*. Campinas: Millennium, 2006.

LIMA, Renato Brasileiro de. *Manual de Processo Penal*. 4. ed. Salvador: JusPodivm, 2016.

LIMA JÚNIOR, Carlos Daniel Vaz de. *O sigilo do cadastro de clientes dos provedores de acesso à internet*. Disponível em: <http://www.egov.ufsc.br/portal/sites/default/files/anexos/2887-2881-1-PB.html>. Acesso em: 19 fev. 2017.

LOPES JUNIOR, Aury. *Direito Processual Penal*. 13. ed. São Paulo: Saraiva, 2016.

LOPES, Ronaldo Pantera; MATOS, Kerma Souza. *Um resumo da história da Polícia Civil de carreira*. Disponível em: <http://policiacivilspsp.blogspot.com.br/2009/08/um-resumo-da-historia-da-policia-civil_10.html>. Acesso em: 11 dez. 2017.

LYRA, Romero. *O combate à pedofilia na internet*. Disponível em: <http://www.direitonaweb.com.br/dweb.asp?ccd=8&ctd=324>. Acesso em: 22 set. 2016.

MARQUES, José Frederico. *Tratado de Direito Penal*. Campinas: Millenium, 2002.

MASSON, Cleber. *Direito Penal esquematizado*: parte especial. 9. ed. rev. e atual. Rio de Janeiro: Forense; São Paulo: Método, 2016. v. 2.

MIRABETE, Julio Fabrini. *Manual de Direito Penal*. 24. ed. São Paulo: Atlas, 2006a. v. II.

———. *Processo Penal*. 18. ed. São Paulo: Atlas, 2006b.

MORIN, E. O Enigma do Homem. Rio de Janeiro: Zahar, 1975. Apud GITAHY, Raquel Rosan Christino. *A moral na era do virtual*. 2002. 197 f. Tese (Doutorado em Educação) - Faculdade de Filosofia e Ciências, Universidade Estadual Paulista, Marília. 2002.

MUNHOS, Vinicius. *WannaCry, o ransomware que fez o mundo chorar na sexta-feira (12)*. Disponível em: <https://www.tecmundo.com.br/malware/116652-wannacry-ransomware-o-mundo-chorar-sexta-feira-12.htm>. Acesso em: 27 jul. 2017.

NUCCI, Guilherme de Souza. *Manual de Direito Penal*: Parte Geral. 11. ed. São Paulo: Forense, 2015a.

———. *Manual de Processo Penal e Execução Penal*. 12. ed. São Paulo: Forense, 2015b.

OLIVEIRA, Marcos de. Primórdios da rede: a história dos primeiros momentos da internet no Brasil. *Pesquisa Fapesp*, fev. 2011. Disponível em: <http://revistapesquisa.fapesp.br/2011/02/18/prim%C3%B3rdios-da-rede_/Ley Orgánica 10/1995>. Acesso em: 11 dez. 2017.

ORGANIZAÇÃO DAS NAÇÕES UNIDAS. Congresso sobre prevenção de delito e tratamento do delinquente, 10. Disponível em: <http://www.un.org/spanish/conferences/Xcongreso/index.html>. Acesso em: 2 out. 2016.

PAESANI, Liliana Minardi. *Direito e Internet*: liberdade de informação, privacidade e responsabilidade civil. 7. ed. São Paulo: Atlas, 2014.

PIERANGELI, José Henrique. *Manual de Direito Penal Brasileiro*: Parte Especial (arts. 121 a 234. São Paulo: Revista dos Tribunais, 2005.

PINHEIRO, Reginaldo César. Os crimes virtuais na esfera jurídica brasileira. *IBCCrim*, São Paulo, ano 8, v. 101, p. 18-9 (separata), abr. 2001.

PITOMBO, Sérgio M. de Moraes. *Inquérito Policial*: Mais de cento e vinte e seis anos de inquérito policial. São Paulo: J. Bushatsky, 1973.

PRADO, Luiz Regis. *Direito Penal Econômico*. 4. ed. São Paulo: Revista dos Tribunais, 2011.

QUEIROZ, Carlos Alberto Márquez de. *Manual Operacional do Policial Civil*. São Paulo: DGP, 2002.

―――― (Coord.). *Manual de Polícia Judiciária*. 2. ed. São Paulo: DGP, 2003.

RANGEL, Paulo. Breves considerações sobre a Lei nº 9.296/1996 (interceptação telefônica). *Jus Navigandi*, Teresina, v. 4, n. 41, maio 2000. Disponível em: <http://www1.jus.com.br/doutrina/texto.asp?id=195>. Acesso em: 27 nov. 2016.

ROHR, Altieres. *'Petya' x WannaCry: veja diferenças do novo ataque cibernético*. Disponível em: <http://g1.globo.com/tecnologia/blog/seguranca-digital/post/petya-x-wannacry-veja-diferencas-do-novo-ataque-cibernetico.html>. Acesso em: 27 jul. 2017.

ROSSINI, Augusto Eduardo de Souza. Brevíssimas considerações sobre delitos informáticos. *Caderno Jurídico*, São Paulo, ano 2, n. 4. p. 133-44, jul. 2002.

ROVER, Aires José. *Informática no Direito*: Inteligência Artificial. Curitiba: Juruá, 2004.

ROXIN, Claus. *Funcionalismo e Imputação Objetiva no Direito Penal*. Tradução Luís Greco. 3. ed. Rio de Janeiro: Renovar, 2002.

SAAVEDRA, Rui. *A Proteção Jurídica do Software e a Internet*. Lisboa: Publicações Dom Quixote, 1998.

SANTOS, José Eduardo Lourenço dos. *Proteção da privacidade na internet*: aspectos criminais. 2002. 129 f. Dissertação (Mestrado em Direito) – Faculdade de Direito, Centro Universitário Eurípides Soares da Rocha, Marília, 2002.

──────. *A discriminação racial pela internet e o direito penal*: o preconceito sob a ótica criminal e a legitimidade da incriminação. Curitiba: Juruá, 2014.

──────; FURLANETO NETO, Mário. Golpe Digital. *Diário*, Marília, p. 2-A, 2004.

SILVA, De Plácido e. *Vocabulário Jurídico*. 32. ed. Rio de Janeiro: Forense, 2016. v. III.

SILVA, José Afonso. *Curso de Direito Constitucional Positivo*. 40. ed. São Paulo: Malheiros, 2017.

SILVA, Rita de Cássia Lopes da. Estatuto da Criança e do Adolescente: Lei nº 8.069, de 13 de julho de 1990. In: PRADO, Luiz Regis. *Leis Penais Especiais*: Parte II. São Paulo: Revista dos Tribunais, 2009. v. 6. p. 80-111.

SILVA NETO, Amaro Moraes e. *Privacidade na internet*: um enfoque jurídico. Bauru: Edipro, 2001.

──────. *Emails indesejados à luz do Direito*. São Paulo: Quartier Latin, 2002.

SOBRAL, Carlos Eduardo Miguel; BEZERRA, Clayton da Silva. A investigação dos crimes cibernéticos e a segurança pública. In: BEZERRA, Clayton da Silva; AGNOLETTO, Giovani Celso. *Inquérito policial*: doutrina e prática. São Paulo: Letras Jurídicas, 2015.

SOLHA, Liliana Esther Velásquez Alegre. Os logs como ferramenta de detecção de intrusão. *RPN*, Rio de Janeiro, v. 3, n. 3, maio 1999. Disponível em: <http://www.rnp.br/newsgen/9905/logs.html>. Acesso em: 15 jan. 2012.

SOUZA, Diego Fajardo Maranha Leão de. Busca e apreensão digital: prova penal atípica. *IBCCrim*, São Paulo, ano 15, v. 181, p. 14-5, dez. 2007.

VALDÉS, Julio Télles. Terrorismo por Computador. *Revista Iberoamericana de Informática y Derecho*, Mérida, v. 1, p. 177-83, 1992.

TOFFOLI, José A. Dias; CESTARI, Virgínia C. J. Mecanismos de Cooperação Jurídica Internacional no Brasil. In: BRASIL, Secretaria Nacional de Justiça, Ministério da Justiça. Departamento de Recuperação de Ativos e Cooperação Jurídica Internacional. *Manual de cooperação jurídica internacional e recuperação de ativos*: cooperação em matéria penal / Secretaria Nacional de Justiça, Departamento de Recuperação de Ativos e Cooperação Jurídica Internacional. 1. ed. Brasília: Ministério da Justiça, 2008. Disponível em: <http://zip.net/bhtjc2>. Acesso em: 1 nov. 2016.

TEMPLETON, Brad. *Origen of the term spam to mean net abuse*. Disponível em: <http://www.templetons.com/brad/spamterm.html>. Acesso em: 12 nov. 2016.

TOLEDO, Francisco de Assis. *Princípios Básicos de Direito Penal*. 5. ed. São Paulo: Saraiva, 2002.

TOURINHO FILHO, Fernando da Costa. *Manual de Processo Penal*. 6. ed. São Paulo: Saraiva, 2013.

TUCCI, Rogério Lauria. *Direitos e Garantias Individuais no Processo Penal Brasileiro*. 4. ed. São Paulo: Saraiva, 2011.

VALIN, Celso. A questão da jurisdição e da territorialidade nos crimes praticados pela internet. In: ROVER, Aires José (Org.). *Direito, Sociedade e Informática*: limites e perspectivas da vida digital. Florianópolis: Boiteux, 2000.

VERSIANNI, José Augusto Campos. Cooperação internacional na investigação de crimes cibernéticos. In: BEZERRA, Clayton da Silva; AGNOLETTO, Giovani Celso (Orgs.). *Combate ao crime cibernético*: doutrina e prática. Rio de Janeiro: Mallet, 2016. p. 152-68.

VIANNA, Túlio Lima. Dos crimes pela internet. *Revista do Caap*, Belo Horizonte, v. 9, p. 367-385, 2000. Apud INELLAS, Gabriel César Zaccaria de. *Crimes na Internet*. São Paulo: Juarez de Oliveira, 2009.

ZAFFARONI, Eugenio Raúl, PIERANGELI, José Henrique. *Manual do Direito Penal Brasileiro*: Parte Geral. 3. ed. São Paulo: Revista dos Tribunais, 2001.

ZANELLATO, Marco Antônio. Condutas ilícitas na sociedade digital. *Caderno Jurídico*, São Paulo, ano 2002, n. 4, p. 167-230, jul. 2002.

Este livro foi impresso pela Paym para a Edipro
em fonte Garamond sobre papel Offset 75 g/m².